La force de la différence

Norbert Alter

La force de la différence

Itinéraires de patrons atypiques

Presses Universitaires de France

Du même auteur

Donner et prendre. La coopération en entreprise, Paris, La Découverte, 2009.

Sociologie du monde du travail (dir.), Paris, Presses Universitaires de France, 2006.

Les Logiques de l'innovation (dir.), Paris, La Découverte, 2002.

L'Innovation ordinaire, Paris, Presses Universitaires de France, 2000.

Sociologie de l'entreprise et de l'innovation, Paris, Presses Universitaires de France, 1996.

Le manager et le sociologue (avec C. Dubonnet), Paris, L'Harmattan, 1994.

La Gestion du désordre en entreprise, Paris, L'Harmattan, 1990.

Informatiques et management : la crise, Paris, La Documentation française, 1986.

La Bureautique dans l'entreprise, Paris, Les Éditions Ouvrières, 1985.

ISBN 978-2-13-0601701-3

Dépôt légal — 1re édition : 2012, octobre

6, avenue Reille, 75014 Paris

À celui qui fut honoré pour son engagement
et déshonoré pour son détachement.

Introduction

Les « normaux » n'aiment généralement pas les « différents » et l'expression de ce sentiment se traduit par le ricanement, la méfiance, la mise à l'épreuve et l'exclusion. Certains différents parviennent pourtant à transformer leur désavantage en ressource et à inverser leur destin : ils réalisent une brillante carrière professionnelle, ils dirigent. Mais ils ne deviennent pas normaux pour autant. Ils dirigent tout en demeurant étrangers aux places sociales convenues. Ce livre raconte et analyse l'histoire de patrons et de décideurs qui sont parvenus à créer ces positions particulières en faisant de leur différence une force.

Dirigeante et autodidacte, elle est née en Algérie, dans ce qu'on nomme une « famille modeste ». Elle a passé un CAP puis a travaillé dans l'industrie. Trente années plus tard, elle dirige à Paris, dans une grande entreprise, un département dans lequel se trouvent une trentaine de diplômés des meilleures écoles, des meilleures familles. Elle me reçoit chaleureusement et simplement. Il fait beau. Elle a largement ouvert la fenêtre de son bureau. À deux reprises, elle m'invite à marcher un peu, dans la cour du bâtiment, à fumer une cigarette. Elle ne correspond pas au modèle standard du patron : elle rigole, elle cherche ses mots, elle n'affiche aucunement les marques de son statut, elle ne manifeste aucun intérêt pour les marques de préséance. Au contraire, elle semble les dissimuler pour pouvoir accéder plus directement à la personne que je suis. Elle me raconte l'acceptation du déracinement, qui suppose de comprendre comment prendre racine autre part en comprenant les autres. Elle sait me raconter, un peu comme on raconte une histoire à un enfant ou à un étranger – avec empathie –, ses débuts professionnels d'ouvrière, son contact avec les machines, le plaisir qu'elle a tiré et qu'elle tire encore de sa capacité à négocier, à faire entendre raison à l'autre, pour un plus grand bien commun. Elle m'indique aussi se sentir toujours différente. Elle m'explique enfin la manière dont la passion d'aboutir, la volonté de sortir des impasses, de l'absurdité ou de la domination, provient d'une sorte de philosophie de l'engagement qu'elle tire de l'analyse de sa propre vie et de celle de ses parents. Des handicapés, des homosexuels ou des Maghrébins en position d'influence feraient de même : être différent et patron suppose beaucoup de force et d'audace, mais implique, tout autant, d'être en accord avec soi-même et avec son histoire. Devenir patron ne gomme jamais la différence d'origine mais suppose au contraire d'en faire un moyen de se comporter, de regarder, de s'investir et d'échanger autrement.

Dirigeant et homosexuel, issu de la bourgeoisie provinciale, il conduit des projets lourds et complexes dans une entreprise de construction. Diplômé d'une grande école, il est parvenu à se faire accepter dans un milieu d'ingénieurs à la fois élitiste et conventionnel : il y a fait une carrière très rapide. D'allure assez classique, il s'anime lorsque nous parlons des théories du management, qu'il connaît bien. Puis il me parle de son homosexualité (« on ne la choisit pas ») et des tourments que cela crée dans une famille traditionaliste, de la difficulté de devoir échapper à sa loi, et parfois à son affection, pour parvenir à exister. Il me décrit avec une précision et un détachement extraordinaires le comportement des individus au travail, des clients qui marchandent ou d'un état-major qui prend une décision, comme si le fait d'être différent l'avait amené à voir le monde différemment, et surtout à le regarder, plutôt qu'à le voir. Il associe, dans ses analyses, une compétence paradoxale, composée d'une grande proximité par rapport aux enjeux, aux contraintes de l'entreprise (il est « engagé ») et d'une grande distance par rapport à ce qui s'y joue et ce qui s'y noue (il tient son rôle, mais celui-ci ne le contient pas). Il m'indique également que son orientation sexuelle suppose de réaliser un parcours professionnel parfait, sa différence étant acceptée sous réserve de ce type de parcours. S'il exige de ses collaborateurs des résultats qu'ils jugent être trop élevés, ou si ses pairs ne sont pas satisfaits de son management, l'explication malveillante ou ironique peut circuler : « C'est parce qu'il est pédé. » Il me donne quelques exemples de ce type d'expérience, parfaitement comparables à ce que peuvent vivre des femmes, des handicapés, des autodidactes ou des Noirs en position d'influence : être différent suppose de moins prêter le flanc à la critique que lorsqu'on participe de la norme. L'existence de ce risque aiguise à la fois la vigilance et l'observation, un peu comme si, pour les différents, être sur le qui-vive représentait le prix de l'accès au monde des normaux. La pérennité de cette situation mène par ailleurs à s'impliquer autrement dans le monde du travail : un fort engagement permet d'y faire ses preuves, et un fort détachement permet d'en bien comprendre les codes, d'objectiver les situations vécues.

Ce livre entre dans le détail d'histoires de patrons de ce type. Au lieu de suivre le chemin qui leur était tracé, ils ont préféré un autre dessein et sont parvenus à tracer leur propre itinéraire. Ils occupent aujourd'hui des positions socialement avantageuses et enviées. Mais vingt ou trente ans plus tôt, leur différence représentait un désavantage social considérable. Issus de minorités ethniques visibles, handicapés, autodidactes, femmes ou homosexuels, ils sont devenus patrons, chefs d'entreprise ou dirigeants, alors que ces postes sont généralement réservés aux hommes hétérosexuels, blancs, de famille bourgeoise, diplômés d'une grande école et affichant une « bonne présentation ». Je les nommerai donc « atypiques ».

J'ai préféré le terme d'« atypique » à celui de « différent » parce que le type de patron dont il est ici question ne se caractérise pas seulement par un critère sexuel, social, ethnique ou physique, mais par un ensemble de comportements spécifiques dans le rapport au travail, aux autres et à l'entreprise qui ne se retrouve pas dans la typologie classique des dirigeants. La différence objective ne correspond donc qu'à l'un des aspects des individus dont il est ici question. Cette différence a en effet peu d'intérêt sociologique, hormis les conséquences qu'elle entraîne dans le rapport aux autres. La dirigeante autodidacte ou le dirigeant homosexuel que je viens d'évoquer manifestent ainsi surtout des différences subjectives : distance au rôle, capacité d'engagement, goût pour l'analyse et pour le récit en représentent quelques éléments. L'expérience de la différence, quelle que soit sa nature, consiste au moins autant à regarder le monde autrement qu'à être regardé autrement.

Pour cette même raison, j'ai renoncé à analyser spécifiquement chacune des différences. Bien évidemment, on ne traite pas un homosexuel comme un autodidacte, ni un handicapé comme un Noir, mais chacun d'entre eux a fait l'expérience de la stigmatisation, puis, pour ceux qui nous intéressent ici, de sa maîtrise. Cette expérience repose sur des processus et des apprentissages infiniment plus intéressants à comprendre par leurs caractères communs que par leurs spécificités, pour au moins trois raisons. La première tient à l'insuffisance des catégories participant de la « diversité » : il faudrait par exemple y ajouter les personnes souvent malades, excessivement irritables, mal habillées ou trop bien habillées, les personnes « mal élevées » ou précieuses, les femmes divorcées, les femmes remariées, les hommes durablement célibataires, les incultes ou les savants. La liste est interminable parce qu'elle ne repose sur aucune dimension objective. La seconde raison est d'ordre épistémologique : la sociologie n'a pas pour objectif principal de comprendre la situation d'une population considérée comme différente, mais de comprendre ce qui amène à considérer une population comme différente. La troisième raison est fondamentale : la capacité à inverser son destin a infiniment plus à voir avec le rapport aux autres et à soi-même qu'avec la couleur de la peau, l'orientation sexuelle ou la nature d'un handicap quel qu'il soit. Autrement dit, ce livre n'a pas centralement pour ambition de rendre compte de la situation de chacune des catégories identifiées, mais, bien plus, de comprendre les processus sociaux et économiques qui permettent d'inverser son destin par le travail.

Les différents dont il est ici question représentent un ensemble de personnes passionnantes à écouter, pour au moins trois autres raisons. La première tient à la nature de leur trajectoire, à proprement parler « extra-ordinaire », qui s'apparente à une aventure, et capte à ce titre l'attention, mille fois plus que la plus belle réussite d'un normal. La seconde correspond au caractère énigmatique de leur trajectoire : étant parvenus à définir une vie qui échappe aux positions sociales classiquement identifiées, les patrons atypiques perturbent les modèles d'analyse conventionnels. La troisième raison est qu'ayant dû, bien plus que les autres, comprendre ce qui fondait leur rapport au monde, aux autres et à eux-mêmes, ils mobilisent une grande liberté de parole et une rare capacité d'analyse.

Cette dernière raison m'a conduit à faire un choix en quelque sorte atypique dans la présentation de l'analyse. Plutôt que de me substituer à mes interlocuteurs, comme le fait très généralement le sociologue à l'égard de n'importe quel « indigène », j'ai choisi de transcrire le plus largement possible leur discours, les capacités d'élucidation de celui-ci me paraissant souvent aussi convaincantes que mes propres capacités d'analyse. Au lieu d'illustrer mon raisonnement par des *verbatim*, j'ai donc éclairé – permis de bien comprendre – le discours de mes interlocuteurs par mes analyses. Je n'ai finalement fait que classer et conceptualiser ce qui m'avait été dit, rien de plus. Le principal souci a été de demeurer le plus fidèle possible à la parole de mes interlocuteurs et à l'esprit de cette parole.

J'indique de manière précise, dans l'« annexe méthodologique » de ce livre, la technique d'enquête, de recueil du matériau, de choix des personnes, du traitement des informations et des dispositions prises pour respecter à la fois le discours des interlocuteurs et leur anonymat. Une soixantaine de personnes ont été interviewées, presque toujours durant au moins deux heures. La population est composée d'entrepreneurs, de dirigeants et, plus rarement, de cadres supérieurs.

Fondamentalement, cette enquête amène à inverser le regard habituellement posé par les sciences sociales sur le monde. Elle privilégie en effet la capacité d'échapper aux déterminismes sociaux, alors que l'observation de la vie en société montre généralement l'inverse. On sait bien que les catégories sociales demeurent largement imperméables aux phénomènes de mobilité et savent assurer leur « reproduction » : les patrons sont ainsi infiniment plus souvent des « héritiers » (Bourdieu et Passeron, 1964) qui bénéficient du capital économique et social de leurs parents, que des individus qui proviendraient d'un « nulle part social » ou qui occuperaient leur position uniquement en fonction de leur compétence. De même, les travaux de recherche portant sur le genre, les minorités ethniques, les homosexuels et les handicapés, vérifient que la discrimination de ces populations repose sur le fait qu'elles se trouvent dominées par les catégories normales, majoritaires, qui les excluent des positions sociales avantageuses. La stratification du monde obéit ainsi à la logique économique mais également à des normes culturelles qui ont souvent la tête plus dure que l'appât du gain. On ne peut par exemple comprendre autrement l'existence du « plafond de verre », la barrière invisible (non réglementaire mais bien réelle) qui empêche des femmes cadres, reconnues pour leur compétence, de devenir dirigeantes. Toutes ces analyses demeurent difficilement contestables : les patrons proviennent rarement de milieux populaires et il est inutile de rappeler que peu de handicapés deviennent entrepreneurs, que l'homophobie se repère dans la gestion des carrières, qu'à compétence égale on préfère le diplômé à l'autodidacte et le Blanc au Noir, et que peu de femmes font partie des états-majors des grandes entreprises.

Analyser la trajectoire de patrons atypiques ne consiste donc pas à nier l'existence des mécanismes de reproduction et de domination globaux, mais à s'intéresser à des phénomènes minoritaires qui les battent en brèche. Cette démarche ne peut pas pour autant s'apparenter à l'analyse de faits divers, à la description de « success stories ». Elle part du principe qu'un système ne se transforme jamais par le centre, mais toujours par ses marges. S'intéresser à des phénomènes marginaux représente ainsi l'occasion de comprendre l'émergence de nouvelles régulations, de nouveaux acteurs. À l'inverse, se désintéresser de ces phénomènes mène à considérer que les jeux sont faits, une fois pour toutes, alors que l'histoire politique et sociale nous indique constamment le contraire. Je crois par ailleurs que rendre compte de la logique d'acteurs minoritaires plus forts que le système contribue à favoriser l'existence de nouvelles régulations et l'émergence de ces nouveaux acteurs. Énoncer des changements dans l'ordre du monde contribue à le transformer, autant que dénoncer l'éternelle domination des puissants sur les faibles.

Il reste que la trajectoire des patrons atypiques, telle qu'ils la relatent et telle qu'elle prend sens, commence par la stigmatisation, dont l'analyse fait le premier chapitre de ce livre.

Les quatre suivants empruntent beaucoup à l'œuvre de Simmel. Dans un court texte, magnifique d'intelligence et d'évidence, intitulé simplement « Digressions sur l'étranger », il analyse la position de l'étranger comme un individu imparfaitement socialisé : « Ainsi l'étranger [est] le voyageur potentiel en quelque sorte : bien qu'il n'ait pas poursuivi son chemin, il n'a pas tout à fait abandonné la liberté d'aller et de venir » (1907/1979, p. 53). C'est bien cette position de passage, et de passeur, qui caractérise la situation, l'action et la culture des patrons atypiques : ayant surmonté la stigmatisation, mais jamais complètement le stigmate, ils se trouvent entre deux mondes, celui du dedans et celui du dehors, celui de la distance et de l'engagement, celui de la reconnaissance et du mépris, et ne cessent de s'y mouvoir. Cette position d'entre-deux les conduit à objectiver les interactions, les normes ou les représentations dominantes en mobilisant constamment analyse et curiosité, infiniment plus que ne le supposent les manuels de management. Cette compétence représente une ressource considérable dans le monde des affaires ; elle permet de définir des formes d'engagement efficaces, indépendantes des normes convenues.

Ce livre représente, de tous ces points de vue, une contribution à la sociologie de l'étranger. Il aurait pu prendre ce titre.

Dans un dernier chapitre, j'indiquerai que cette même position incite les patrons atypiques à regarder le monde avec distance, sans jamais y croire simplement, et à se raconter, à raconter leur histoire pour mieux la comprendre et la définir. La réussite des patrons atypiques ne les porte pas à oublier leur différence : elle s'y adosse. La différence représente ainsi, pour ceux qu'elle ne terrasse pas, un moyen de réussir, de s'« entreprendre », et de donner sens à l'action d'entreprendre ou de diriger.

Chapitre 1

La trace de la stigmatisation

Une différence, qu'elle soit physique, ethnique ou sociale, mène à être écarté de la vie « normale » et à devoir trouver un mode de vie adapté à cette spécificité. La différence conduit à être l'objet de la stigmatisation, et celle-ci consiste principalement à exclure. L'expérience des patrons atypiques vérifie cette idée : être différent des autres conduit à vivre autrement.

Mais elle ne s'y réduit pas. Les patrons atypiques sont parvenus, en inventant une place sociale qui n'était pas la leur, à se défaire largement de la stigmatisation, parce que leur position de patron conduit les autres à les respecter, ou au moins à les considérer avec prudence. Le stigmate initial demeure cependant une blessure, jamais totalement cicatrisée, toujours à même de faire souffrir.

Différents, les patrons atypiques le sont donc doublement : par le stigmate qui est le leur et par leur relative maîtrise de la stigmatisation. Ils le sont également à un troisième titre : ils ne participent pas à une communauté chaleureuse, soutenante (celle des homosexuels, des handicapés, des femmes ou des minorités ethniques) dans laquelle, en s'unissant à d'autres différents, on considère son handicap comme normal. Le propre des patrons atypiques consiste ainsi à n'être ni « ici » ni « ailleurs », à n'épouser ni les normes dominantes ni celles de la minorité dont ils font partie.

1. Stigmate et exclusion

Goffman (1953/1975) a été le premier à stabiliser les connaissances permettant de comprendre la stigmatisation. Il rappelle tout d'abord que le terme de « stigmates » indique originellement les blessures du Christ ou les marques physiques d'un « rapport miraculeux avec la puissance divine ». Mais ce même terme renvoie plus souvent, indique-t-il, aux marques physiques imprimées au fer rouge sur le corps des esclaves de la Rome antique, puis sur celui des galériens et des voleurs, à tous ceux qui méritent la honte, l'opprobre et l'exclusion. De nos jours, explique l'auteur, le stigmate concerne d'autres populations, qui « méritent » également la honte, l'opprobre et l'exclusion.

Il distingue trois types de stigmates pour définir ces populations. Les premiers concernent l'aspect physique d'un individu (handicaps et « difformités »). Les seconds concernent des traits de personnalité considérés comme anormaux, excessifs ou choquants (Goffman indique aussi bien l'alcoolisme que l'homosexualité, la fragilité psychique, la situation de chômeur ou celle de prisonnier). Le troisième type de stigmate est transmis par les parents : ethnie, nationalité et religion. Chacune de ces marques de différence crée un « désaccord » entre les routines relationnelles et les attentes normatives, d'une part (l'*identité virtuelle*), et la réalité du comportement des personnes différentes, d'autre part (l'*identité réelle*) : le différent pose ainsi toujours problème parce qu'il rompt le déroulement coutumier des relations sociales en ne correspondant pas à ce qu'on attend de lui.

On doit ainsi pouvoir « aller boire un coup » avec un collègue masculin en marchant jusqu'au bar. On doit pouvoir lui « parler de femmes » à cette occasion, parce qu'un homme désire toujours les femmes et que le bar est l'occasion d'en parler. On doit pouvoir prendre un apéritif alcoolisé avec lui, parce que « ça se fait comme ça », en la circonstance. Ce type de routine permet d'être en société avec l'autre sans avoir à réfléchir, à analyser le bien-fondé de ces hypothèses : les relations reposent sur des identités « virtuelles » de ce type. Cela suppose que chacun connaisse le rôle social de l'autre et que chacun s'y tienne. Si, par contre, le collègue en question ne répond pas à l'une de ces conditions parce qu'il est paralysé des jambes et ne peut aisément aller au bar, parce qu'il est homosexuel et ne parle pas des femmes dans les mêmes termes, parce qu'il respecte sa religion musulmane et ne boit pas d'alcool, l'évidence de la relation échappe et l'« identité réelle » de la personne apparaît brutalement en mobilisant des attributs inattendus.

Ces attributs représentent des stigmates et produisent un sentiment associant à la fois un jugement moral (« ce n'est pas bien »), un investissement affectif (« ça met mal à l'aise ») et une volonté d'exclure (« il faut me protéger de lui »). Cette dernière formulation indique donc que quelque chose d'archaïque caractérise le rapport des normaux à la différence : on ne risque objectivement rien à tisser des relations avec les différents, mais, très souvent, on préfère les éviter, les repousser, les cantonner à des espaces spécifiques. Et ce quelque chose d'archaïque, parfois conscient et parfois inconscient, parfois caché et parfois manifeste, se traduit par toutes sortes de petites actions qui ont pour effet de ne pas donner aux différents les mêmes chances qu'aux normaux. Cela concerne aussi bien le regard de sympathie que les critères mobilisés à l'occasion d'un recrutement, les manifestations festives de l'existence de la vie professionnelle que la définition du risque mobilisée pour octroyer un prêt à un entrepreneur.

« Il va de soi que, par définition, nous pensons qu'une personne ayant un stigmate n'est pas tout à fait humaine. Partant de ce postulat, nous pratiquons toutes sortes de discriminations, par lesquelles nous réduisons efficacement, même si c'est souvent inconsciemment, les chances de cette personne » (Goffman, *ibid.*, p. 15).

Une femme cadre supérieure, sourde mais lisant parfaitement sur les lèvres, indique ainsi que les échecs répétés lors de séances de recrutement ne tiennent pas aux effets de son handicap, puisqu'ils sont imperceptibles, mais au fait même d'être handicapée :

> *Et donc, j'en reviens* [à ce grand groupe industriel], *je leur dis : « Je ne sais pas si vous avez remarqué, mais je suis sourde. » Silence. Ils ne me posaient plus de questions. À un moment, l'un d'entre eux a dit : « Les réunions de groupe, comment vous faites ? C'est difficile, mais une réunion, ça se prépare, il y a un ordre du jour. Et le téléphone comment vous faites ? » Je leur réponds : « Le téléphone, je ne peux pas, mais il y a Internet. » Et là, ils ont eu une réponse qui m'a sciée. Ils m'ont dit : « Ah mais nous, on n'a pas Internet ! » Et donc là, très calmement, parce que j'étais énervée, j'ai compris que c'était grillé, je me suis levée, de moi-même je leur ai dit : « Je vois que vous n'avez plus de question à me poser, je n'ai pas envie de perdre mon temps, je n'ai pas envie de vous faire perdre le vôtre, je vous remercie de m'avoir accueillie, au revoir. » Je suis partie. Dans la rue, j'ai fondu en larmes.*

Une femme dirigeante, ayant fait une excellente carrière dans le secteur public, se trouve confrontée à des réactions du même type lorsqu'elle démarche des entreprises privées pour changer d'univers : la volonté irrationnelle, le désir d'exclure une personne différente. Les critiques portées à son « profil » reposent sur les stéréotypes mobilisés pour expliquer la rapidité du parcours d'une femme : le rôle de la chair, la capacité d'intrigue et l'incompétence par rapport à des enjeux opérationnels :

> *En gros, les patrons avaient vis-à-vis d'un profil tel que le mien deux types de réaction. Soit ils se disaient : « Celle-là, elle veut ma place, elle a les dents qui rayent le parquet. » Soit ils disaient : « C'est une politique, c'est un manager presse-bouton, elle ne sait rien faire. » Et alors le discours développé par les chefs d'entreprise, toujours très amusant, c'était de dire : « Vous savez, Madame, dans les entreprises, nous faisons des choses très difficiles. »* [...] *Vous voyez, le genre totalement condescendant, le papy de soixante-dix ans qui dort sur son tas de stock-options, enfin bon, la caricature vivante. Évidemment, je sortais de ces entretiens, soit totalement démoralisée, parce que c'est quand même confondant de bêtise, de stupidité, de suffisance, et en même temps démoralisée aussi parce que je me disais : « Ma grande, c'est pas comme ça que tu vas facilement trouver du boulot. »*

Dans ces deux cas comme dans toutes les autres situations, le stigmate exclut et cette exclusion fait souffrir le différent. Bien comprendre cette relation suppose de distinguer la stigmatisation du stigmate. La stigmatisation représente une série d'actions consistant à « objectiver » la différence et à exclure ceux qui en sont porteurs. Le stigmate résulte de ces actions et demeure sensible, subjectivement vécu, même lorsqu'a cessé la stigmatisation. La stigmatisation représente donc une action et le stigmate une marque durable. Il est la mémoire de cette action. Lorsque les normaux manifestent ainsi un respect certain, ou plutôt un certain respect, aux patrons atypiques, ces derniers considèrent tous, et souvent avec une émotion encore manifeste, que le stigmate demeure constitutif de leur identité. La stigmatisation n'opère alors pourtant plus très activement, le statut de patron le permettant mal, mais elle a laissé une trace indélébile, celle du stigmate. La pérennité de cette trace provient du fait que la stigmatisation ne consiste pas seulement à exclure, mais également à maudire. Elle repose en effet autant sur une dimension affective (« le différent me met mal à l'aise, il est repoussant, dangereux »), que sur une dimension cognitive (« le différent ne correspond pas à mon schéma de pensée »). Et cette dimension affective bouleverse le différent parce qu'elle touche directement à son identité, pas seulement à ses possibilités présumées. Une femme handicapée, responsable de l'organisation d'une manifestation professionnelle mobilisant des personnes à mobilité réduite, décrit ce type de situation :

> *Hier, il y a une jeune femme* [...] *qui m'a dit : « Non je n'ai pas participé à cette animation, parce que moi, j'ai un mari italien, et il n'est pas question que je le [un participant handicapé] mette sur un fauteuil roulant, ça porte malheur. » Elle me l'a dit hier.*
> *Question – Je n'ai pas compris, qu'est-ce qu'elle voulait dire ?*
> *– Vous savez bien, c'était comme ça, il y a vingt ans, je pensais que c'était révolu, mais c'est toujours ancré dans les mentalités. Vous mettre sur un fauteuil roulant, il y a beaucoup de gens qui pensent que ça porte malheur. Elle me l'a encore dit hier. C'est vrai que ça m'a fait un flashback, parce que, quand j'avais quinze ans, j'étais avec mon fauteuil*

> *roulant, et les gens en effet n'osaient pas le toucher. Vous savez, quand les enfants s'approchaient...*
> *Q – Ne touche pas !*
> *– Ah oui ! Ça m'est encore arrivé en vacances, il y a deux ans. Des Français qui étaient là dans une sorte d'hôtel insipide... Les enfants venaient vers moi, vous savez, pour jouer avec les roues, et les gens disaient : « Ne touche pas ce fauteuil ! » Ah oui, c'est encore très courant.*
> (Femme, handicapée, cadre supérieure)

Cette forme violente de la stigmatisation fondée sur l'hypothèse que le différent doit être rejeté, évité, parce qu'il est dangereux, peut prendre des formes plus douces mais participant de la même logique : le différent est toujours anormal et l'anormal représente un objet de curiosité, une personne bizarre (que l'on montrait autrefois dans les foires), autant qu'un pair. Cette femme dirigeante l'exprime parfaitement :

> *En tant que femme, déjà, on est dans un milieu presque uniquement masculin, il y a très peu de femmes dans mon environnement. Donc on est peut-être un objet de curiosité. On ne passe pas inaperçue, je le sais.* [...] *Ils se disent : « Elle me gêne, elle me gêne, elle est le pompon rouge. »* [Puis elle explique un échec professionnel en associant cette visibilité physique à un comportement trop entrepreneur] *Ce que m'ont dit les gens, c'est que j'ai dérangé, je suis allée trop vite, je suis trop visible, ça se voit trop. On me disait d'ailleurs : « Écoute, de toute façon, comment tu veux que tu déranges pas ? T'arrives dans une salle de réunion, on voit que toi. » Je sais, mais à ce point-là, quand même... Donc je sais que je peux déranger. Je n'avais pas senti ça.*

Cette dimension affective et symbolique fonde donc les actions d'exclusion, autant que la seule prise en compte de la différence objective, lorsqu'elle existe. Mais la stigmatisation résulte autant d'une incapacité à contenir le sentiment d'ostracisme, que d'une volonté de nuire de manière collective, cohérente et destructrice, à une population. Il en va ainsi de certaines injures racistes, comme celle prononcée par une institutrice qui constatait que le meilleur devoir de mathématiques était celui d'un élève maghrébin, devenu aujourd'hui chef d'entreprise :

> *Donc ensuite, j'arrive à l'école communale. Alors moi, j'avais une chance, c'était d'être assez doué en mathématiques. Je me souviens, en CE2, j'ai eu la première note en maths et l'institutrice a dit à la classe : « Vous n'avez pas honte ? Regardez, c'est le sale Arabe qui a eu la meilleure note ! »* [...]
> *Q – Pour en revenir à ce que vous a dit l'institutrice, c'est quelque chose qui vous a fait de la peine ?*
> *– Non je n'ai pas ressenti de peine, mais j'ai eu honte... Je ne vois pas de colère, je vois de la honte. En fait, je ne suis pas quelqu'un qui se révolte, de manière générale, je ne me suis jamais révolté. J'ai juste ressenti de la honte d'être le « sale Arabe ».* (Entrepreneur, issu de l'immigration)

Racisme et ostracisme reposent également sur des rumeurs concernant les réseaux ou les relations spécifiquement mobilisées par les différents : les femmes dirigeantes « couchent » pour faire avancer leur carrière, les handicapés paressent délibérément parce qu'ils sont « protégés », la promotion des homosexuels repose sur leur « réseau ». Cette violence est souvent sourde, menaçante, plus que manifeste. Les normaux parlent par exemple de l'homosexualité sur un mode ironique et méprisant, en présence d'une personne concernée par le stigmate. Ils ne la visent pas, ne s'adressent pas à elle, mais elle ne peut manifester sa différence sans rompre brutalement avec les stéréotypes, sans choquer finalement. Alors elle se tait :

> *Je le sens* [l'ostracisme] *sur les blagues des gens dans les ateliers, et puis même au niveau du comité de direction, ça, c'est très particulier.* [...] *Un jour l'homophobie je la prends en pleine face à un moment où je ne m'y attends pas du tout... Je suis invitée à un pot de départ d'une personne qui quitte l'établissement. Et puis on discute de choses et d'autres, et là le discours commence à dévier justement sur les homosexuels. Donc moi, je dis rien, j'écoute.* (Femme dirigeante, homosexuelle)

Ces manifestations peuvent également provenir des représentants des institutions. De nombreux patrons d'origine maghrébine, africaine et modeste ont vécu une histoire similaire durant leur scolarité. Je la résume de manière simplifiée. En cinquième, l'enfant travaille bien et parfois même très bien, surtout dans les matières littéraires. En troisième, il travaille toujours bien, et s'intéresse à l'histoire, à la politique et aux romans, mais avec quelques faiblesses dans les matières scientifiques. Il pourrait logiquement être orienté vers une section littéraire ou économique, puisque c'est son souhait le plus cher : il veut faire de « belles études ». Mais l'orientateur et le conseil de classe considèrent que c'est impossible sociologiquement : un enfant d'immigré ne peut s'« en sortir » que par les mathématiques, pas par les lettres, et encore moins par le « goût de l'esprit ». Faire des mathématiques peut éventuellement assurer la mobilité sociale, car cette discipline ne présuppose pas de connaissances extrascolaires. Faire des lettres ou des sciences sociales suppose au contraire de disposer d'un « capital culturel » transmis par la famille. Le jeune fils d'immigrés de milieu modeste se trouve alors très logiquement conduit vers les filières techniques qui, étant considérées par tous comme une forme d'échec, amènent l'adolescent à se conformer à ce que les institutions « attendent de lui » : l'échec scolaire.

> *Donc, à l'issue de la cinquième, je devais attaquer le grec en quatrième, ça m'intéressait bien. Mais on m'a dit : « Ce n'est pas possible, il faut que vous voyiez un orienteur scolaire. » Donc un matin, avec ma mère, nous sommes allés rencontrer un orienteur scolaire, et l'entretien a duré une dizaine de minutes. Je me rappelle qu'il m'a posé deux questions. Il m'a demandé quel type de métier je voulais faire, et comme je ne répondais pas franchement, il m'a dit : « Mais est-ce que tu veux être dans un bureau ou dans une usine ? »* [...] *Et à l'issue de cette réponse, l'orientateur, dans un entretien qui dura une dizaine de minutes, m'a découvert un profil parfait de mécanicien.* (Dirigeant autodidacte, issu de l'immigration)

La stigmatisation repose ainsi sur des éléments affectifs qui se conjuguent avec les coutumes – « il est normal de reléguer le différent » – et l'ignorance des qualités réelles des différents. Toucher le fauteuil d'un handicapé n'a jamais paralysé personne, pas plus que l'homosexualité n'est une « maladie contagieuse », que promouvoir une femme ne fragilise un état-major ou que nommer directeur un Maghrébin ne mène à la faillite.

2. La logique des croyances

La permanence de ces jugements repose sur la mobilisation de croyances, d'affirmations non vérifiables. Ces croyances sont robustes (elles résistent à l'expérience) parce qu'elles font l'objet de conventions, d'accords ou de représentations partagées entre les tenants de la norme. Elles deviennent ainsi des stéréotypes qui proposent des clés de compréhension simples pour savoir ce qui est censé se passer dans l'esprit d'un différent.

Les croyances, de manière générale, permettent de comprendre et d'agir dans des situations mal connues, incertaines (Bronner, 2003). Elles peuvent aussi bien concerner l'existence de divinités, de signes du destin, que l'interprétation d'une réussite industrielle ou d'un échec politique dont on connaît mal les facteurs et que l'on découvre. Ceci est relativement logique : on ne dispose pas de certitudes ou d'expérience en la matière ; on mobilise donc des croyances pour définir le comportement à tenir. Mais on privilégie parfois le respect des croyances au détriment de l'expérience pour ne pas remettre en question ses représentations du monde, ce qui semble être moins cohérent, et qui correspond à la logique de la stigmatisation : « On nous préjuge parce qu'on ne nous connaît pas », me dit un patron autodidacte issu de l'immigration. Puis il m'explique que le préjugé résiste à la connaissance, à l'expérience répétée d'une relation constructive avec certains de ses partenaires professionnels. Son banquier, malgré des années de relation commerciale lucrative, lui demande de justifier, non pas son crédit économique, mais son crédit social :

> *Q – Ça continuait à vous suivre, le fait de ne pas avoir fait d'études, malgré vos résultats, malgré tout le bénéfice qu'il en tirait ?*
> *– Bien sûr. Je suis allé le voir, je lui ai dit : « Voilà, je vous présente mon projet. » J'avais besoin de 300 000 F* [...]. *Et le banquier m'a demandé de me présenter comme pour un entretien d'embauche. Donc, je me suis présenté, j'ai fait ce qu'il m'a demandé.* [...] *À la fin, donc, il me dit : « Mais je ne comprends pas, comment vous pouvez être amené à gérer une entreprise, vous n'avez pas de maîtrise de gestion ! »*

Les croyances associées à la différence résistent ainsi à l'expérience et fondent des stéréotypes qui ont deux fonctions (Stafford et Scott, 1986) :

– ils ne jugent pas le stigmatisé en fonction de ce qu'il est ou de ce qu'il fait mais en fonction des préjugés convenus qui le qualifient. Par exemple, un autodidacte ne comprend pas les problèmes abstraits, un homosexuel n'a pas une autorité légitime sur les hommes, une femme ne peut être à l'aise avec des conducteurs de travaux, un Noir ne représente pas bien l'entreprise auprès des institutions partenaires ;

– ils ne jugent pas le différent en fonction de ce qu'il est ou de ce qu'il fait mais en fonction du « type » auquel se trouve associée une représentation du comportement et de l'identité. Les différents, à l'intérieur d'un stéréotype donné, sont donc parfaitement interchangeables, équivalents. Un handicapé est comme un autre handicapé, un homosexuel comme un autre homosexuel, etc.

> *Je pense que dans le champ du handicap, si j'avais une chose à vous enseigner peut-être, c'est que les gens pensent tout savoir, alors que les gens en fin de compte sont tous ignorants.* [...] *Et c'est ça, la problématique du handicap : on vous transpose, on vous compare à X et Y. Par exemple, si on m'a volé mon porte-monnaie et que vous êtes noir, je vais vous dire : « J'ai connu un Noir qui m'a volé mon porte-monnaie, donc vous, vous êtes noir, vous êtes présumé coupable du vol. »* (Cadre supérieure, handicapée)

Ces croyances s'associent très souvent à une tournure altruiste de la discrimination. On « protège » par exemple une femme de la rigueur d'une trop forte charge de travail, un sourd de situations de négociation, un autodidacte d'interactions avec des technocrates, parce que s'y confronter serait une expérience trop pénible pour eux. Ainsi, le responsable d'une entreprise retarde la promotion d'une femme pour un poste de direction parce qu'elle a des enfants en bas âge et que ce poste suppose de nombreux déplacements :

> *En fait, il avait déjà noté que j'avais du potentiel et qu'il fallait me donner des responsabilités plus importantes, mais il a décidé ça « pour mon bien », parce qu'il s'est dit que ça allait mettre en péril ma vie de famille* [vu qu'elle habite à Rennes et que son mari ne peut pas « bouger »].

À ce type de discrimination apparemment altruiste correspond également toute une série d'actions que les normaux considèrent comme « allant de soi » et censées profiter aux différents (Pierre et Mutabazi, 2010). On les cantonne dans des positions sociales désavantageuses parce qu'on considère que leur destin et leur place correspondent à une sorte d'harmonie dans les désavantages : on relègue ainsi fréquemment les paralysés dans des fonctions sédentaires, supposant peu d'interactions et de déplacements, on envoie le jeune « Beur » dans des fonctions où il devra faire ses preuves, les preuves éternelles qu'il peut être comme les autres, et on confie aux femmes la direction des ressources humaines ou de la communication, où elles sauront mettre à profit leurs talents spécifiques. Dans tous les cas, les patrons atypiques indiquent qu'on a souvent voulu penser à leur place, comme s'ils ne disposaient pas d'une capacité à choisir, comme si faire partie d'une minorité rendait éternellement mineur.

> *Quand j'étais à l'école, j'étais la première de la classe, les instituteurs ne voulaient pas me faire sauter de classe, en disant : « Non, elle n'y arrivera pas, ça va être trop dur pour elle. » Et j'y suis arrivée. En terminale, pareil, j'étais dans les premières de la classe, mais quand j'ai dit : « Je veux faire prépa », on m'a dit : « Ah non, c'est épouvantable, tu ne te rends pas compte, c'est fatigant, il ne faut pas faire ça, ce n'est pas fait pour toi. » Je l'ai fait quand même. Enfin, ça a toujours été des*

> *préjugés comme ça. Plutôt que de m'encourager à construire mon propre chemin, j'ai plutôt rencontré des gens qui ont tout fait pour m'en écarter* [...]. *Les gens décident pour moi de ce qui est bien ou de ce qui n'est pas bien.* [...] *Ils ne sont pas capables de dire vraiment ce que je suis capable de faire, mais ça ne les dérange pas, ils décident pour moi. Un poste où il va y avoir des déplacements, je vais forcément en être écartée sans qu'on me pose la question.* (Cadre supérieure, handicapée, issue de l'immigration)

> *Il* [le directeur] *estimait que je n'aurais pas la force physique d'aller à des rendez-vous clientèle, les voir,* et caetera. *Peut-être qu'on en serait arrivés à la même conclusion s'il y avait eu concertation. Mais c'est le problème du dialogue social, on peut entendre des choses, mais après en avoir discuté. Là, il n'en avait même pas discuté, il avait décidé pour moi. Voilà. Je pense que j'aurais quand même pu prendre ce poste, et qu'on se serait débrouillés.* (Dirigeant, handicapé)

Mais les croyances ne sont ni toujours naïves, ni toujours apparemment altruistes. On peut avoir intérêt à manifester son attachement à des idées en lesquelles on ne croit pas sincèrement parce qu'on en tire avantage (Boudon, 1995 ; Alter, 2000). Ce phénomène est bien connu dans l'entreprise : même si le responsable du système d'information ne croit pas en l'efficacité du dispositif informatique retenu par le directeur général, il lui en dit le plus grand bien. Il peut en effet avoir intérêt à partager la croyance de son patron, puisque ce dernier gère sa carrière. De manière similaire, même si le créateur d'entreprise ne croit aucunement dans les vertus du *business plan* que le banquier lui a demandé de présenter, il a intérêt à préparer ce document avec attention s'il veut obtenir le crédit dont il a besoin.

L'existence de ce type de rationalité indique que les croyances, préjugés et stéréotypes, ne résultent pas toujours d'un manque de connaissance de la réalité, mais d'une volonté de mobiliser des croyances pour atteindre des objectifs avantageux (Laufer, 2004).

Le fait de penser à la place des différents, et de les reléguer dans des espaces spécifiques, correspond souvent à ce type de croyance. La femme dirigeante, mère de jeunes enfants, que son directeur avait « protégée » d'une promotion supposant de nombreux déplacements, se demande ainsi si l'altruisme apparent de son directeur ne cache pas également la volonté d'attribuer le poste à l'un de ses alliés, ou de soumettre son jugement à la logique de la maison mère, qui n'a jamais fait entrer de femmes au conseil d'administration. Le jeune dirigeant homosexuel auquel on a subtilement indiqué (sans le formuler de manière explicite) que le poste qu'il briguait supposait des négociations fréquentes avec les « gros bras » du syndicat, et qu'il n'était « donc » pas fait pour lui, sait que l'utilisation du stéréotype a permis à un autre de prendre le poste (Falcoz, 2004). De même, beaucoup de patrons autodidactes ont dû créer leur propre entreprise parce que, leur a-t-on expliqué, à un certain niveau de responsabilité, on doit avoir des diplômes ; mais les porteurs de cette explication étaient parfois en concurrence avec l'autodidacte. Dans la même perspective, la plupart des handicapés sont toujours attentifs à ce qui fonde les décisions concernant la prise en compte de leur différence, parce qu'elle peut intégrer une part de manipulation : on évite aux handicapés moteurs les postes supposant des déplacements, on évite aux handicapés sensoriels les postes supposant beaucoup d'échanges. Peut-être par ignorance de leur capacité d'adaptation, mais peut-être encore plus parce que n'importe quelle faiblesse apparente, dans le monde du travail et plus particulièrement celui des cadres et des dirigeants, peut être un moyen d'exclure pour bénéficier d'une place enviée. Voici la manière dont un cadre supérieur homosexuel raconte comment on peut créer une rumeur et en tirer parti :

> *Alors que je faisais l'évaluation d'une collaboratrice, elle me dit : « Est-ce qu'on peut aller prendre un café ensemble ? » Je dis : « Oui, pas de souci, on va à la machine à café. » Elle me dit : « Non à l'extérieur, j'ai un point à évoquer avec toi. »* [...]. *Et elle m'explique : « Il* [un collaborateur] *fait courir le bruit que tu ne l'as pas promu parce qu'il avait refusé tes avances... » Inutile de vous dire que le jour où on vous annonce ça, tout s'écroule autour de vous, vous ne savez plus comment réagir. Bref, cassé, mais vraiment cassé, je savais plus quoi faire, j'ai dû, je crois, pleurer toutes les larmes de mon corps.*

L'achèvement de ce type de logique consiste à confier aux différents des postes de travail dans lesquels les « qualités » peuvent être considérées comme un facteur de performance, tout en les excluant des postes tenus par les normaux. C'est le cas de cet entrepreneur issu de l'immigration. À plusieurs reprises, il réussit parfaitement et rapidement dans des missions que des entreprises de commerce international, travaillant avec des pays africains, lui confient. Mais sa promotion demeure limitée à des fonctions dans lesquelles le rôle stéréotypé du Noir convient bien. Elle ne s'ouvre jamais au territoire des normaux et des gens d'influence de l'entreprise.

> *Si on m'avait donné un vrai poste, quand je dis un vrai poste* [...] *un poste qui soit équivalent à celui d'un Blanc, mais ça, on ne me l'a pas proposé... On ne me voyait que comme un Noir. On me voyait comme un Noir, comme une personne dont on peut utiliser l'image pour ouvrir des portes, un peu le cheval de Troie, mais on ne voulait pas me faire asseoir à la même table.* [...] *On m'a apprécié parce que j'amusais, je divertissais...*

3. La construction de la différence

De tous ces points de vue, la différence correspond plus ce à ce que les sociologues nomment la « construction sociale de la réalité » (Berger et Luckmann, 1966/2006) : les différents occupent des places professionnelles qui leur sont spécifiques, bien plus souvent parce que les normaux les ont conçues comme telles, que parce qu'ils ne peuvent physiquement ou socialement en tenir d'autres (Héritier, 2005). Ça n'est pas la réalité de leurs handicaps qui limite la dynamique de leur carrière, mais l'idée que les normaux se font (et font) de cette réalité. De manière récurrente, les patrons atypiques expliquent ainsi que leurs difficultés professionnelles sont bien plus liées aux stéréotypes qui construisent leur différence qu'à leur différence elle-même. Cette dirigeante handicapée exprime parfaitement l'idée :

C'est un peu une idée bizarre ce que je vais vous dire, mais je me sens différente sans être différente. Je ne sais pas comment vous dire ça. Dans ma tête, je ne suis pas handicapée, en fait. C'est les autres qui me rappellent que je le suis. Vous voyez ce que je veux dire. C'est que moi, dans ma tête, je suis comme tout le monde. Enfin, je ne suis pas différente. C'est pour ça que je n'éprouve pas le besoin de m'auto-exclure de la société. Moi, ça ne m'est jamais venu à l'esprit de... de m'exclure et de côtoyer seulement des personnes handicapées, en fait.

Le même type d'idée est avancé par ce dirigeant autodidacte et issu de l'immigration : la différence provient plus souvent du regard du normal, que du comportement du différent. Et lorsque ce regard se trouve chargé de méfiance ou de crainte, il bouleverse, parce qu'il concentre en un seul coup d'œil toute la violence de la stigmatisation. Le différent sait cela. Il sait aussi qu'il est souvent plus « normal », depuis qu'il est patron, que celui qui le rejette :

Vous êtes dans une foule, et vous suivez quelqu'un qui a un sac. Il se retourne, vous voit, et d'un coup il a un réflexe instinctif (manifestant sa peur d'être volé)... Et donc je comprends, avec ma « maturité », entre guillemets, je peux comprendre, parce que, effectivement, il y a des gens qui ne sont pas très honnêtes dans la vie. Mais en même temps, j'ai toujours du mal à faire le lien : si j'avais un faciès plus blanc, qui ressemble un peu plus à la, entre guillemets, « normale », on aurait le même réflexe ? Et encore aujourd'hui je vais des fois me promener à Rennes, et il y a des personnes qui réagissent comme ça. J'en ris maintenant, parce que je me permets de les juger aussi, puisque, eux, ils me jugent, et je me dis : « Mais si ça se trouve, ils ont le quart de ce que j'ai dans la vie. »

Reste à savoir si toutes les différences sont équivalentes du point de vue de la stigmatisation. En distinguant les individus « discrédités » (les porteurs de différences visibles, par exemple un handicap physique), des individus « discréditables » (les porteurs de différences invisibles, par exemple les homosexuels), pour indiquer des comportements spécifiques, Goffman fait valoir une distinction importante : les premiers ne peuvent éviter le jugement d'autrui, alors que les seconds y parviennent, plus ou moins aisément et durablement. Les premiers se trouvent ainsi plus directement stigmatisés que les seconds. Mais le caractère heuristique de cette distinction est limité car le discrédit repose bien plus sur la construction réciproque du statut de la différence que sur sa nature. Par exemple, une femme dirigeante sera infiniment plus discréditée (identifiée comme « anormale » dans sa fonction) si elle manifeste les caractéristiques féminines de son corps, de ses gestes, de ses vêtements, que si elle fait rigoureusement l'inverse. La même idée vaut pour les autres catégories : le handicapé qui préfère le relatif confort du fauteuil pour se déplacer à la pénibilité des béquilles, l'autodidacte qui explique qu'il ne comprend pas bien la dimension mathématique mobilisée pour décider d'un investissement, le Camerounais qui ne se défend pas de son accent ou l'homosexuel qui, sans les revendiquer, ne cache pas activement ses préférences, tous, en agissant de cette façon, deviennent plus discrédités que discréditables. Mais ils peuvent également faire l'inverse, c'est-à-dire mettre en œuvre des comportements limitant la capacité pour autrui à les considérer comme différents.

Le degré et la forme de stigmatisation varient ainsi peu en fonction du type de stigmate. Le mécanisme de discrimination, qu'il repose sur la couleur de peau, la pratique religieuse, l'orientation sexuelle ou le handicap physique, est bien de même nature, et procure au sujet qui le subit le même type de sentiment, celui de l'exclusion, et celui d'être maudit. Cela est d'autant plus vérifiable que le stigmate n'a rien de naturel, d'objectif, ou de caractérisable aisément : un Noir n'est noir que dans le pays dans lequel les Blancs se trouvent numériquement dominants ; il devient en quelque sorte noir en passant de l'Afrique à l'Europe. De même, les différences n'existent et ne mobilisent la stigmatisation que dans un environnement historiquement et spatialement donné. En France, aujourd'hui, être une femme divorcée ne fait plus l'objet d'une mise à l'écart, en tout cas dans la plupart des milieux sociaux, pas plus qu'être d'origine italienne ou espagnole. Ça n'était pas le cas en 1930 (les travaux de Goffman présentent d'ailleurs ces populations comme stigmatisées).

La différence ne participe donc pas de la nature de la différence mais de la nature du jugement porté sur celui-ci. Cette idée renvoie à l'une des perspectives majeures défendues par les sociologues interactionnistes nord-américains. Un comportement social n'est jamais objectivement et intrinsèquement moral, efficace, stratégique, courageux ou naïf : il est considéré comme tel en fonction des critères de jugement dominants dans une société, à un moment donné de son histoire. Analysant la déviance aux États-Unis dans les années soixante, Becker (1963) prend ainsi l'exemple des fumeurs de marijuana, des joueurs de jazz et des homosexuels pour montrer que ce qui constitue la déviance n'est aucunement un type d'acte mais la nature des jugements portés sur certains actes. Cela est tellement juste que, cinquante ans plus tard, dans la même société, il est assez aisé d'être à la fois fumeur de marijuana, joueur de jazz et homosexuel sans pour autant subir l'opprobre systématique des normaux.

Le degré de stigmatisation, indique également Goffman, varie en fonction de la position sociale de la personne. Ainsi, en début de carrière, un cadre handicapé, un homosexuel, un entrepreneur maghrébin ou une jeune femme s'engageant dans la vie des affaires se trouvent infiniment plus discrédités que vingt ou trente années plus tard, lorsque le destin leur a souri (et seulement dans ce cas) : le respect du rang social a fait son œuvre. Mais la déférence manifeste des normaux n'empêche pas toujours une aversion latente. Même si le différent met très concrètement en œuvre, de manière délibérée et explicite, les moyens prouvant qu'il ne correspond pas au stéréotype, les normaux adoptent en effet souvent un comportement très particulier, associant commisération, prudence et méfiance. Goffman donne un bel exemple de ce type de situation (tiré des travaux de Praker et Allerton), celui d'un ancien délinquant parfaitement réintégré dans la société, qui s'exprime ainsi :

« Et j'ai toujours cette impression, avec les honnêtes gens, que chaque fois qu'ils sont gentils, aimables avec moi, ils n'arrêtent pas de me voir comme un bandit, et rien de plus. Pour moi, maintenant, c'est trop tard pour changer, mais, malgré tout, je ressens ça profondément, qu'ils ne peuvent pas penser autrement, qu'ils sont incapables de m'accepter d'une autre façon. » (Goffman, 1975, p. 27)

4. La méfiance fondamentale

Tous les patrons atypiques disposent ainsi d'une expérience commune, et ceci quelle que soit la nature de leur différence : ils ont été stigmatisés et les normaux continuent, au moins à l'occasion, à leur manifester une méfiance que je nomme « fondamentale ». Elle se trouve en effet aux fondements de toutes les relations entretenues entre différents et normaux : ces derniers doutent toujours de l'efficacité, de la capacité de mobilisation, du courage, de l'honnêteté, de la solidité ou de la fidélité de ceux qui ne sont pas comme eux. Cette méfiance, qui préside aux premières rencontres, persiste assez largement, même lorsque les différents ont fait la preuve de leurs capacités, au moins pour une raison simple : ils ne peuvent pas convaincre tout le monde en même temps.

Cette méfiance repose sur le fait que le différent ne correspond pas aux attentes de rôles, aux « identités virtuelles » : pour faire confiance, il faut pouvoir considérer que le comportement de l'autre est suffisamment prévisible, enchâssé dans des normes bien connues et respectées. Il faut partager la même « identité réelle ». Mais l'organisation de la vie sociale conduit différents et normaux à devoir se rencontrer et même à coopérer régulièrement. L'articulation entre ces deux dimensions (méfiance fondamentale et nécessité de coopérer) mobilise de manière récurrente des formes de relations qui représentent le quotidien de la stigmatisation : le silence, la dévalorisation, l'exclusion sélective, l'observation.

Le silence permet de ne pas « parler des choses qui fâchent » ou qui mettent mal à l'aise. Aborder explicitement la question de la différence, de son contenu, de ses effets sur le rapport au travail ou aux autres, suppose d'accepter la réalité de l'identité de l'autre et d'en parler. Cela n'a rien de simple, puisque les stéréotypes conditionnent l'accès à l'autre. Rompre le silence suppose ainsi de réviser les représentations et les normes de relation qui associent différents et normaux. Plus encore, rompre le silence oblige à aborder explicitement les questions d'inégalité ou d'iniquité associées à la différence, et ce type de perspective engage rarement de manière unanime. On ne veut, en effet, pas trop savoir de quoi est fait le quotidien d'un handicapé, d'une femme qui ne parvient pas à passer le plafond de verre ou d'un autodidacte dont la promotion végète, parce que « c'est trop compliqué ». Plutôt que de s'engager dans une discussion déplacée (qui déplace les représentations), il est en effet infiniment moins coûteux de pérenniser ses croyances, même si tout montre qu'elles sont infondées. Cela vaut parfois pour les deux partenaires de l'interaction, le normal et le différent.

> *Le problème, c'est que la plupart des gens ne disent pas leurs préjugés, n'expriment pas leurs préjugés* [...]. *Ils ont un préjugé qu'ils n'expriment pas. C'est là où moi je ne tiens pas forcément bien mon rôle. Maintenant, j'ai appris, mais au début on n'ose pas forcément mettre le sujet sur la table, donc il y a des espèces de non-dits qui sont redoutables. Alors là, c'est un vrai handicap.* (Cadre supérieur, handicapé)

Ainsi, les différents peuvent trouver avantage au silence parce qu'ils ne souhaitent pas toujours faire l'objet d'attentions, de remarques et de discussions spécifiques. Ces circonstances les désignent en effet comme « problématiques ». Mais surtout, ils ne souhaitent pas revivre des interactions impliquantes, qui leur ont déjà beaucoup coûté :

> *C'est peut-être un manque de courage aussi, mais je n'ai pas envie de relancer le sujet* [de son homosexualité]. *Néanmoins, je sais que, parfois, je devrais le faire. Mais quand vous avez passé dix ans à vous protéger,*

vous avez acquis des mauvais réflexes qui font que toute question qu'on vous pose, vous la prenez comme une inquisition, donc vous claquez avant de répondre correctement. (Dirigeant, homosexuel)

La dévalorisation représente une autre face de la méfiance fondamentale. La réussite des patrons atypiques indique que le différent peut parvenir à surmonter son handicap. Plus encore, cette même réussite signifie qu'il dispose de ressources pour dominer des situations qui sont venues à bout du courage et de la « bonne santé » de la plupart des normaux. Ceci peut alors être conçu comme suspect et mener à expliquer la réussite des patrons atypiques par leur incapacité à s'investir ailleurs que dans l'entreprise, leur investissement au travail brisant le reste de leur vie et de celle de leurs proches. Ce type de discours vaut particulièrement pour les femmes et les autodidactes : ces femmes-là n'auraient pas « d'autre vie », et ces hommes-là auraient « tout sacrifié » pour leur réussite. Une dirigeante explique ainsi qu'elle doit se battre à la fois contre les stéréotypes de la femme et contre ceux de la mère :

Ça m'est déjà arrivé d'entendre que je ne m'occupais pas bien de mes enfants, parce que je ne vivais pas avec eux tous les jours. Je me suis dit : « C'est terrible de dire ça. » Ces femmes-là, elles pensent que la seule façon dont on peut s'occuper de ses enfants, c'est être du matin au soir avec eux. Eh bien moi, je ne suis pas d'accord du tout, quand je vois la qualité des relations que j'ai avec mes fils.

Le principe d'observation articule également la méfiance fondamentale et la nécessité de vivre ensemble. Il représente l'attention particulière du normal apportée à celui en qui il n'a pas confiance mais avec qui il doit partager son quotidien, et qui doit tôt ou tard être amené à chuter, à trahir ou à se lasser, plus vite et plus complètement que les autres. L'écart entre l'identité virtuelle (les comportements attendus) et l'identité réelle (les comportements effectivement tenus) associe ainsi curiosité et vigilance dans le rapport aux différents. Ces derniers doivent alors, pour réussir, en plus de l'exercice de leur compétence professionnelle, surmonter des épreuves spécifiques de manière récurrente. Plus que pour les autres, on attend par exemple que les femmes dirigeantes fassent la preuve de leur légitimité, que les autodidactes sachent mobiliser des arguments techniquement fondés, que les handicapés soient « autonomes », et que ceux dont les parents étaient étrangers manifestent leur capacité d'intégration. Mais ces épreuves ne correspondent pas à une sorte de rite initiatique qui permettrait d'accéder à la même dignité que les autres, de manière définitive. Elles sont au contraire réitérées, à l'occasion de chaque changement de poste, tant que le différent n'est pas devenu le patron. Cette vigilance permanente que les normaux adressent aux autres n'est bien évidemment pas sans rappeler les travaux de Foucault (*Surveiller et punir*, 1975). Cette femme, cadre supérieure et handicapée, l'exprime clairement.

On est surveillés en fait. Il faut prouver qu'on a eu raison de nous accepter. Moi, c'est le sentiment que j'ai aujourd'hui.
Q – Donc vous n'êtes jamais simplement intégrée ?
– Non. Parce qu'il faut toujours être sur ses gardes, en fait. [...] *La surveillance s'arrête à partir du moment où on évolue uniquement avec des gens qui nous connaissent bien. Une fois que la confiance s'est créée, on peut relâcher un peu sa garde, mais dès qu'il s'agit de vouloir évoluer dans l'entreprise ou travailler avec des gens avec qui on n'a pas l'habitude de travailler, la machine se remet en route.*

La stigmatisation se trouve souvent, selon des formes diverses, intériorisée par les différents, même lorsqu'ils sont devenus patrons. Elle repose alors sur les traces d'une histoire dont les individus ne parviennent jamais à se défaire totalement : à force d'avoir vécu la mise à l'écart, on peut finir par adopter des comportements qui pèsent durablement sur la capacité à participer simplement à la vie sociale. L'expérience de la stigmatisation a par ailleurs souvent été suffisamment lourde pour que la mémoire de l'exclusion embarrasse les représentations et le psychisme des patrons atypiques. Un haut fonctionnaire issu de milieu populaire m'a ainsi expliqué que pendant de longues années, il éprouvait le sentiment d'être un imposteur. Il se raisonnait mais ne pouvait empêcher son imaginaire de continuer son propre chemin. Souvent, lorsqu'il circulait dans sa ville d'origine, il éprouvait une sensation désagréable, celle d'une main ferme qui se posait sur son épaule et d'un homme qui lui demandait de rendre le diplôme et le résultat du concours qu'il avait « volés » puisqu'il ne les méritait (« normalement ») pas. De même, après m'avoir indiqué la difficulté qu'il avait eue à accepter de prendre des responsabilités hiérarchiques puis à être nommé comme principal collaborateur du président de l'entreprise, un dirigeant autodidacte et issu de l'immigration me raconte que, subjectivement et émotionnellement, il ne se sent pas les mêmes droits que les autres, et que ce sentiment provient d'expériences répétées de ce type :

> *Là j'étais jeune, j'avais quatorze ans, quinze ans à peu près. C'était un magasin pas très loin de chez moi. Et donc on* [lui-même et un ami] *cherchait un pantalon dans les rayons, et on ne trouvait pas. En sortant, des vigiles nous arrêtent, et nous disent de les suivre. Donc on les suit, mais je ne comprends pas trop. On arrive dans une pièce, puis une dame arrive et le vigile lui demande : « Alors c'est lequel ? » La dame, elle dit : « Ben... je ne sais pas trop, c'est peut-être pas eux »* [...]. *Et depuis cette expérience, chaque fois que j'entrais dans ce magasin, je n'essayais plus les vêtements, je prenais un vêtement, je le prenais un peu à vue, et j'allais à la caisse directement pour payer. Et je m'apercevais parfois seulement chez moi qu'il était soit trop petit, soit trop grand, et j'allais le changer.*

Trente ans après, ce dirigeant n'ose donc toujours pas essayer un vêtement dans le magasin. Trente ans après avoir vécu la stigmatisation, les patrons atypiques en gardent toujours des traces, celles du stigmate, du passé qui continue à nourrir représentations, valeurs et émotions de la personne respectée (au moins formellement) qu'ils sont devenus aujourd'hui. Trente ans après, cette femme dirigeante d'origine sociale modeste, dont le père était manœuvre, continue à avoir honte, de la honte qu'elle a eue en rencontrant ses premiers amis de famille bourgeoise, lettrés, « distingués », dans un appartement immense, où elle avait fini par se perdre.

Donc c'était majestueux, je m'y suis perdue. Et là je me suis retrouvée avec un jeune homme, là, qui faisait du violoncelle. Et qui demandait à chacun : « Qu'est-ce qu'il fait ton père ? Il fait quoi ton père ? Il fait quoi ton père ? Il fait quoi ton père ? » Et ça arrive vers moi : « Il fait quoi ton père ? » Et là, j'ai eu honte de le dire. Et j'étais honteuse d'avoir honte, c'était horrible. Ça m'a marquée, d'avoir eu ce moment de honte de ce que faisait mon père.

Une autre m'indique qu'elle ne fait jamais référence à ses origines populaires, pas plus qu'à son orientation sexuelle. Pour être acceptée, elle doit renier cette double différence, ou en tout cas faire comprendre que celle-ci ne modifie en rien le rapport aux autres, au travail ou aux « vraies valeurs » qui constituent la culture dirigeante. La méfiance fondamentale mène ainsi à une forme de socialisation bien particulière pour les différents : il leur est proposé de s'intégrer à la majorité à la condition de surmonter d'abord l'épreuve de l'exclusion, puis de participer aux relations sociales en taisant leur différence, en niant en quelque sorte le stigmate qui fonde leur inégalité de traitement. Ce silence leur permet de se mettre à l'abri du jugement des normaux, mais ne les épargne pas de voir le sort qui est fait à ceux qui leur ressemblent. Cette dirigeante homosexuelle retrace ainsi une situation dans laquelle on n'a pas recruté son concurrent, pour cause d'homosexualité :

Elle me dit : « Le mec qui voulait le poste, vous étiez deux à avoir à peu près les mêmes compétences techniques, on ne l'a pas pris parce qu'il était homo. » Et là je me suis dit : « Mais c'est vraiment un coup du sort incroyable. » En fait, pendant l'entretien, quand on lui a demandé où en était sa vie personnelle, il a clairement dit qu'il était en couple, et que c'était avec un homme. Du coup, ils ne l'ont pas embauché à cause de ça, sauf que, moi, ils ne m'ont pas posé de question sur ma vie personnelle quand j'ai passé l'entretien. C'est ce qui m'a le plus déstabilisée, en fait : j'avais été le choix par défaut et pour de fausses raisons. C'est surtout ça qui m'a blessée.
Q – Vous voulez dire que ce qui vous blessait, c'était de ne pas avoir été reconnue en tant que telle ?
– C'est ça [...] Ça me gênait parce qu'en plus, j'avais l'impression de

cacher un peu les trucs, alors que je ne le vivais pas de façon honteuse, et d'être une peu obligée de le faire en même temps. J'étais un peu mal à l'aise, je savais pas comment utiliser ça, quoi.

La proposition faite aux différents consiste donc à renier leur différence, si c'est physiquement possible, pour prendre une place chez les normaux. Cela suppose d'intégrer les schémas relationnels dominants, mais sans jamais pouvoir y participer sereinement. Cela vaut pour les patrons atypiques d'origine sociale modeste, souvent des autodidactes : renoncer à leur culture d'origine n'est jamais simple et complet. Cela vaut pour les femmes dirigeantes : les relations entre pairs, de genre masculin, ne facilitent pas leur intégration. La stigmatisation ne correspond ainsi pas seulement au fait d'exclure et de maudire. Elle s'incorpore dans de simples et habituelles normes sociales dont les principes relationnels ne correspondent pas au choix des différents. Ils peuvent alors s'exclure eux-mêmes, pour préserver ce qu'ils sont. Dans tous les cas, ne pas être « simplement normal » conduit souvent à réduire le spectre et l'intensité des relations qui peuvent être entretenues avec les autres. Très subtilement, cette femme, cadre supérieure homosexuelle, m'explique ainsi qu'elle ne peut pas investir les relations avec les hommes, avec les chefs, comme le font les femmes hétérosexuelles, et que ceci l'isole en rendant les relations plus étroitement fonctionnelles :

[Si je n'avais pas cette différence] *je pense que je serais certainement plus ouverte, plus souple. Ça, c'est clair. Je pense que je me laisserais plus aller dans la relation. Et j'y prendrais plus de plaisir* [...]. *Parce que bosser, c'est bien, apporter un travail bien fait pour que ça satisfasse votre interlocuteur, c'est bien, mais ça a des limites aussi, parce qu'on est quand même entre deux êtres, et il y a autre chose qui peut se passer... Et puis on retourne un petit peu tout seul dans son bureau après.*
Q – Vous vous sentez solitaire.
– On se sent solitaire, parmi les autres.
Q – Oui, vous apportez quelque chose, et puis une fois que c'est apporté, vous vous en séparez, il n'y a pas de lien qui vous associe à

l'autre à travers ce que vous lui avez apporté à ce moment-là. Oui, je comprends bien votre idée. Ça rend les liens sociaux plus rares.

Le stigmate touche ainsi directement à l'identité des individus en dissociant violemment les deux versants de l'identité distingués par Goffman : « l'identité pour soi » et l'« identité personnelle » ou « sociale » (je garderai seulement le terme de « sociale » dans la suite du texte, par souci de clarté). L'identité pour soi correspond au « sentiment subjectif de sa situation et de la continuité de son personnage que l'individu vient à acquérir par suite de ses diverses expériences sociales » (Goffman, 1975, p. 127) ; lorsqu'une personne handicapée m'indique qu'elle ne se sent subjectivement pas vraiment différente, parce que capable de tenir les mêmes postes et fonctions que les normaux, elle se réfère ainsi à l'identité pour soi. L'identité sociale participe du souci qu'ont les autres de définir une personne en associant aux « porte identité » (les éléments physiques ou biographiques qui définissent une personne) toutes les connaissances ou rumeurs qui viennent s'entortiller comme de la « barbe à papa, comme une substance poisseuse à laquelle se collent sans cesse de nouveaux détails biographiques » (*ibid.*, p. 74) ; lorsqu'une personne handicapée m'indique que ce qui la handicape le plus est l'idée que les autres se font de sa différence et la façon dont ils l'interprètent, elle se réfère ainsi à l'identité sociale.

Toute la vie d'un individu se trouve, sur le plan identitaire, définie par cette tension entre l'identité pour soi et l'identité sociale, qui consiste à articuler le mieux possible ce que l'on représente pour soi et pour les autres. Pour les personnes « anormales », cette tension est particulièrement forte, car même si elles ne se sentent subjectivement pas différentes, leur identité sociale, qui repose sur le stéréotype qui accompagne la méfiance fondamentale, conduit les autres à croire qu'elles sont différentes.

5. Ni ici ni ailleurs

La sociologie nous enseigne que, très généralement, les individus appartenant à une minorité se rencontrent et s'associent pour construire un espace social spécifique qui les protège du jugement des normaux. Goffman parle ainsi de « socialisation secondaire » à propos des communautés réunissant des personnes partageant les mêmes types de différences, ces communautés qui apprennent à leurs membres à « tirer fierté de leur mal » (*ibid.*, p. 53). On pourrait s'attendre à ce que les patrons atypiques tissent des réseaux et organisent des communautés de ce type. Il n'en est rien. Ils ne les rejettent pas mais ne s'y retrouvent pas. Ils sont ainsi différents des normaux et de ceux qui partagent la même différence. L'inversion de leur destin suppose en effet d'échapper à la place sociale normalement attribuée, ce que ne font pas les communautés de différents : tout en luttant contre la discrimination, ou plutôt, pour lutter contre la discrimination, elles reconnaissent la place que les normaux leur accordent.

La socialisation secondaire représente pourtant un lieu d'épanouissement, de reconnaissance et de satisfaction, une véritable petite société à laquelle il est difficile d'échapper. Les observations de Becker (1963) réalisées à propos de la socialisation des déviants (par exemple, des consommateurs de drogue des années 1960) le montrent bien : auprès de leurs semblables, ils trouvent des clés de comportement qui concernent aussi bien le marché de la drogue, le rapport à la drogue, que le rapport au travail, aux loisirs ou aux expertises mobilisables (médecins, avocats, complices, travailleurs sociaux). Ces clés, qui reposent sur les expériences et les échanges accumulés entre les membres de la minorité, associent ainsi étroitement les individus. Auprès de leurs semblables, ils trouvent également du soutien moral (« ce que je fais n'est pas scandaleux »), du soutien stratégique (« avec mes pairs je suis plus fort pour agir ») et du soutien affectif (« mes compagnons m'aident à supporter la différence »). Enfin, c'est auprès d'eux qu'ils trouvent accès à la reconnaissance sociale, à la valorisation de ce qu'ils font. Becker explique ainsi que le milieu de la déviance produit une sorte de microsociété, bien évidemment très largement informelle, dans laquelle le déviant trouve accès à l'identité. Sa socialisation devient « parfaite » lorsqu'il privilégie les normes, les valeurs et les formes de reconnaissance de ce milieu secondaire au détriment des formes d'intégration proposées par la société globale. Dans ce cas, il accède à une culture spécifique à son milieu, suffisamment robuste pour lui permettre de supporter l'« étiquetage » et l'exclusion dont il fait l'objet. Mais il se trouve plus souvent tiraillé entre la volonté de participer centralement au monde des normaux et le désir de trouver secours et de demeurer loyal auprès de ses « compagnons d'infortune ».

Les patrons atypiques, s'ils éprouvent donc souvent un sentiment de loyauté à l'égard de la communauté de différents qui les « représente », et s'ils participent parfois à ses activités, ne s'y définissent pas. Beaucoup d'entre eux interviennent ainsi dans des cercles, des réseaux et des associations luttant pour favoriser l'intégration des différents et pour lutter contre la discrimination. Mais ils s'engagent pour que d'autres bénéficient de ce qu'ils n'ont pas reçu. Cela vaut par exemple pour les actions menées par un dirigeant homosexuel d'une cinquantaine d'années, qui a très concrètement vécu l'homophobie dans les premières années de sa vie professionnelle, qui est parvenu à surmonter ces manifestations d'ostracisme et qui se trouve aujourd'hui engagé dans des actions regroupant les gays et lesbiennes de son entreprise. Cela vaut également pour les actions d'aide aux jeunes entrepreneurs maghrébins, chinois ou africains, menées par des chefs d'entreprise issus de ces origines : ils sont parvenus à construire une entreprise « malgré tout » et se réunissent pour réduire la force de ce « malgré tout » qui continue à peser sur leurs jeunes collègues. Cela vaut encore pour les femmes dirigeantes qui s'engagent dans des groupes féministes, permettant aux plus jeunes de s'épargner un peu du poids du « plafond de verre ». Ainsi, autodidactes, femmes, homosexuels, minorités ethniques et handicapés ne délaissent pas ceux qui partagent leur différence sans connaître leur réussite. Ils s'engagent et militent pour les autres. Mais ni leur succès personnel, ni leur culture, ni leurs projets, ni leurs réseaux ne proviennent de ce type d'expérience. Ils peuvent, bien évidemment y trouver des ressources, mais elles ne représentent généralement qu'un supplément d'âme par rapport à celles qu'ils sont parvenus à réunir pour construire leur propre trajectoire.

Les lieux et formes de la socialisation secondaire peuvent cependant être définis de manière plus large, en dehors des frontières du monde du travail : communauté ethnique, homosexuelle, ou de personnes handicapées. Mais cette hypothèse ne modifie pas substantiellement l'analyse qui précède. Le rapport des patrons atypiques à ces communautés obéit globalement à une logique de distanciation, bien plus que d'intégration. Très largement, ils ne renient pas l'utilité de leur existence, pas plus qu'ils ne critiquent la satisfaction que leurs homologues peuvent tirer de la fréquentation de ces milieux. Ils en partagent même les valeurs, peuvent en épouser les revendications et même les tourments. Mais ils ne s'y sont pas socialisés. Au contraire, ils tendent à expliquer que ce monde n'est pas vraiment le leur et qu'ils y sont parfois mal acceptés ou déplacés.

> *L'enfant sourd qui est élevé au LPC* [Langage Parlé Complété, permettant de lire sur les lèvres du locuteur] *a accès à la langue française dans son intégralité. Et du coup c'est reposant pour lui* [...]. *Le problème qui se pose aujourd'hui est que les sourds signants* [ceux qui communiquent par le langage des signes] *sont contre le LPC, et disent : « On a une langue, laissez-nous pratiquer notre langue. » Donc, ils sont contre l'oralisation. Pour eux, le LPC vise à attirer les sourds dans le monde des entendants, et ils disent : « Maintenant, on a notre monde, c'est aux entendants de venir chez nous. »* (Cadre supérieure, sourde)

> *La* Gay Pride *est un truc qui me sort par les trous de nez parce que je trouve ça trop facile que les homosexuels, pour exister, soient forcément efféminés, beaux, à poil, et avec une plume dans le cul !* [...] *Moi, je suis désolé, je ne suis pas spécialement beau, je ne suis pas particulièrement efféminé, je n'ai pas du tout envie de me promener sur un char à*

faire la folasse, ça ne m'amuse pas, je n'ai pas envie d'afficher ma sexualité. Je ne vois pas pourquoi. C'est une chose de mon intériorité... Et je n'ai pas envie de me définir comme un homosexuel. Non. Un homme, un être humain dont la sexualité est tournée vers l'homosexualité. Mais c'est un des pans de ma personnalité. Alors après, il y a sûrement des points communs avec les autres homosexuels, encore que je n'en connaisse pas beaucoup finalement. Parce que je n'y ai jamais été accepté, je ne me suis jamais non plus fait accepter par ce milieu-là. (Dirigeant, homosexuel)

Le refus de la socialisation secondaire ou le manque de désir pour partager le positionnement de ses pairs trouvent leurs racines dans ce type d'expérience et d'analyse. On peut également l'interpréter comme la condition nécessaire à l'exercice de l'autonomie, à la volonté de ne pas plus soumettre son comportement à la « loi du milieu » qu'aux lois des normaux :

Moi, typiquement, je ne m'entends pas du tout avec d'autres sourds. Je n'ai pas du tout le même humour. Même si je parle la langue des signes, je n'ai pas envie de la pratiquer. Et puis ils sont constamment dans un mécanisme où ils se renferment sur eux-mêmes, en disant : « Voilà, on va créer ce qu'on appelle le monde des sourds. » (Dirigeant, sourd)

Cette distance se manifeste surtout en début de carrière. Avec la réussite et l'estime qu'ils en retirent, les patrons atypiques renouent, au moins ponctuellement, avec un milieu : celui de leur différence, qu'ils avaient longtemps ignoré. Pour cette cadre supérieure handicapée par exemple, fréquenter d'autres handicapés la renvoyait autrefois à sa « faiblesse » et à son exclusion du monde des normaux. Vingt ans après, la reconnaissance dont elle jouit auprès de ces derniers lui permet de se retrouver auprès de ceux qui partagent sa différence. Ce long chemin conduit d'abord à oublier sa différence, puis à la retrouver, lorsque l'identité pour soi s'est suffisamment consolidée pour se confronter à l'identité sociale :

Aujourd'hui, j'ai plus envie de rencontrer le monde des personnes handicapées que le monde des valides. Je me sens plus d'affinités, plus

> *de compréhension. Il y a des gens avec qui on n'a pas besoin d'exprimer, on sait.* [...] *J'ai trouvé qu'on avait tout de suite une compréhension les uns des autres beaucoup plus sereine, beaucoup plus simple. Quand* [À l'occasion d'une sortie avec des personnes handicapées] *on voyait les gens qui nous accompagnaient qui étaient valides, ils disaient : « Ah, il fait trop chaud ! Ah, j'ai soif ! Ah, il faut que j'aille faire pipi ! Ah, je suis fatigué ! Ah, je suis très fatigué ! » Alors que, parmi nous, il n'y a pas une personne qui a dit qu'elle souffrait de la chaleur, ou qu'elle souffrait... alors qu'on était tous dans le même registre. Mais, si vous voulez, ça ne fait pas partie de notre langage courant.*

Toujours est-il que les patrons atypiques ne sont parvenus à devenir ce qu'ils sont qu'en prenant leurs distances avec la place que les autres, normaux ou différents, leur proposaient. Cette prise de distance avec l'appartenance et l'intégration, quelles qu'elles soient, caractérise centralement leur trajectoire. Ils ne se soumettent pas au rôle que l'on attendait d'eux. Tout en étant différents, ils refusent de se soumettre à la place qui leur est logiquement et « sociologiquement » définie, que celle-ci concerne l'intégration par l'appartenance communautaire – les milieux de la différence – ou l'exclusion – de leur catégorie par la société des normaux. L'histoire des patrons atypiques commence ainsi par une succession de refus qui matérialisent un refus plus global : celui du destin qui leur est proposé. C'est en rompant avec la trajectoire qui devait être la leur qu'ils sont parvenus à construire leur propre histoire.

Ainsi, les entrepreneurs issus de l'immigration qui ont vécu dans les « banlieues » ne se sont pas soumis à la culture de leur ethnie, de leur milieu social ou de leur cité, pas plus qu'ils n'ont accepté de tenir leur rôle, de se soumettre à l'identité qui leur était attribuée. De même, les femmes dirigeantes sont parvenues à échapper à la « domination masculine » comme à celle des normes transmises par leurs parents. L'une d'entre elles m'expliquait que son père, la voyant fortement engagée dans son activité professionnelle, lui expliquait avec tristesse qu'elle ne pourrait « jamais trouver de mari », qu'elle ne pourrait « jamais lui donner de petits enfants ».

Dans la même perspective, les homosexuels ont dû supporter la cruauté du non-dit ou de la vindicte de leurs parents, de leur famille, et rompre avec la trajectoire d'hétérosexuel que la société et même leur propre imaginaire leur avait réservée. De leur côté, les autodidactes ont très généralement « affolé » les statistiques des sociologues et des psychologues : enfants de milieux populaires, enfants mal aimés ou enfants ignorés, ils ont généralement, dans un premier temps, accepté leur destin en devenant des salariés « sans histoire » et aussi sans avenir, puis ils sont devenus, sans leur baccalauréat et sans l'aide de leurs proches, des dirigeants d'entreprises de plus de mille personnes. Enfin, les handicapés auraient « dû » grossir les rangs des « inutiles » (ceux qui ne produisent pas beaucoup d'utilité au sens économique du terme) : la société accepte aisément les personnes handicapées, sous cette forme, celle de personnes « logiquement » dépendantes parce qu'elles ne disposent pas des mêmes ressources que les autres. Mais les patrons handicapés sont parvenus à en remontrer à ces autres, et ceci suppose une grande indépendance. Celle-ci repose, fondamentalement, sur une capacité énigmatique (que ce livre se propose d'éclairer) : transformer l'identité pour soi en identité sociale, ce qui suppose de reconnaître sa différence, de la faire accepter, à la fois par les normaux et les autres différents.

> *Je ne suis pas communautariste mais je veux qu'on reconnaisse ma différence. Quand je dis je veux qu'on la reconnaisse, ce n'est pas pour en faire un étendard, c'est parce qu'elle fait partie de moi, et que je considère, au même titre que la couleur de mes yeux, que mes cheveux, mon origine, ma famille, tout ça, ça fait partie de ma construction, et qu'il n'y a pas de raison de faire comme si elle n'existait pas, cette différence.* […] *Ça m'arrive souvent, par exemple, de croiser dans la rue d'autres personnes handicapées, par exemple une autre personne en fauteuil, qui va m'aborder comme si on s'était vus la veille, et qu'on se connaissait par cœur. Et ça, ça m'agace. Oui, parce que moi, je ne me détermine pas par ça. Ce n'est pas parce qu'il est en fauteuil qu'on a naturellement une communauté d'intérêt.* (Entrepreneur, handicapé)

Bien évidemment, les communautés de socialisation secondaire ne se laissent pas faire. Elles acceptent mal que leurs membres échappent à leur rôle. Prendre ses distances par rapport à ce milieu ou à certains de ses codes amène ainsi à être rejeté ou ignoré par ce même milieu. La prise de distance est ainsi toujours bilatérale. Elle amène souvent les patrons atypiques à se sentir isolés, rejetés à la fois par les normaux et les différents. Mais c'est ainsi qu'ils sont finalement parvenus à échapper à leur destin : en prenant des libertés par rapport à ce que les conventions, les cultures, les croyances attendaient d'eux, d'où qu'elles viennent :

> *Quelque part, vous savez, on parle d'intégration, mais elle est dans les deux sens, elle n'est pas que dans un sens, l'intégration. Il faut aussi parler de la manière dont on vit, chez nous, par rapport aux « autres », entre guillemets. À savoir, mes parents, par exemple, sont quelque part assez communautaristes : ils sont dans la religion, ils sont croyants. Et si vous n'êtes pas dans la religion, pas croyant, [chez nous] on va vous tolérer, mais on ne va pas vous côtoyer tous les jours.* (Dirigeant issu de l'immigration, autodidacte)

Il reste que le destin des patrons atypiques n'était pas dessiné par le ciel, leur seule volonté ou une suite chanceuse de hasards. Ils disposent bien d'une identité sociale, ils ont une origine, ils viennent bien d'un « quelque part » qui leur est commun. Mais cette origine a peu de choses à voir avec la place sociale des parents ou la nature de leur différence. Elle repose sur l'association entre la distanciation par rapport aux normes et le raisonnement sur l'appartenance qui l'accompagne. Il s'agit d'une distanciation raisonnée avec les milieux sociaux et les effets potentiels de l'exclusion. L'entrepreneur autodidacte se soustrait ainsi aux trajectoires de socialisation auxquelles il devait normalement se soumettre. Mais cette prise de distance, si elle représente le moyen de rompre avec les déterminismes sociaux, ne s'associe jamais à une rupture complète avec le milieu d'origine. Au contraire, elle articule, de manière quasi systématique, l'origine sociale avec la position sociale acquise. Le patron autodidacte mobilise ainsi, souvent avec plaisir, le registre du langage, des valeurs ou des représentations qui conviennent aux deux mondes qui sont dorénavant les siens. Et ceci vaut bien évidemment pour les autres différences des patrons atypiques. Elles ne les ont pas conduits à rompre avec la société des normaux puis à s'inclure dans une communauté de stigmatisés. Elles les ont conduits à prendre leurs distances par rapport à ces deux formes de socialisation pour parvenir à s'y mouvoir.

6. L'identité de l'entre-deux

D'une manière ou d'une autre, les patrons atypiques occupent ainsi toujours une place particulière : celle de l'entre-deux, celle de l'étranger qui « vient d'ailleurs » (Simmel, 1907/1979) et ne participe donc ni spontanément, ni totalement aux formes de socialisation en vigueur, parce qu'il en connaît la relativité et l'ambiguïté. Encore faut-il bien comprendre que cette position d'entre-deux suppose que l'étranger ait pris ses distances avec sa culture d'origine, ce que ne précise pas Simmel.

Classiquement, on considère que l'intégration sociale représente le partage de valeurs, de normes et de croyances communes, ce partage permettant de tenir un rôle social de manière légitime (pour soi et pour autrui). Ce qui caractérise les patrons atypiques et leur trajectoire s'apparente à un déficit d'intégration sociale valorisé en tant que tel. Ils ne se trouvent que partiellement intégrés, ou plutôt, intégrés de manière paradoxale : ils occupent une place de choix dans la société tout en étant « hors normes ». Ils se sont éloignés de leur culture, de leur milieu ou de leur stigmate d'origine, sans pour autant les oublier. Ils n'ont pas vécu un processus d'acculturation (d'accès complet et intégrateur à une autre culture), pas plus qu'ils ne se trouvent étroitement engagés dans des formes de socialisation secondaire. Ils parviennent à occuper des positions sociales inattendues parce qu'ils ne se conforment pas à ce que la société attend des individus qui la composent.

Leur distanciation raisonnée repose sur une histoire personnelle « anormale » au cours de laquelle ils ont appris à ne pas se contenter de leur place. Leur héritage tient principalement en cela : on leur a transmis le souci de prendre leurs distances pour parvenir à exister avec les autres. Leur entourage, volontairement ou involontairement, leur a ainsi transmis le souci de vivre avec leur différence parmi les autres, bien plus que de supporter l'intégration mécanique ou l'acceptation passive de l'exclusion. Les handicapés expliquent par exemple souvent que leur famille, même lorsqu'elle était chaleureuse et soutenante, les a amenés à ne pas se soumettre à leur sort, et les a au contraire, même si c'était au prix d'efforts considérables, conduits à surmonter leurs difficultés et à vivre avec les normaux.

> *Les médecins avaient plutôt encouragé mes parents à me mettre dans une école spécialisée qui accueillait les personnes handicapées. Mes parents ne voulaient pas. Je leur en serai très reconnaissante, toute ma vie, parce que ça m'a appris à vivre au milieu des valides. Parce que, toute ma vie j'étais un peu le « vilain petit canard », j'étais la seule invalide au milieu d'un groupe de valides, parce que je n'avais pas l'habitude de côtoyer des personnes handicapées, que je n'en avais pas dans mon entourage. Ça m'a permis de pouvoir m'« intégrer dans la société », entre guillemets. De vivre avec le regard des autres. Je pense que grandir dans un établissement adapté, c'est un peu grandir dans une bulle.* (Cadre supérieure, handicapée, issue de l'immigration)

Cette configuration opère de manière comparable chez les patrons issus des minorités ethniques visibles qui sont, pour la plupart de ceux que j'ai rencontrés, également issus de milieu populaire. Certains, tout en me décrivant leur « galère », m'indiquent par exemple que l'un de leurs grands-pères était lui-même un petit entrepreneur, un entrepreneur ou un cadre déclassé, et que cette image leur a donné l'idée d'un autre chemin (Santelli, 2001). Mais, bien plus souvent, d'autres m'indiquent qu'à l'intérieur même de leur famille, des valeurs et des normes de comportement ouvertes aux relations avec l'extérieur leur avaient été inculquées, un peu comme si leurs parents avaient su identifier puis transmettre un petit pécule culturel qui pourrait les aider à « s'en sortir ».

> *Je pense que c'est ce qui fait que je réussis dans le développement de ma boîte sur le plan commercial. J'ai toujours été assez avenant. Au lycée, même si j'étais meneur d'un groupe de petits voyous, [...] même si on faisait peur à certains, on était quand même assez aimés de la plupart des lycéens autour de nous. [...] Et puis il y a un truc qui est très vrai, c'est que mes parents, malgré toutes les difficultés qu'ils ont eues entre eux, nous ont beaucoup inculqué le sens du travail et de la politesse, énormément. Même si je jouais mon petit rebelle, que je marchais un peu à la bonobo avec mon survêt Lacoste et que je me donnais des intonations dans la voix et tout, j'ai toujours eu les bases de politesse : « Bonjour Madame, au revoir Madame », et pas mal de culture [...]. J'ai eu toutes les bases qui m'ont servi à passer le cap de la classe sociale, on va dire « ouvrière », et à savoir aussi parler d'ouvrier à ouvrier, à pouvoir parler à tout le monde.* (Entrepreneur, issu de l'immigration)

De manière plus générale, une sorte d'apprentissage de la différence transgénérationnelle occupe beaucoup de place dans ces trajectoires : un père ou une mère « originaux » par la force de leur engagement politique ou artistique, par la faiblesse de leur constitution psychique (qui se traduit souvent par la violence physique, verbale ou symbolique à l'égard de l'enfant), par l'appartenance à un milieu social non conventionnel ou encore par l'expérience de la déroute économique, voici quelques thèmes récurrents. Cette référence repose parfois sur des bases objectives, l'expérience sociale des parents, et d'autres fois sur des bases subjectives construisant le mythe d'un parent lointain permettant de rendre cohérente la mémoire de ce que l'on a été et de ce que l'on est devenu (Muxel, 2007). Mais le plus souvent, cette référence consiste à articuler l'objectif et le subjectif pour parvenir à se référer à une sorte de différence globale – « nous n'avons jamais été comme les autres » – vécue par la famille et transmise aux enfants comme une sorte de creux de socialisation, d'incapacité transgénérationnelle à se soumettre simplement aux règles et aux conventions :

Je me suis dit : « Mais qu'est-ce qui fait que je me sens si rarement d'accord avec ce qu'on me propose, en règle générale ? » Et quand vous m'avez soumis votre thème de recherche, j'ai essayé de repenser un peu à quand remontait la première fois que je m'étais senti en décalage, pour ne pas dire en désaccord, avec les normes que l'on me proposait d'adopter. Et je me suis rendu compte que les choses se sont certainement définies ou déterminées il y a très longtemps. C'est-à-dire que dès l'enfance, et probablement dans le souvenir que j'en ai, dans le discours de mes parents, il y avait beaucoup de réponses du genre : « Écoute, ce n'est pas parce que les autres le font qu'on va le faire aussi. » (Entrepreneur, homosexuel)

Le récit que les patrons atypiques font de leur trajectoire souligne ainsi les traces d'une expérience particulière : la capacité à considérer la différence comme une ressource, une marque positive de distinction et, surtout, la capacité à valoriser une position anormale. D'une manière ou d'une autre, les patrons atypiques ont appris le rapport à la différence sous cette forme, et ils demeurent fidèles à cet apprentissage, plus qu'ils n'épousent les manières habituelles de se représenter la différence. Cette configuration confère une dimension paradoxale à leur identité de stigmatisés : elle la dilue largement dans une sorte de philosophie qui considère que le rapport au monde se fonde sur l'écart et l'indépendance par rapport aux normes, et même leur transgression, bien plus que sur leur respect. Ce dirigeant autodidacte ne cesse ainsi de m'expliquer que sa double spécificité n'a que peu d'importance, qu'il ne la ressent pas clairement comme telle parce qu'il a « toujours été comme ça », qu'il a toujours composé largement avec sa judéité et son autodidaxie, avec l'opprobre qui pesait sur sa famille pauvre et « mal élevée » :

[On pratiquait la religion] *très modérément, c'est-à-dire lors les grandes fêtes. Mais on mangeait du cochon à la maison, et puis on fumait le samedi à la maison. Et ma mère n'a jamais supporté l'hypocrisie de ces femmes qui sont dans les synagogues, et qui dans une maison dite de Dieu passent leur temps à parler des uns et des autres, donc c'était pas trop son truc. [...] Mais par contre, comme je grandissais, ils espéraient quand même qu'en fréquentant un peu le milieu juif, je rencontrerais une âme juive pour me marier. Et donc, là, je leur ai fait plaisir, j'ai assisté à un de ces fameux mercredis ou jeudis qui accueillent des jeunes, et je suis parti en courant... C'était pas mon truc... Je vivais à Sarcelles, je vivais avec mes copains, ils étaient noirs, ils étaient arabes, ils étaient kabyles, voilà, ils venaient de partout... Je trouvais que c'était plus riche.*

Toutes ces raisons font que les patrons atypiques se sont sentis assez tôt différents de la majorité, mais également différents des autres différents : ni mécaniquement socialisés par leur milieu, ni pour autant relégués dans un groupe défini par la stigmatisation, ils se trouvent définis par la distance par rapport aux schémas d'intégration sociale. Les stéréotypes peuvent alors devenir un espace de jeu, autant qu'une source de stigmatisation, une forme de socialisation autant que d'exclusion.

Moi, j'en ai joué [du stéréotype] *pendant un moment, quand j'étais plus jeune, notamment quand j'étais dans les quartiers, parce que c'était quand même un mécanisme de protection : il valait mieux faire partie de la bande que l'inverse. Il valait mieux dire qu'on était musulman, un peu comme les musulmans en carton français... Je ne mangeais pas de porc, mais l'alcool ça ne me dérangeait pas. Et je faisais le ramadan quand j'avais pas faim, quoi. Mais quand même, j'étais plus dans le clan des gens d'Afrique du Nord que de l'autre côté. Et pourtant j'avais des amis aussi qui étaient bien français de souche. Ça, je ne saurais pas très bien l'expliquer en fait, j'ai toujours réussi à m'intégrer, un peu comme il faut.* (Entrepreneur, issu de l'immigration)

L'analyse de leur parcours conduit ainsi les patrons atypiques à aborder dans un premier temps la construction sociale de leur différence, en se référant aux actions de stigmatisation. Puis cette analyse les conduit à identifier les moyens qui leur ont permis de faire taire les critiques et les sanctions des normaux. La plupart se sont en effet construits sur la valorisation de leur différence : ils la reconnaissent, parfois même la chérissent, et ils agissent pour la faire accepter par les autres, pour la rendre légitime. Mais ils se souviennent aussi qu'ils ont connu, et qu'ils connaissent encore parfois, la relation que les normaux réservent aux différents. Un peu comme les Métèques (les étrangers) de la Grèce antique, même s'ils parviennent à occuper des fonctions socialement enviables, ils n'ont bénéficié ni de la même histoire, ni des mêmes droits pour accéder aux mêmes honneurs que les « citoyens ». Ils demeurent donc, trop souvent, aux yeux de ces derniers, des métèques. La stigmatisation n'explique donc plus centralement leur rapport au monde : les patrons atypiques la maîtrisent assez bien. Mais le stigmate – la blessure qui résulte de la stigmatisation – représente l'un des fondements de leur rapport au monde.

CHAPITRE 2

Le regard de l'étranger

Les patrons atypiques ne considèrent pas le monde du travail de la même manière que les normaux. L'expérience de la différence les a conduits à appréhender l'entreprise comme un univers dans lequel leur place n'était pas donnée mais a été acquise. Ils ont appris à être relativement étrangers au monde professionnel dans lequel ils agissent.

Mais être étranger, ne pas mobiliser les implicites de la culture dominante, mène également à adopter une posture assez rare chez les normaux : celle qui consiste à regarder, plus qu'à voir, à s'interroger sur le sens, l'utilité et la raison d'être de toutes sortes de pratiques sociales considérées comme allant de soi par la majorité. Les patrons atypiques sont ainsi curieux de comprendre le monde de l'entreprise.

La différence, de ce point de vue, parce qu'elle force à l'extériorité et à l'engagement, représente également une ressource stratégique considérable que les patrons atypiques ont su mobiliser pour inverser leur destin : elle permet de distinguer ce que les normaux n'identifient pas, elle conduit à prendre des risques là où les normaux préfèrent des actions conformistes.

Ça n'est pas pour autant que les patrons atypiques « trouvent une place » dans le monde du travail. Ils ont plutôt tendance à le traverser, à s'y mouvoir, ce déplacement étant lui-même devenu une culture, celle de l'aventure.

1. La position d'extériorité

Les patrons typiques ont généralement bénéficié d'une socialisation consistante et linéaire, les amenant progressivement à connaître les subtilités du jeu social des élites. La sociologie des dirigeants et du patronat ne cesse de vérifier cette idée. Venant d'autres milieux sociaux, inscrits dans des trajectoires sociales complexes et mouvementées, les patrons atypiques se trouvent souvent en décalage par rapport aux représentations et valeurs du monde des élites : ils les interrogent, s'en méfient et les moquent. Ils n'ont par ailleurs que partiellement intégré le prestige social que confère la position de patron conventionnel. Ils demeurent ainsi largement extérieurs à leur rôle.

On peut connaître les règles explicites et apparentes d'une position sociale tout en ignorant une partie des règles du jeu, implicites et informelles, qui la caractérisent. Cette situation est celle de l'étranger qui, venu d'ailleurs, connaît les codes, mais pas les surcodes de son pays d'accueil. Tout le monde a vécu ce type de situation ainsi que le sentiment d'extériorité, d'incompréhension, de maladresse et parfois d'anxiété qu'il procure, dans des situations extrêmement différentes mais banales : en parlant une langue étrangère sans en comprendre le génie ; en partageant un repas avec des convives provenant d'un milieu social différent, qui n'utilisent pas les couverts et ne mobilisent pas les thèmes de conversation « comme on l'aurait fait » ; en négociant avec des partenaires de culture différente pour lesquels la question de l'argent est parfois plus taboue et d'autres fois plus libre qu'elle ne l'est pour nous ; en accédant à un milieu professionnel dans lequel les relations de proximité et de solidarité se trouvent à l'opposé de celles que nous connaissions jusqu'ici. Dans tous ces cas, nous disposons de la compétence technique, du statut et d'une position comparable à celle des autres : on maîtrise bien la langue, on sait partager un repas en société, on sait ce qu'« ils » pensent de l'argent, on a été formé à la culture professionnelle de ce nouveau métier. Mais nous n'avons pas connaissance des règles implicites de ces situations. Nous les appréhendons comme des dispositifs de relation, alors qu'elles représentent les morceaux d'une culture enchâssée dans des dizaines d'années et parfois des siècles de relations de réciprocité. Dans ces circonstances, notre culture demeure principalement attachée à ce qui nous définissait antérieurement et qui nous rend donc partiellement extérieurs à la culture du milieu d'accueil. La culture de l'autre, pour celui qui vient d'ailleurs, est ainsi toujours énigmatique.

Schütz (1944/2003) donne la clé d'interprétation de ces situations en indiquant qu'entre natifs et étrangers, la compréhension d'un même monde varie très sensiblement. Les premiers disposent en effet d'un code dont les seconds sont privés, ce code leur permettant d'interpréter des signaux faibles ou contradictoires à propos des comportements à tenir en société. La connaissance de l'environnement, indique l'auteur, est en effet à la fois incohérente, partiellement claire et partiellement contradictoire. « Incohérente », tout d'abord, parce que la compréhension des différents segments de société (par exemple la famille, l'État ou l'école) ou des rôles sociaux (père, mère, citoyen ou étudiant) varient en fonction des personnalités : chacun peut hiérarchiser de manière spécifique ces contraintes de socialisation, et définir son comportement de manière spécifique. De même, chacun peut définir l'idée qu'il se fait du « bon management » selon des critères qui lui sont spécifiques. Cette connaissance est par ailleurs « partiellement claire » : les individus se satisfont d'informations vraisemblables, dont ils ne connaissent ni l'origine ni les finalités réelles, leur permettant de conduire leurs actions de manière satisfaisante. Ainsi « [un individu] achète un article dans un magasin sans savoir comment il est fabriqué, et il le paie avec de l'argent, bien qu'il n'ait qu'une très vague idée de ce qu'est l'argent » (*ibid.*, p. 14). De même, la mise en œuvre d'un dispositif de gestion correspond au moins autant à la nécessité de soumettre son comportement aux coutumes dominantes, sans bien en connaître les fondements et effets, qu'à traiter concrètement des problèmes de gestion. Enfin, cette connaissance est contradictoire et même « inconsistante » puisque, en fonction de ses différents rôles sociaux, ou à l'intérieur d'un même rôle social (père, citoyen, membre d'une association ou d'une entreprise), un individu peut régulièrement prendre des positions divergentes, sans que cela présente socialement la moindre difficulté. De même, un manager peut parfaitement développer une politique d'individualisation des carrières tout en demandant à chaque individu de travailler plus collectivement, et il peut valoriser la responsabilité sociale de l'entreprise tout en soumettant ses décisions à la logique de délocalisation.

Le caractère peu cohérent de ces connaissances, rôles sociaux et règles morales, ainsi que le caractère confus de leurs intrications devraient logiquement amener un individu à ne pas savoir quel comportement tenir dans telle ou telle circonstance. Mais les individus membres du groupe majoritaire et établi, les natifs, ont accès à un « modèle culturel », qui compense cette insuffisance. Il représente une manière de penser habituelle (coutumes, représentations dominantes, jugements implicites) permettant de vivre avec les autres et de prendre des décisions avec un minimum d'effort et de conséquences indésirables.

De tous ces points de vue, la position des étrangers diffère sensiblement de celle des natifs : ils se trouvent dans l'incapacité à accéder à cette sorte de « semi-conscience » du type de relations à tenir avec les autres. Ils n'ont en effet pas accès au « modèle culturel [qui] procure aux acteurs typiques des solutions typiques » (*ibid.*, p. 31). Cette manière de penser est en effet acquise par la socialisation, par les interactions entre natifs, et avec les représentants des institutions en place. Schütz ajoute que, pour toutes ces raisons, parler une langue ne signifie pas qu'on la comprend, car les expressions verbales sont connotées par une « manière de dire les choses » ainsi que par des idiomes qui créent un code privé réservé aux natifs. On acquiert ainsi progressivement, sans même en avoir conscience, les représentations adaptées à la vie collective : par exemple, la distinction entre l'autorité réelle et l'autorité formelle d'un hiérarchique. On découvre progressivement, à l'occasion des innombrables interactions de la vie professionnelle, parce qu'il n'existe pas de procédure explicite pour cela, la manière de se comporter avec les clients et les collaborateurs, d'user parfois d'arguments techniques et d'autres fois d'engagements affectifs, de s'en tenir parfois strictement à son rôle et de révéler d'autres fois la personne que nous sommes. On adopte, au cours d'une vie professionnelle, des valeurs, par rapport au travail, au risque ou à l'esprit d'équipe, que l'on a partagées avec ceux qui disposent des mêmes expériences professionnelles. Ces représentations, normes et valeurs fondent les cultures professionnelles (Sainsaulieu, 1977) et excluent ceux qui ne les partagent pas.

La socialisation n'est donc pas immédiatement accessible à l'étranger, qui doit, pour parvenir à vivre avec les autres, « remettre en question à peu près tout ce qui semble aller de soi aux membres du groupe qu'il aborde » (*ibid.*, p. 19) : un patron qui « vient d'ailleurs », qui ne connaît donc pas le modèle culturel de référence dans le milieu des patrons normaux, doit découvrir les représentations, normes et valeurs qui permettent de vivre dans ce milieu. Ce questionnement ne peut qu'être durable, structurel, puisque l'accès à la manière de penser ne résulte pas d'une réponse simple, mais d'un apprentissage long, complexe : l'étranger ne découvre que partiellement (et rarement totalement) la culture des autres ; il accède encore moins aisément à sa dimension affective et historique : « Tombeaux et souvenirs sont choses que l'on ne peut ni transférer ni acquérir. L'étranger, par conséquent, aborde l'autre comme un nouveau venu au sens véritable du terme » (*ibid.*, p. 20).

Les individus qui partagent de longue date les mêmes coutumes et représentations n'ont donc pas à faire d'efforts (à réfléchir) pour définir la plupart de leurs relations. L'étranger, ne disposant pas de ce « modèle culturel », doit fournir un effort constant d'interprétation et d'approximation. Pour toutes ces raisons, il ne sait pas immédiatement trouver la bonne distance avec les autres, la culture de l'autre devenant ainsi un « pays aventureux ».

C'est ce que m'indique un entrepreneur issu de l'immigration, dont le français n'est pas la langue maternelle. Il est parvenu, après toute une série de contorsions sociales et culturelles, à rattraper le retard scolaire pris à l'occasion du changement de pays et de langue, à se trouver des amis, à ne plus avoir honte de la faiblesse de ses moyens matériels et à envisager de manière relativement sereine la suite de son cursus scolaire, lorsqu'arrive, en fin de classe terminale, le choix entre l'accès à l'université ou aux classes préparatoires :

> *Un jour, ce qui m'a surpris, c'est de voir plein de lycéens qui se promenaient avec des enveloppes « kraft » dans la cour. En fait, c'était pour s'inscrire en Prépa. Je vivais à Paris, avec des résultats corrects, mais je n'avais jamais entendu parler des Prépas. Il y avait une sorte de rupture de l'information, qui fait que je n'avais jamais entendu parler des Prépas.* [...] *Je me suis aperçu que je pratiquais les codes de la vie des Parisiens, car j'allais chez mes amis à Paris, ils m'invitaient à manger chez eux. Mais voilà, je n'ai pas eu accès à l'information. La famille dans laquelle j'allais* [la « bonne famille » d'un ami français] *n'a jamais parlé de Prépa. Entre eux, ils n'avaient pas de discussion sur l'orientation, c'était quelque chose de naturel pour eux, ils n'avaient pas besoin d'en parler quand j'étais là.*

C'est également ce que m'indique un dirigeant issu de l'immigration et autodidacte. Son « faciès », dit-il, et son expérience sociale limitent considérablement l'accès au modèle culturel. N'en connaissant donc que mal les codes, il craint de se tromper de registre. Et cette crainte entretient son extériorité :

> *Je trouve que ça pourrit la vie, dans le sens où effectivement je rate peut-être des occasions de converser, de me faire des amis parce que j'ai une sorte d'instinct, sur la défensive : « Qu'est-ce que l'autre va penser de moi ? Est-ce qu'il va me juger ? » Parce que j'ai beaucoup été jugé, justement. Est-ce qu'il va plutôt me juger d'abord, ou est-ce qu'il va simplement essayer de comprendre qui suis-je en tant qu'individu, et est-ce que je suis intéressant ou pas, intelligent ou pas, ou con ou pas ? Je vais d'abord me méfier sur le fait qu'il aurait des* a priori *sur mon faciès par exemple.*

Les patrons différents ne sont donc pas des patrons comme les autres. Même s'ils partagent les finalités – réaliser la plus belle carrière possible, être efficace, faire du profit, tirer le meilleur parti des ressources disponibles, être reconnu comme puissant –, les patrons atypiques se distinguent également de leurs pairs par un certain nombre de valeurs spécifiques. Celles-ci proviennent de leur expérience sociale antérieure – l'expérience de la différence – ou latérale – la pérennité de leur différence. Cette situation correspond par exemple à celle d'un chef d'entreprise autodidacte et de milieu économiquement modeste, qui tient un discours pour le moins décalé à propos du capitalisme, d'une part, et des questions sociales, d'autre part. Devenu un patron largement fortuné, il se souvient de ses années difficiles de vendeur de grande surface et ne cesse d'expliquer que ses homologues actuels ne savent pas reconnaître la capacité d'engagement des salariés, ainsi que la cruauté, et parfois l'absurdité, de l'organisation hiérarchique du travail. Il développe parallèlement une critique radicale à propos de la répartition des charges sociales qui pèsent sur la comptabilité des entreprises : il souhaiterait y contribuer plus largement et faire en sorte que ces charges soient réparties de manière plus démocratique. Plus encore, il dénonce avec la pertinence d'un spécialiste des sciences de l'éducation l'inégalité entre les enfants des milieux favorisés qui « doivent » faire des études, et ceux des milieux pauvres, auxquels on empêche d'en faire. Derrière son statut de grand patron très fortuné, il distille ainsi une critique assez radicale de la stratégie du patronat, comme du monde politique, les puissants ne connaissant pas la réalité du monde du travail :

> *L'époque maoïste* [dans les années 1960], *c'était bien, quoi : tout le monde va bosser, et en plus, seuls les meilleurs, après le travail, vont faire des études longues.* [...] [Pour les politiques] *il fallait que les ouvriers travaillent, cotisent, et meurent au travail. Donc moi, je trouvais ça inadmissible. Donc c'est ce qui fait que la perception des choses est pas la même selon le rang qu'on occupe : pour elle* [une femme politique issue d'une famille célèbre], *c'est clair que pour elle c'était pas un problème.*

Il ne faudrait cependant pas confondre ce type de positionnement avec une ancienne « position de classe » cristallisée dans des valeurs.

Les patrons atypiques ne dénoncent pas le capitalisme ou les bourgeois. Construits en s'opposant à la « violence symbolique », ils maudissent ceux qui développent une culture de la stratification et de l'exclusion. Leur passé de stigmatisé définit ainsi largement les valeurs de leur présent de patrons. C'est ce que m'indique un dirigeant issu de l'immigration et autodidacte, à propos des dérives technocratiques et du « style » qui caractérise le milieu des dirigeants dans lequel il vit maintenant : il ne le comprend pas, il éprouve des difficultés à savoir comment y « naviguer ». Mais c'est également ce qui caractérisait, dit-il, son comportement lorsqu'il n'avait qu'un peu d'influence dans l'atelier industriel qui l'employait, une trentaine d'années auparavant : il ne comprenait pas et n'admettait pas les pratiques ordinaires du racisme.

> *Adel est un ouvrier qui a 50 ans, donc un vieux musulman, qui vient d'une autre entreprise. Et un jour, un de mes collègues de l'atelier se met dans l'idée de glisser un saucisson dans sa combinaison de travail. Adel tente bien sûr de s'échapper, il court, mais le gars le rattrape, lui glisse le saucisson dans la combinaison. Alors Adel s'assoit dans un coin sur une caisse, et il pleure. Dans l'atelier, tout le monde riait, y compris mon chef. Et donc je me retourne vers lui et lui dis : « C'est inacceptable ce qui se passe et vous cautionnez ! ». Alors il marque un temps d'arrêt, il est un peu surpris, et il dit : « Bon, ça suffit, maintenant tout le monde au boulot ! » Mais moi, j'ai le truc en travers de la gorge, donc je vais retourner le voir dans son bureau et je vais lui dire ce que je pense.*

Cette distance confère une extraordinaire liberté de parole, d'humour et de capacité d'analyse, compétences rares dans le milieu patronal standard. Voici par exemple la manière dont un entrepreneur homosexuel me décrit ses rencontres avec les autres entrepreneurs de la région, lorsqu'il se heurte à leur conception étroite du métier de patron :

> *Voilà ma réaction quand je suis confronté à ces conformismes-là. Dans ce truc* [le lieu de rencontre habituel] *où ils bouffent leur petit déjeuner de 8 heures à 9 h 30, parce qu'il faut quand même être dehors vers 9 h 30, faut partir assez tôt pour être sérieux. Donc de 8 heures à 9 h 30,*

alors ils ont tous le costume, la cravate, la mauvaise haleine. Il y en a quelques-uns qui sont plus dynamiques que d'autres, il y a bien sûr quelques femmes mais pas trop. Blondes tirées à quatre épingles et qui ressemblent à Madame des chantiers navals genre Jeannot. Une espèce de femme qui a de l'allant. Marine Le Pen en repeinte. C'est effrayant, quoi. Ils sont effrayants. Ils se ressemblent, et je suis là et je me dis : « Mais attends, arrête de caricaturer, calme-toi, t'es pas mieux qu'eux. D'où tu te places ? »

Cette même posture fait souvent l'objet d'une sorte de « mise en scène » (Goffman, 1973) indiquant matériellement, concrètement, que leur différence s'associe à une indépendance, et parfois une forme de rébellion, qui a consacré leur efficacité. Principalement, ces éléments du discours consistent à expliquer que le différent doit mobiliser une vigilance que les politiques de gestion standard amènent à oublier. Ils consacrent la liberté dans le rapport aux collaborateurs, aux clients, aux négociations, aux institutions ou aux crédos du management. Ces éléments de discours prennent très souvent une tonalité à la fois ironique et provocatrice, mettant en avant les vertus du bon sens au détriment des savoirs gestionnaires légitimes. Voici la manière dont un entrepreneur autodidacte distingue son action de celle des dirigeants qu'il a lui-même recrutés :

Je leur explique, je leur dis, moi, à tous les cadres qui ont fait des études, je dis : « Moi, j'ai une excuse, pas vous. Pourquoi ? Parce que vous, vous avez été à l'école, on vous a payé des études. Et quelle est la première des choses qu'on vous apprend pour faire des études supérieures ? C'est de ranger, de classer, c'est le truc essentiel. Comme moi on me l'a pas appris, je ne sais pas le faire, vous, vous n'avez pas d'excuse. »
Q – Et pourquoi vous ne le [votre bureau] *rangez pas finalement ?*
– Parce que c'est dans ma nature.
Q – Ça veut dire que tout est disponible immédiatement.
– Exactement.
Q – Vous ne mettez pas les choses dans des cases.
– Exactement. Il n'y a pas un moment pour telle chose.
Q – C'est la vie, quoi.

– Je réponds toujours au téléphone portable. Y en a, ça m'énerve, ils ne sont jamais disponibles. C'est à croire que le patron, il a rien à foutre.

Plus largement, les patrons atypiques construisent un espace social hybride, articulant des valeurs et des affects qui proviennent d'une expérience sociale personnelle, avec une culture d'accueil qui ne permet pas d'opérationnaliser la totalité de cette expérience, et qui suppose même souvent de la taire. On comprend alors mieux que leur culture est celle de l'entre-deux, entre une expérience sociale qui ne peut être reniée et un milieu d'accueil qui y demeure souvent sourd. C'est ce que m'explique de manière limpide un entrepreneur issu de l'immigration :

> *Je traverse la société française, je l'intègre. Et je la désintègre aussi. Car je suis étranger et français en même temps.* [...] *Je suis immigré, mais je me suis délesté de mon lieu. Dans ma phase d'acculturation, je n'ai pas l'impression d'être passé par une phase de déculturation. L'assimilation, vous voyez, je ne l'ai pas vécue comme une déculturation. Je suis vraiment, et je me sens vraiment comme biculturel. Aujourd'hui, avec l'aisance économique, je considère traverser la société française.*

Cette position culturelle, celle de ne pas être une personne comme les autres, d'être « anormal », est porteuse d'une émotion particulière, associant l'anxiété – ne pas connaître ou ne pas avoir connu les codes dominants – et la fierté – être resté soi-même. Ceci vaut pour la symbolique de l'enveloppe kraft qui n'est pas comprise, pour l'incompréhension du personnel politique et des dirigeants à l'égard du travail des sans-grades, ou pour l'incapacité à participer au racisme ordinaire. N'ayant pas le goût ou les mêmes supports d'interprétation que les patrons typiques, ils connaissent encore les tourments de la différence, malgré leur position sociale avantageuse lorsqu'ils ne peuvent participer à la connivence entre normaux. Cela vaut par exemple pour les soirées entre dirigeants au cours desquelles les femmes n'apprécient pas toujours les blagues de fin de repas. Cela concerne également les discussions à propos des mérites respectifs des grandes écoles, que les autodidactes connaissent mal.

Cela vaut encore pour les discussions autour d'un café, au retour du week-end, pour les homosexuels, qui ne peuvent raconter aussi librement que les autres la manière dont ils ont passé ce temps avec la personne qu'ils aiment. De manière très récurrente, les différents indiquent que raconter leur vie, de manière simple et spontanée, est infiniment plus délicat pour eux que pour les normaux. Le modèle culturel amène en effet à considérer que les pratiques des normaux sont sans histoire, banales, publiques, alors que celles des différents sont toujours compliquées et privées.

2. La force de la distance

La position d'étranger ne peut cependant pas être confondue avec une sorte d'effet secondaire de la différence. Elle correspond, tout autant, à une véritable ressource pour les patrons atypiques, celle de la liberté, même si elle a souvent été acquise au prix fort. L'exclusion dont ils ont été et sont encore parfois l'objet les coupe d'une partie de la compréhension du monde et des accès qui permettent d'y tenir sa place. Mais, la plupart du temps, ils sont parvenus à transformer ce handicap en ressource professionnelle : en n'investissant que partiellement les contenus et modalités de la culture organisationnelle dominante, ils se trouvent allégés de toutes sortes de prénotions ou de conventions n'ayant pas d'utilité opérationnelle. Faute de pouvoir ou de savoir respecter les formes habituelles de la vie sociale, ils pénètrent plus directement les contenus professionnels des échanges.

Cette position spécifique s'observe particulièrement bien dans le rapport aux techniques de production ou de gestion. Les patrons atypiques regardent par exemple avec beaucoup de distance les dispositifs de management dits « rationnels » (tableaux de bords, processus, systèmes d'information ou planification stratégique...) permettant de prévoir et de coordonner l'activité de gestion. Ils croient moins que les autres en la valeur de ces outils parce qu'ils savent – ils en incarnent eux-mêmes l'idée – que tout ne se prévoit pas, que le modèle culturel est un prisme réducteur qui rend le management aveugle à bon nombre de signaux. Ils savent, fondamentalement, que leur autonomie de pensée et d'action peut l'emporter sur les postulats des experts. En situation d'enquête, cette posture mentale produit souvent des effets plutôt drôles à observer. Un dirigeant me présente par exemple ses experts en gestion pour m'indiquer que, devenu un homme d'affaires averti, il s'est associé les meilleurs spécialistes, et que leur travail est beau à voir. Mais il m'indique peu de temps après, en souriant avec un air complice, qu'il continue à raisonner de manière indépendante, intuitive, puisque cette qualité, plus que la compétence technique, lui a permis d'inverser son destin. Il existe, sur ce plan, une véritable tension entre les deux systèmes de représentation mobilisés, que l'on peut schématiser de la manière suivante : pour les patrons classiques, le management consiste à mettre en œuvre les dispositifs de gestion permettant de prendre des décisions ; pour les patrons atypiques – et tout particulièrement les entrepreneurs –, le management consiste à prendre des décisions en tenant compte des contraintes de gestion et des circonstances. Les patrons différents ne cessent ainsi de donner une leçon de management assez simple : celle de privilégier le traitement des problèmes à celui des principes de gestion, ou, en d'autres termes, de sortir du modèle culturel managérial pour comprendre et agir efficacement. Voici la manière dont un chef d'entreprise autodidacte décrit ce positionnement :

> *Il s'agit de voir des choses évidentes. On s'en va chercher des choses compliquées alors que les choses sont simples. Je ne vais pas dire que du fait qu'on est simple on reste simple. Peut-être qu'on est simple parce qu'on répond simplement à des choses, plutôt que de les compliquer. On les simplifie peut-être. On ramène peut-être le problème à son juste truc.* [...] *Encore là, j'étais en train de taper un mail sur quelque chose de simple, pour le gars qui complique pour aboutir à son truc, dans la logistique. Je lui ai dit : « Robert, ne vous prenez pas la tête comme ça, allez-y ! » Je lui ai dit : « Mais le plus simple c'est d'y aller, de discuter, et*

puis vous allez vous en sortir, c'est pas la peine de se prendre la tête pour ça, quoi. »

Et voici la perspective théorique et critique mobilisée par un entrepreneur autodidacte pour expliquer son choix de recourir à des collaborateurs « différents », issus de toutes les différences, et donc au moins partiellement étrangers à la culture managériale dominante :

> *Ce qui fait la richesse d'une entreprise, c'est les hommes et les femmes qui la composent, c'est toute cette mixité. Vous avez besoin de têtes bien faites, et de gens très bien, issus de milieux aisés, mais vous avez aussi besoin de gens qui bougent, qui bousculent les habitudes. Et c'est ça qui fait que ça marche. Quand vous n'avez que des têtes bien faites, les gens sont formatés, et ne vont pas forcément chercher la petite chose nouvelle.* [...] *Il faut toujours quelque chose qui permette de se faire identifier. Et de sortir du lot.*

Dans le même esprit, celui de la distance par rapport à certaines conventions managériales, les patrons atypiques privilégient la valeur du travail fourni par les salariés par rapport à la valeur d'un quelconque dispositif de gestion. Cette différence n'est pas mince. Le modèle culturel dominant conduit trop souvent les spécialistes des ressources humaines à mettre en place des dispositifs dont la qualité intrinsèque est évidente mais dont l'inefficacité extrinsèque est flagrante. On peut penser à la GPEC (Gestion prévisionnelle de l'emploi et des compétences), au management participatif ou aux organisations matricielles : ces dispositifs sont valorisés parce qu'utilisables, mais leur utilité réelle pose souvent problème. Cet écart fait partie du modèle culturel : on sait y vivre avec ce type d'ambiguïté. La position d'étranger rend beaucoup plus pragmatique, parce qu'elle n'intègre pas le confort associé à l'ambiguïté. Un entrepreneur autodidacte a ainsi mis en place un dispositif favorisant le recrutement de jeunes salariés au « profil de compétence » un peu flou. Je lui demande les raisons de ce choix. Ses réponses, bizarrement, sont les mêmes que celles qui fondent les discours constitutifs de la vulgate managériale à propos de sujets comparables : « valoriser la différence et les ressources humaines ». Mais la signification de ces réponses est très dissemblable : la vulgate en question débouche rarement sur des innovations organisationnelles concrètes, alors que, dans le cas précis, l'action précède le discours et repose sur le simple respect du principe d'efficacité.

> *J'ai démontré qu'en plus, c'était le discours que j'ai matraqué pendant des mois et des mois, la gestion de la performance n'est pas incompatible avec la création de valeurs humaines. Je démontrais qu'en fait, en ayant une action sociale, et en faisant évoluer les collaborateurs, on pouvait toujours gagner de l'argent. La gestion de la performance, c'est quoi ? La performance financière, c'est une chose, mais la performance des hommes et des femmes qui travaillent dans l'entreprise, c'est aussi important, puisque vous les faites progresser.*
> *Q – Je rigole, parce que ce que vous me dites, moi, je l'ai entendu 1 000 fois. Seulement je l'ai rarement vu être mis en œuvre. Vous comprenez ce que je veux dire. Vous lisez les bouquins, magazines de management trucmuche…*
> *– Je comprends. Mais vous avez raison de me le dire.*
> *Q – Tout le monde le dit : le principal capital de l'entreprise, ce sont les hommes, et puis l'éthique.*
> *– Oui, mais moi, je le fais.*
> *Q – Oui, vous le faites.*
> *– Moi, je le fais.*

La position d'étranger fait ainsi partie de la fierté des patrons atypiques, parce qu'ils y trouvent des ressources auxquelles les normaux accèdent mal. Dans cet esprit, ils proposent une deuxième leçon de management : valoriser la vision tactique au détriment de la perspective cognitive, éviter d'épuiser la capacité stratégique par trop d'efforts de modélisation. Une dirigeante autodidacte compare ainsi sa manière de raisonner avec celle de l'un de ses homologues polytechniciens. Elle se représente le problème posé comme un entonnoir dont le goulot représente la solution et le contenant l'environnement. Elle va passer beaucoup de temps dans le contenant pour identifier et comprendre les ressources et les contraintes, acteurs et institutions permettant de choisir le meilleur chemin pour atteindre le goulot. Son collègue polytechnicien va au contraire distinguer immédiatement la solution, le goulot, et abandonner l'analyse de l'environnement, en pensant pouvoir la soumettre à sa solution. Il ira donc plus vite, mais de manière abstraite, non politique. Et il oubliera en chemin le contexte, sur lequel il devra finalement revenir pour mettre en œuvre sa décision. Le temps que l'autodidacte aura perdu initialement, m'explique-t-elle, sera compensé par la nécessité, pour le polytechnicien, de corriger une décision trop technique. Elle compare subtilement ces deux logiques : les immenses efforts qu'elle doit constamment réaliser pour parvenir à décider, en écoutant, en analysant, en remettant en cause ses propres croyances, en se pénétrant progressivement de la logique des acteurs ; et les efforts non moins conséquents de ses homologues qui, s'ils souhaitent non seulement décider, mais également mettre en œuvre leurs décisions, doivent y apporter d'innombrables corrections, finalement lentes et coûteuses. Implicitement, elle compare les deux grandes façons de concevoir le management : la démarche « incrémentale », qui consiste à améliorer progressivement la qualité d'une décision, et la démarche « rationnelle », qui consiste à trouver immédiatement les moyens les meilleurs pour atteindre des fins bien identifiées. Le même raisonnement est parfaitement résumé par un entrepreneur issu de l'immigration :

> *Je vois les choses de l'extérieur. Le fait que je ne sois pas natif m'amène à voir les choses différemment, en relief. C'est ce que j'appelle la « vision tactique des choses ». Ce relief, il est lié à ma lucidité de l'individu, à ma capacité à comprendre l'homme en situation.*

La position d'étranger ne peut ainsi être réduite à une position d'exclu. Elle part souvent de celle-ci mais débouche, pour ce qui concerne la trajectoire des patrons atypiques, sur une liberté dont ne disposent pas les natifs, et sur la lecture « en relief » que l'on ne peut mobiliser qu'en se reculant pour mieux voir. Cette position, si elle n'est pas initialement choisie, et si elle peut encore nuire parce qu'elle n'est pas normale, présente ainsi l'avantage de pouvoir échapper aux normes pour penser librement. Voici la manière dont une cadre supérieure issue de l'immigration et handicapée analyse cette posture :

> *Q – Le fait d'avoir une différence, ce n'est pas une ressource dans certains cas ?*
> *– Une ressource... Moi, je n'aime pas être comme tout le monde... Je n'aime pas être un petit mouton, je ne suis pas très conventionnelle, je suis plutôt anticonformiste en général.*
> *Q – Et alors ça donne quoi, ça se porte sur quoi ?*
> *– [...] Je ne me plie pas forcément aux règles si elles ne me conviennent pas, en fait. Alors je ne sais pas si c'est lié au handicap ou pas... Moi, ça ne m'intéresse pas d'être dans un moule. Enfin, il y a beaucoup de gens qui recherchent à rentrer dans un certain moule pour être comme les autres, et être bien intégrés dans l'entreprise, dans la société. Moi, je n'ai pas besoin de ça, parce que j'ai toujours été différente.*

Être étranger ne résulte donc pas seulement des actions d'exclusion de la majorité ou de l'incapacité culturelle à pénétrer les codes cachés de la culture dominante. La position d'étranger provient également du fait que des individus construisent et finissent par tenir solidement leur rapport à eux-mêmes, autant que leur rapport aux autres. Ils se pensent comme différents et valorisent cette expérience sociale autant que la culture des natifs.

Mes entretiens avec les femmes dirigeantes ont été, de ce point de vue, particulièrement frappants. L'une d'entre elles occupe un poste dans l'état-major d'une entreprise dont le siège se trouve dans la banlieue lointaine de Paris. Elle me décrit de manière convaincue son engagement dans la modernisation de son entreprise, les luttes intestines entre départements, entre métiers, ainsi que l'investissement personnel que représente ce type de position. Elle m'indique, au passage, la grande légitimité dont elle dispose dans l'entreprise. Faisant l'hypothèse qu'elle peut parfaitement briguer le poste de directeur général, je lui demande comment elle « voit la suite ». Elle me répond, de manière totalement surprenante du point de vue de la culture des dirigeants, qu'elle souhaite se rapprocher de Paris... pour pouvoir consacrer plus de temps à ses enfants. On ne peut sérieusement imaginer un homme, dans la même position sociale, faisant le même type de projet. Le moment de stupeur empirique passé, je comprends ce que signifie ce raisonnement atypique : en dehors de leur activité professionnelle, les femmes préservent leur engagement, leur responsabilité familiale et domestique, en tout cas bien plus que leurs collègues hommes. Et même si elles ne parviennent pas toujours à équilibrer aussi bien qu'elles le souhaitent leurs différents investissements, elles expliquent que les enfants les « tirent vers elles-mêmes », vers leur existence privée, et que celle-ci a fondamentalement, essentiellement, plus de valeur que leur engagement professionnel. Plusieurs d'entre elles élaborent une sorte de philosophie de l'engagement dans laquelle elles articulent ainsi ce qu'elles sont, ce qu'elles aiment, et ce qu'elles représentent professionnellement. Cette articulation, qui suppose de mettre à distance le modèle culturel standard des dirigeants, leur permet de ne pas abandonner leur identité pour soi au profit de leur identité professionnelle.

Si cette logique caractérise donc bien le positionnement des femmes dirigeantes, elle illustre, de manière plus générale, la liberté de penser et d'agir, propre à l'ensemble des patrons atypiques. Tous, parce qu'il leur est proprement impossible de soumettre leur comportement et leur système de valeur au modèle culturel dominant, revendiquent le droit à la différence, et tous en indiquent avec justesse les bénéfices du point de vue du management. Tous doivent également, pour articuler de manière acceptable pour les autres leur expérience sociale et leur position sociale, construire un modèle spécifique de rapport au travail et aux normes professionnelles. Pour cette raison, de nombreux patrons atypiques mobilisent, pour conduire leur vie et l'expliquer, toutes sortes de détours sémantiques empruntant à l'art, l'histoire ou la philosophie : ils utilisent la culture savante pour comprendre leur place et conduire leur destin. Inversement, les innombrables entretiens que j'ai menés dans d'autres occasions auprès de patrons typiques indiquent que ces derniers mobilisent souvent la culture savante pour manifester qu'ils se trouvent à leur place et pour expliquer leur destin. Voici par exemple le propos d'une femme dirigeante :

> *Je ne peux pas concevoir de jouer uniquement à fond la vie professionnelle, sans avoir vraiment le développement complet de la personne.* [...] *J'ai beaucoup d'admiration pour les humanistes, c'est ce qui m'a toujours vraiment époustouflée, on va dire* [...]. *Pour moi, c'est très important de développer tous les talents qu'on a, et d'avoir une vue très circulaire des choses : je ne peux pas imaginer de ne pas avoir d'activité artistique, de ne pas avoir du temps pour réfléchir pour moi.*

Finalement, la position d'étranger, associée à une réflexion valorisant cette position, explique largement les trajectoires professionnelles à succès des patrons atypiques. Plutôt que de mobiliser des ressources traditionnelles adaptées à des engagements conventionnels, ils parviennent à élaborer des positions originales, novatrices, impensées par le modèle culturel. Ces positions représentent le moyen d'exister quand on ne dispose pas des codes et/ou des ressources dont disposent les autres. Elles représentent à la fois un effort et une distanciation, une sorte de bon sens qui permet de traiter des problèmes dont la solution échappe aux normaux, ou, plutôt, aux normes des normaux. Sortir du rôle permet en effet de privilégier la volonté d'aboutir, au détriment du désir de travailler normalement. C'est ce que me raconte un dirigeant autodidacte issu de l'immigration, à propos de l'une de ses premières actions inscrite dans cette perspective. Il occupait une fonction de contremaître. La maintenance préventive des machines de l'atelier n'était pas réalisable parce qu'aucun document pédagogique ne permettait de comprendre précisément leur fonctionnement et la récurrence de leurs pannes. Il a pris sur lui de dessiner les phénomènes d'interdépendance des installations et d'y associer la description statistique des pannes, d'y intégrer les connaissances acquises en formation et de présenter l'ensemble dans un dispositif informatique, alors qu'à cette époque (début des années 1980) les ateliers de l'usine ne disposaient pas de cette technologie. Il a donc acheté personnellement un ordinateur. Et il a évidemment rencontré l'opposition de ceux qui ne comprenaient pas qu'un contremaître s'attribue des fonctions réservées aux cadres. Il a dû se confronter aux tenants de la norme, à tous ceux qui pensent que l'ordre établi doit être défendu contre ceux qui veulent le transformer. Cette position est difficile à tenir parce qu'elle suppose de lutter à la fois sur un plan cognitif – comprendre les choses autrement –, sur un plan politique – s'opposer aux tenants de la norme – et sur un plan culturel – supporter de se trouver en position minoritaire. Elle est plus aisément tenue par des « étrangers », parce qu'ils disposent d'une expérience sociale différente, distanciée des représentations et des coutumes dominantes (Alter, 2000). Le même type d'engagement caractérise par exemple la philosophie de la différence animant une dirigeante qui n'a jamais pu disposer d'une carrière aussi linéaire et protégée que celle de ses collègues masculins. Elle explique ne pas avoir la même vision du réel que ces derniers. Le « réel », me dit-elle, ne correspond pas à ce qui est identifié comme tel, mais à ce que l'on parvient à distinguer, après une observation à la fois rigoureuse et libre :

> [En tant que femme] *vous avez l'habitude de naviguer dans des mondes qui ne sont pas des mondes que les gens considèrent comme réels... C'est très important pour l'innovation ou pour le développement des choses, d'avoir toujours ce regard distancié, en disant « ce que je vois n'est pas la réalité, mais il y a sûrement des choses à en tirer, ça va peut-être se reproduire dans un autre système ».* [...] *Et j'ai toujours un peu raisonné comme ça. Alors, ça fait très froid et distancié, mais en fait c'est extrêmement puissant comme outil.* [...] *Donc la difficulté* [à chaque changement de poste], *c'est que pendant six mois vous pataugez un peu parce qu'il y a le langage à apprendre, la compréhension du système, et personne ne vous l'apprend. Et une fois que vous avez compris ça, c'est simple. Parce que vous raisonnez dans le système* [par opposition à la mission].

Le regard des étrangers, des patrons atypiques, s'il est donc limité par son incapacité à accéder à la totalité du modèle culturel, et surtout à son évidence exclusive, ne peut être confondu avec le regard d'un dominé. Il correspond plutôt à une sorte de regard plus intérieur – tourné vers soi-même – et plus extérieur – plus distancié que celui de la majorité.

3. Curiosité et objectivation

La volonté d'entreprendre ou de faire carrière, ainsi que la nécessité de se défaire des conventions et de regarder les choses autrement, suppose la curiosité. Le désir de comprendre le monde des autres, des normaux, permet en effet d'y trouver une place qui n'est pas donnée initialement. Mais la curiosité, l'attention et l'observation portent également à saisir des opportunités qui ne sont pas identifiées par les normaux. Elles permettent enfin de se protéger de la sanction de ceux qui défendent les normes contre l'anormal.

La curiosité représente, de manière générale, la qualité première d'un entrepreneur. Schumpeter (1911/1999), le fondateur de l'économie de l'innovation, indique que celui qui crée du nouveau dispose d'une capacité cognitive et relationnelle suffisamment robuste et indépendante des représentations dominantes pour parvenir à voir le monde autrement : au lieu de partager de manière mécanique le modèle culturel dominant, il mobilise ses capacités d'analyse pour en comprendre le fonctionnement réel. Cette perception du monde, à laquelle je me suis très largement intéressé dans des travaux antérieurs (*ibid.*), permet d'identifier des ressources qui demeurent invisibles pour la majorité. Mais elle suppose d'être « congruent » (Moscovici, 1976/1979), de rester suffisamment insensible à l'avis de la majorité pour prendre des décisions anormales, risquées, différentes.

Cette qualité repose toujours sur un certain déficit de socialisation : moins les systèmes de normes et de représentations pèsent sur le comportement d'un individu, et plus, de manière logique, il dispose d'une capacité à voir le monde autrement que ne le propose le modèle culturel dominant. Plus, donc, il peut agit de manière autonome. Les patrons atypiques, parce qu'ils sont étrangers, disposent de ce type de compétence. À l'inverse, un individu parfaitement socialisé, prenons l'exemple d'un technocrate blanc, hétérosexuel, en toute possession de ses moyens physiques, diplômé d'une grande école, chrétien et élevé dans une famille bourgeoise, unie et structurante, a peu de chances, statistiques, de bouleverser le monde, parce que rien ne lui impose de l'observer, de s'en mettre à distance pour y trouver des ressources inutilisées. Il a par contre la chance de se trouver à « sa » place de manière évidente et légitime. Les technocrates ayant la plupart du temps un parcours biographique de ce type, on comprend bien qu'ils aient beaucoup de mal à innover, et peu d'envie pour imaginer de changer le monde, leur monde.

Ainsi, le stigmate abîme et la stigmatisation exclut. Mais la position d'étranger qui se trouve associée à ce sort permet de se trouver dans des perspectives identitaires et culturelles supposant la curiosité et favorisant la capacité à innover. Prenons l'exemple de cet entrepreneur autodidacte, devenu le propriétaire d'une grande entreprise, qui me raconte avec un certain trouble la grande misère sociale et affective de son enfance. Il doit travailler plusieurs heures par jour dans les champs, avant d'aller à l'école, puis à son retour de l'école. Il vit dans une petite maison reculée du village, isolée des activités collectives : il est, m'indique-t-il, le « paysan des paysans ». Il a honte de se rendre au village, parce qu'il n'a pas la tenue qui convient. Il est anxieux de retourner aux champs, le samedi, le dimanche, parce qu'il sait que ces journées sont interminables. En dehors de la vie et des coutumes des autres enfants, il prend progressivement l'habitude de « donner des coups de main », de commercer, de « trouver des opportunités » dirait-on aujourd'hui, pour parvenir à économiser un peu sa peine, pour réussir à conjuguer ses obligations scolaires et ses obligations économiques. Il est ainsi amené à déconstruire les représentations que les autres se font du monde pour y trouver une place, à rencontrer des milieux sociaux infiniment plus variés que ceux qui disposent d'une place et qui s'y tiennent. Progressivement, cette expérience se transforme en compétence et devient la clé de sa réussite :

> *J'avais le commerce dans le sang sans doute. Je suppose, parce que j'étais commercial dans mon idée. Et à l'époque, comme c'était après la guerre, il y avait plein de gens qui avaient besoin de draps, de vin, enfin de tas de choses. Et ils allaient toujours à la mairie, et ils demandaient : « Est-ce que vous n'auriez pas quelqu'un pour nous piloter, pour aller dans les fermes ? – Ben il y a un petit jeune qui est bien connu. »* [...] *Donc j'allais avec eux, et je voyais un peu comment ils travaillaient. J'ai vendu des machines à coudre, j'ai vendu des draps. Enfin je vendais avec eux, quoi, et je voyais un peu comment ils manœuvraient.*
> *Q – Et comment vous avez eu l'idée* [de monter une entreprise] *?*
> *– En regardant, en écoutant, et puis tout ça. On suit.*
> *Q – Oui, mais vous étiez dans un milieu rural où il n'y avait pas tellement de pratiques de ce type-là quand même.*
> *– Non, mais il y en avait un peu quand même. J'écoutais les trucs, ou je voyais les articles dans les journaux.* [...]
> *Q – Vous regardiez là où il y avait un peu d'espace, quoi.*
> *– J'ai toujours été très attentif.* [...] *Oui, j'observais. Ce qui se passe ailleurs. Et j'essayais de voir un peu ce qui était bon dans le domaine, et puis je marchais dans la foulée.*

La curiosité fonde ainsi la capacité à dépasser un handicap social. Mais cela vaut également pour un handicap physique. L'analyse proposée par ce cadre supérieur pour expliquer la manière dont il communique malgré sa surdité symbolise parfaitement cette situation. Après m'avoir indiqué que son appareil lui permet d'entendre, plus ou moins bien, les voyelles prononcées par son interlocuteur, il m'explique que, parallèlement à la lecture labiale, il doit tenir compte de manière très précise de ma gestuelle, de mes expressions, de mon regard. Il doit savoir un peu plus ce que je suis pour comprendre ce que je dis. Cette contrainte représente une ressource :

> *Moi, je vais beaucoup plus regarder, par exemple, votre façon d'être, votre posture, vos regards, etc. Là, je sens que vous m'écoutez. Un client qui n'écoute pas, même s'il fait semblant d'écouter, des personnes qui ne*

sont pas sourdes ne vont pas le voir. Moi, je le vois. S'il cherche à me mettre en porte-à-faux, je vais le voir beaucoup plus facilement, sur sa manière d'être. Ça peut être un avantage déterminant, quand on est dans les réunions de négociation.

Le modèle culturel propose ainsi des schémas interprétatifs bien rodés pour comprendre des expériences conventionnelles : les résultats de l'analyse, leur interprétation, participent ainsi de conventions, de coutumes et de cultures offrant des représentations du monde adaptées à une expérience sociale standard. À l'inverse, le déficit de socialisation des patrons différents les a conduits et les conduit à regarder le monde de l'extérieur, à l'objectiver, de manière à pouvoir y trouver une place supportable pour eux-mêmes et dans leur rapport aux autres. Cette capacité d'observation et d'objectivation se traduit souvent par un goût certain pour l'analyse des situations, une satisfaction évidente tirée de la manifestation de cette capacité, et par un plaisir de la dérision, du dévoilement des masques associés aux rôles sociaux. La socialisation des patrons atypiques ne correspond ainsi pas à un schéma d'imperfection ou d'insuffisance : elle est fondamentalement de nature différente parce qu'elle repose sur la capacité à objectiver les interactions, les positions sociales ou les représentations, en mobilisant constamment analyse et curiosité. De ce point de vue, les patrons atypiques correspondent précisément à l'un des critères utilisés par Simmel pour définir l'étranger « objectif et socialement ambigu » car plus libre du modèle culturel que les normaux : « Il examine les relations avec moins de préjugés, il les soumet à des modèles plus généraux, plus objectifs, il ne s'attache pas par ses actes à respecter la tradition, la piété ou ses prédécesseurs » (1907/1979, p. 56). Cette consistance identitaire particulière amène de nombreux patrons atypiques à me livrer des réflexions à la fois riches, directes et souvent décalées par rapport à leur position de « responsable ». Ils réalisent des descriptions ironiques dans lesquelles ils mettent en scène les ornements, rites et interactions qu'ils doivent assumer pour tenir leur rôle d'entrepreneur, rôle qui ne peut jamais contenir la totalité du sujet qu'ils sont. Ils savent également mettre en lumière, et de manière crue, ce que cachent les normes, et savent parfaitement typifier les phénomènes, pour les objectiver. Voici, par exemple, la manière dont un dirigeant homosexuel décrit les relations de certains de ses homologues :

> *Il y avait* [dans le milieu des dirigeants] *une espèce de relation que j'appellerais « pédalo-amoureuse », mais c'est un mot qui n'existe pas, donc je vais expliquer ce que je veux dire. Vous savez, entre les hommes au travail, qui sont des hétérosexuels finis, il y a quelquefois des échanges qui font rire l'homosexuel que je suis. Parce que si moi je disais ça à un homme, on me traiterait rapidement de gros pédé. Mais eux, ils se parlent, ils se font... Vous n'avez jamais vu ça ? Vous n'avez jamais remarqué ça, dans la façon dont ils se parlent, dont ils se font des mamours verbaux, des douceurs ? Ils s'adorent, ils s'aiment, vous n'avez jamais remarqué ? De temps en temps, c'est effarant.*

L'objectivation et le manque de respect pour les conventions confèrent ainsi aux patrons atypiques une capacité à associer la liberté de l'analyse à l'acuité du regard, très souvent en maniant une certaine ironie, de soi et des autres, un peu comme si le monde n'était pas vraiment sérieux. Elle permet également d'associer la capacité à découvrir des trésors que les autres n'identifient pas, au souci d'accéder à des codes qui, au départ, les excluent du monde des normaux. L'originalité sociologique de cette situation tient au fait que ce capital culturel représente exactement l'inverse de ce que décrit généralement la sociologie. Il n'est pas transmis par la famille, l'ethnie, ni même par le réseau. Il est construit et même conquis. Il résulte d'une volonté, et non d'une situation. Il suppose un effort pour comprendre ce qui peut être saisi, et non l'acceptation de ce qui est donné. La plus grande valeur de ce capital ne réside ainsi pas dans les objets qui la constituent (connaissance des codes sociaux, référence aux savoirs institués), mais dans la capacité à identifier et à mobiliser des objets de valeur. Cela vaut pour des questions touchant directement au monde des affaires, mais cela vaut tout autant pour des questions de la vie quotidienne, réinvesties de cette compétence.

4. Le génie des étrangers

Ce type de regard, articulant curiosité, distance, pertinence et impertinence, interprétation et déformation, fonde la compétence du génie, du talent distinctif des étrangers : amener à voir, en les regardant autrement, les choses que les natifs ne perçoivent pas, disposer d'une capacité de jugement extraordinaire. Les patrons atypiques savent qu'ils disposent de cette compétence. Mais le génie ne peut s'exercer durablement que s'il parvient à trouver simultanément un art de vivre avec les normes. La pérennité de la carrière des patrons atypiques repose sur cette double compétence sociale : prendre ses distances sans pour autant heurter frontalement le modèle culturel.

Cette compétence se distingue bien de la pure créativité et de la liberté du modèle du génie de l'artiste, telle qu'Elias (1991) la définit à propos de la trajectoire de Mozart. Le musicien dispose d'une conscience claire de sa compétence et souhaite ardemment la faire reconnaître auprès des cours d'Europe : il sait ce qui le distingue. Il possède également un talent, la capacité à maîtriser les canons les plus académiques de la musique tout en mobilisant la créativité qui consiste à les interpréter, à les déformer pour y intégrer l'imagination personnelle : « Le sommet de la création artistique est atteint lorsque la spontanéité et la puissance inventive du flot de l'imagination se fondent si bien avec la connaissance de la loi propre au matériau, et avec la capacité de jugement de la conscience artistique » (*ibid.*, p. 99). Mais, explique Elias, une série d'échecs conduisent Mozart à se révolter contre la société de cour, à en dénoncer les mécanismes de domination et d'humiliation, jusqu'à s'en trouver progressivement exclu. La faillite de sa carrière repose ainsi sur une incapacité à intégrer de manière compréhensive le modèle culturel de cette société dont il ne fait pas partie. Il parvient à intégrer les critères de réussite et de rang social, comme un certain nombre de valeurs ou de jugements esthétiques, mais demeure étranger à la subtilité des relations qui caractérisent des formes de sociabilité obligatoires. Par exemple, il ne sait pas discuter de ses intérêts sur un ton badin (l'ironie et la distance dont font preuve les patrons atypiques) : il s'engage directement et totalement dans une négociation explicite. Ou encore, les manifestations de sensibilité, à l'art comme aux personnes ou aux codes de bonne conduite, le mettent mal à l'aise :

> « Mozart aimait à se vêtir avec une élégance qui était celle de la Cour. En revanche, il ne maîtrisait pas bien l'art de la conduite qui était de règle à la Cour pour gagner à sa cause les membres de ces cercles, et dont dépendait pour une bonne part qu'ils veuillent bien intervenir en faveur de celui qui cherchait une charge. » (*Ibid.*, p. 37)

Mozart comprend ainsi le contenu des codes sociaux, mais pas leur signification latente. Il en mobilise les vertus sans tenir compte du cadre de leurs applications. Il finit par transformer, à force de maladresse, la volonté de s'intégrer à la société de cour en exclusion progressive.

Le génie a ainsi permis à Mozart de devenir le musicien que l'on connaît. Mais sa distance rigide par rapport à la société de cour, son incapacité à en intégrer les normes de manière convaincante, ou sa volonté d'affirmer systématiquement sa différence, ont rapidement amené les représentants du modèle culturel à l'exclure, à le mépriser et à le manipuler. Il ne suffit donc pas d'être étranger, pas plus qu'il ne suffit de disposer de génie pour accéder durablement à la reconnaissance et au succès. Il faut également savoir observer avec une grande sagacité, pour les comprendre, les modalités de sanction, de sélection et d'évaluation qu'une société ou qu'un groupe social dominant mobilise. Ces modalités ne sont en effet que partiellement explicites. Elles reposent, bien plus souvent, sur des formes de sociabilité qui ne sont perceptibles que si l'individu parvient à épouser, au moins provisoirement, la logique de l'autre, à savoir se mettre à sa place. Cette contrainte amène souvent les patrons atypiques à mêler une capacité d'engagement certaine et une certaine modestie, au moins au début de leur trajectoire : ils ne se « mettent pas en avant ». L'engagement représente ainsi l'effort consenti pour surmonter le manque de ressources et de reconnaissance, alors que la modestie définit le comportement à tenir pour ne pas être considéré comme « déplacé », inadapté à la situation. Changer de place sociale suppose ainsi, pour un différent, de ne pas bousculer de manière trop sensible la place des normaux. Un dirigeant issu de l'immigration et autodidacte, qui est parvenu à inventer puis à diffuser une nouvelle méthode comptable, ne cherche ainsi pas à tirer immédiatement parti de la reconnaissance sociale qu'il mérite. Il préfère en laisser bénéficier celui qui aurait dû, compte tenu de son poste, mener à bien ce projet :

> *Je me suis peut-être laissé un peu faire aussi. J'aurais pu dire : « C'est moi qui suis à l'origine de tout ça, c'est quand même mon projet, vous pourriez le reconnaître. » Moi, j'ai laissé faire. Dans une situation comme la mienne, il y a des choses sur lesquelles vous ne pouvez pas vous affirmer trop vite. Parce que si, à l'époque, je m'étais affirmé trop vite, on m'aurait peut-être pris pour quelqu'un de trop ambitieux, et donc ça aurait pu ruiner ma carrière.*
> *Q – Il faut faire un peu profil bas. Plus que si vous étiez sorti d'une grande école.*
> *– Oui, tout à fait. Et c'est pour ça que j'ai peut-être fait deux fois le travail. Un travail de fond, on va dire, concret, et aussi un travail psychologique, où il faut faire effectivement attention à certaines choses.* [...] *Pour certains c'est plus légitime* a priori *que pour d'autres, d'arriver directement à des postes comme ça.* [...] *Si en plus vous êtes d'origine maghrébine ou autre, c'est un peu plus délicat.*

Il faut ainsi bien connaître les marques symboliques des rangs sociaux respectifs lorsqu'on veut changer de rang. En d'autres termes, parvenir à tenir durablement une place qui n'est pas attribuée par la distribution conventionnelle des rôles sociaux suppose de ne pas trop en faire – c'est ce que montre l'exemple précédent –, mais suppose également d'en faire suffisamment pour ne pas être manipulé par les normaux. Pour ce faire, l'accès à des connaissances techniques est parfois nécessaire. Mais comme l'accès aux cursus pédagogiques qui les dispensent est souvent trop contraignant, un certain nombre de patrons d'origine sociale modeste savent parfaitement faire un choix sélectif opportuniste dans les programmes de formation : ils ne suivent que les enseignements directement utiles. Ils n'entrent pas dans le rôle d'étudiant, ils tirent directement parti des études, alors que beaucoup d'étudiants standard ne parviennent pas à valoriser leurs études. C'est ce que m'explique un entrepreneur issu de l'immigration :

> *Je ne souhaitais pas que les architectes me baladent sur la compétence technique, savoir lire un plan, organiser, les matériaux, les colles, le calcul de charge, tout ça, alors voilà, j'ai travaillé sur ces aspects-là* [...] *On m'a installé dans des affaires de contentieux avec du voisinage et autres, et je sortais des articles de loi, j'ai gagné des affaires, alors que l'avocat les connaissait, mais il n'avait pas forcément fait les recherches.* [...] *Il y a des savoirs, c'est bien aussi d'aller les chercher, savoir la loi, maîtriser son sujet, aller pêcher. Je suis un autodidacte qui se sert du cursus universitaire et de lectures.*

Devenir un patron atypique suppose ainsi d'être attentif, curieux, et opportuniste. Tous ou presque représentent leur trajectoire comme une sorte de jeu dans lequel les règles auraient pour fonction d'exclure les joueurs dont ils font partie. Ils expliquent sortir vainqueurs de ce jeu en mobilisant les qualités que je viens d'évoquer. Ils ajoutent également qu'ils sont parvenus à mobiliser plus de chance ou de ruse que les autres joueurs pour échapper à la place qui leur était destinée.

De manière troublante, plusieurs me racontent une histoire assez semblable, qui met en scène leur enfance, pour m'indiquer qu'ils ont « toujours été comme ça ». Il s'agit d'une situation dans laquelle ils se sont distingués par la ruse, par la capacité à contrôler le danger en l'identifiant, en ayant le courage de ne pas fuir, ainsi que par la capacité à se rendre invisible.

Cette situation peut être propre à la discipline scolaire (les patrons atypiques n'ont pas toujours été « sages »), aux sports collectifs ou aux jeux de société. Mais les circonstances correspondent schématiquement toujours à celles que me décrit cet entrepreneur autodidacte : obligé de travailler, très jeune, dans les champs de sa Picardie natale, il avait pris l'habitude d'arriver assez tôt à son poste, de manifester sa bonne volonté de manière ostensible, d'éviter les groupes dans lesquels se trouvaient des adultes vigilants, et de se reposer, enfin, derrière une butte, une lisière ou une meule, en observant la manière dont les autres devinaient progressivement son absence. Il revenait juste avant que celle-ci soit effectivement constatée. De manière étonnante, cette scène mobilise les mêmes éléments que celle que raconte l'étranger le plus célèbre de la littérature en sciences humaines, le paysan polonais immigré aux États-Unis, Wladeck, dont Thomas et Znaniecki (1919/1998) ont restitué avec une infinie précision la trajectoire sociale. Toute une série d'éléments indiquent que l'immigré, pour parvenir à s'établir dans un univers culturel inconnu, doit s'arranger avec les conventions, observer suffisamment leur logique pour les intégrer et parfois parvenir à les contourner. Cette compétence se repère dès l'enfance de Wladeck, qui décrit une scène au cours de laquelle il est poursuivi, lui et ses amis, par le garde-chasse, parce qu'ils ramassaient des noix dans un lieu interdit :

> *Les garçons, la terreur aux trousses, se débarrassèrent de toutes leurs noix. Je courus moi-même aussi un moment, puis me cachai dans un trou. Il* [le garde-chasse] *passa en courant sans s'apercevoir de ma présence car il était complètement furieux.* [...] *Lorsqu'il repartit dans la forêt, je quittai ma cachette et suivis tranquillement la trace de mes camarades, ramassant les noix en chemin.* (*Ibid.*, p. 122)

Échapper au danger et en tirer un bénéfice substantiel ou symbolique supposent de sortir du jeu convenu de l'interaction entre poursuiveur et poursuivi, dominant et dominé, pour prendre, momentanément, le rôle d'observateur et comprendre la logique de l'autre. Le regard de l'étranger, sa capacité à regarder parce qu'il est à distance des règles du jeu, deviennent ainsi une ressource considérable.

De manière tout aussi troublante, ces deux circonstances correspondent d'assez près, du point de vue de la sagacité mobilisée pour échapper au danger, à la description que Cyrulnik (2004) fait du petit Bernard (lui-même). L'enfant juif, âgé de six ans, se trouve découvert par les nazis et arrêté pour être envoyé vers la mort. À deux reprises, il tente en vain de déjouer l'attention des soldats pour prendre la fuite. Il parvient enfin à s'échapper, profitant d'un moment d'inattention des soldats. Une infirmière accepte de cacher l'enfant dans une camionnette, et un médecin allemand fait semblant de ne pas le voir. On connaît la suite de l'analyse de Cyrulnik : « malgré les coups du sort et la cruauté des hommes, il est toujours possible d'espérer » (*ibid.*, p. 160), parce que certains hommes – ici, l'infirmière, le médecin militaire qui l'a laissé partir, puis des résistants – prennent le risque d'être envoyés à la mort pour lui porter secours. Ces éléments constituent l'une des bases de la résilience. Mais cette narration a également une autre portée, plus strictement culturelle, que ne souligne pas Cyrulnik : l'enfant n'aurait pas échappé à la mort sans avoir pris le temps, le courage et l'audace de regarder le « travail de ratissage » des nazis pour parvenir à s'enfuir. Il est parvenu à s'enfuir parce qu'il a eu le courage de les observer puis la ruse de profiter de leur inattention. Surmonter la contrainte suppose ainsi de la regarder en face, d'avoir le courage d'espérer qu'il existe une suite possible, même quand tout semble être fini. Surmonter la contrainte suppose de l'observer, et de bien l'observer.

La capacité à dépasser des circonstances sociales dans lesquelles tout semble être joué, où l'individu ne dispose apparemment plus de la moindre liberté d'action, caractérise la trajectoire des patrons atypiques : ils sont parvenus à tirer de leur position d'étrangers une capacité à observer, à distinguer des espaces de jeu, en ne regardant pas tout à fait les mêmes choses que les normaux, ou que les dominants. Ils réfléchissent en terme d'action (que puis-je faire dans cette circonstance ?) plus que de situation (quelle est ma place, quel est mon rôle ?). Le stigmate nourrit ainsi potentiellement sa maîtrise parce qu'il produit, en même temps que l'exclusion, une posture distanciée dont ne disposent pas les « inclus ». Un entrepreneur issu de l'immigration explique que cette ressource peut combler d'immenses inégalités, et représente une source de satisfaction particulière, celle que l'on peut éprouver en faisant partie des rares à disposer d'une clé, d'une capacité à découvrir les codes, d'une « vision », qui permet d'échapper à la contrainte :

> *La première fois que je suis allé manger dans un restaurant étoilé, je ne savais pas comment on se servait du couteau à poisson, quand on le prenait, à quel moment... Mais il suffit de ne pas être complètement idiot... J'ai le droit d'avoir un temps de réaction par rapport aux autres. Je regardais la personne qui était à côté de moi, j'attendais de voir quel couteau elle prenait, et je prenais le même et je faisais pareil. C'est ça que je veux dire par « j'observe ». À une autre échelle, c'est pareil. Quand j'arrive dans un réseau professionnel ou politique, je ne me mets pas à parler tout de suite avec tout le monde. Je suis à l'apéro, j'observe, je regarde les gens. Si quelqu'un vient vers moi, forcément je vais lui dire bonjour. Mais j'ai écouté, j'ai pris des infos.* [...] *J'observe. Ça peut me servir dans le business parce que je prends les bonnes infos par rapport à d'autres personnes, ce qui fait que j'arrive à faire des propositions commerciales plus adaptées que certains.*

Rarement « étrangers » du point de vue de l'état civil, les patrons atypiques correspondent bien aux traits de cet étranger que décrit Schütz, pour lequel l'accès au modèle culturel représente une aventure. Mais, contrairement à ce qu'écrit l'auteur, les étrangers décrits ici n'ont pas de « Nous » (la communauté du pays d'origine) : en choisissant de ne pas accepter la place que la société leur accordait, ils ont également rompu avec celle que leur propre milieu leur accordait, avec le groupe primaire solide que représente la classe, la famille ou l'ethnie. Ils ne peuvent donc retrouver ce « Nous » que Schütz évoque pour indiquer la satisfaction et le bien-être, celui d'accéder à l'évidence des comportements à tenir lorsqu'un individu retrouve son milieu d'origine. Ils ne peuvent retourner « chez eux ».

5. La culture de l'aventure

Les patrons atypiques trouvent alors leur satisfaction dans l'élaboration puis la consolidation de leur situation marginale. Ils préfèrent l'aventure à la solidité des statuts, la mobilité et l'extériorité devenant une fin en soi, plus qu'un moyen d'intégration. Leur rapport au monde, de ce point de vue, se rapproche de celui des *hobos* (les vagabonds du rail des États-Unis au début du XXe siècle, décrits par Anderson, 1923/1993) ou de la « bohème » de Wladeck et des compagnons immigrants (durant la même période et dans le même pays, décrits par Thomas et Znaniecki, 1919/1998) : l'objectif ne consiste pas à s'« intégrer », mais à tenir une place intermédiaire entre le dehors et le dedans. La position d'étranger des patrons atypiques ne correspond ainsi pas seulement à un effet mécanique de leur position sociale : elle provient tout autant de leurs dispositions (je reprends cette distinction à Boudon, 2003) : ils privilégient, ils choisissent d'occuper ce rapport au monde. Pour la plupart d'entre eux, l'aventure que représente la réitération des situations de passage, d'un monde à l'autre, est en effet devenue une culture, celle de l'aventure, ou un goût pour celle-ci.

L'aventure, qu'elle corresponde à une situation de voyage, de décision organisationnelle ou de relations entre amants, se définit comme un espace et un temps détachés des formes habituelles de la vie sociale. Elle se déroule dans un entre-deux que ne définissent ni les conventions ni les moyens habituels de prévoir à coup sûr l'effet des actions et des interactions. Mais ses effets modifient les données initiales de la situation : après une aventure, le sens, la signification et l'orientation du voyage, de l'organisation ou des relations entre époux ne sont en effet plus de même nature. L'aventure représente ainsi un entre-deux indépendant des structures. Mais il rétroagit sur celles-ci, sans que l'on puisse connaître à l'avance la nature de ces effets. Je reprends le concept à Simmel, qui indique que dans ces situations, il y a donc, « de prime abord, un sentiment d'étrangeté, d'isolation, de détachement » (Simmel, 1911/2002, p. 72), parce que l'existence correspond à une continuité, à une unité homogène d'expériences et d'apprentissages, alors que l'aventure est créée de manière indépendante de cette continuité. Plus encore, explique l'auteur, l'aventure ne résulte pas d'une conjonction de circonstances indépendante de la volonté. Elle repose au contraire sur le désir de rompre avec la continuité pour produire une œuvre, une relation ou une situation dont le contenu se traduit précisément par son indépendance, son originalité.

> « C'est en cela que réside d'abord la relation profonde existant entre l'aventurier et l'artiste, et que s'explique peut-être aussi l'attraction que l'artiste éprouve pour l'aventure, car il est bien de l'essence de l'œuvre d'art de découper un morceau des séries infiniment continues du monde ou de la vie, de le libérer des ensembles qu'il forme avec tout ce qui est au-delà ou en deçà de lui et de lui donner une forme qui se suffit à elle-même et qui est maintenue comme par un centre intérieur. » (*Ibid.*, p. 73)

Ce dernier niveau de définition de l'aventure correspond à la subtile notion de « rationalité voilée » qu'utilise l'auteur en prenant l'exemple du joueur : son sort dépend du hasard et il en a bien conscience. Ce qui le conduit à jouer ne correspond donc pas, à proprement parler, à la volonté de mettre en œuvre une démarche lui permettant d'atteindre au plus vite, et avec le moindre effort, les bénéfices avantageux de son action (gagner au jeu), mais à vivre selon le registre de l'aventure, d'avoir le sentiment d'exister grâce à ce registre. On ne comprendrait pas, sans cela, les raisons qui conduisent des gens riches à jouer aux jeux d'argent.

De tous ces points de vue, l'acte d'entreprendre correspond à une aventure, laquelle caractérise parfaitement la trajectoire des patrons atypiques. Et la rationalité voilée correspond à un nombre considérable de *verbatim* qui expriment tous la même idée : la satisfaction tirée de l'engagement dans l'aventure préside à l'action, infiniment plus que les avantages potentiellement tirés de cet engagement. Un entrepreneur issu de l'immigration l'exprime clairement :

> *Ce qui m'intéresse, c'est le challenge. Vous n'avez rien au départ, et vous devez aller chercher plus... Quand je suis arrivé à Paris, je ne connaissais personne, je ne connaissais vraiment personne. Mais ça m'a plu d'intégrer* [des associations de patrons] *où je ne connaissais pas les gens qui venaient. Parler, discuter, rencontrer de nouvelles personnes, leur expliquer ce que je faisais.* [...]. *Rentrer plus dans le projet W* [son entreprise], *c'est pareil, ça m'a amené à m'intéresser plus exactement à la fiscalité. Je ne suis pas fiscaliste. Donc ça n'est pas moi qui interviens chez mes clients, mais je suis obligé de comprendre quelle est la problématique autour de cette fonction que peut rencontrer un dirigeant d'entreprise.*

La plus belle formule mobilisée pour décrire ce goût pour l'aventure est peut-être celle de cet entrepreneur autodidacte. Il indique qu'il aime souvent « se perdre », et qu'à ce titre il renonce aux moyens de jugement et d'orientation dits « rationnels ». Ces moments lui permettent en effet de devoir observer, comprendre la logique de l'autre en se mettant à sa place. La satisfaction tirée de l'aventure représente alors le moyen d'échapper aux représentations conventionnelles, ou rationnelles et scientifiques, pour mieux comprendre un milieu social :

> *Moi, je ne veux pas de GPS. Tout le monde a un GPS. J'ai dit : « Moi je ne veux pas de GPS ! » Pourquoi ? Parce qu'avec le GPS, tout ceux qui ont le GPS, ils conduisent sans savoir où ils passent. Vous leur demandez où ils sont passés ? Ils n'observent plus rien, ils ne voient plus rien. Ils ne voient plus l'environnement... Moi, je m'habille modestement, parce que je veux être à l'image.* [...] *Je ne veux pas être en décalage avec mes clients, parce que quand vous êtes en décalage avec vos clients, vous ne les comprenez plus, vous êtes moins apte à les satisfaire.*

L'aventure représente également un pari, celui de parvenir à inverser son destin. En situation normale, indique Simmel, nous évitons l'incertitude et avançons en tâtonnant lorsqu'elle existe. En situation d'aventure, c'est l'inverse :

« C'est précisément sur les caprices de la chance, sur le hasard et sur un à peu près que nous risquons tout. Nous brûlons les ponts derrière nous, nous marchons délibérément sur les nuages, comme s'ils devaient nous porter, quelles que puissent être les circonstances. C'est là le "fatalisme" typique de l'aventurier. » (*Ibid.*, p. 77)

Encore faut-il nuancer un peu la pensée de Simmel pour bien comprendre la logique des patrons atypiques : ils ne laissent pas place au *fatum*, au destin, de manière aveugle. Ils laissent place à l'incertitude pour parvenir, en se mettant à l'épreuve, à grandir, à saisir de nouvelles opportunités, de nouvelles relations, de nouveaux rapports au monde pour inverser leur destin, pour solidifier un positionnement hybride, décalé. Après m'avoir expliqué qu'il ne cessait de passer d'un univers social à un autre, d'être à la fois à l'écart des milieux qu'il traverse et au cœur de la compréhension de leur système, cet entrepreneur issu de l'immigration, de milieu modeste, analyse son déplacement et sa curiosité comme le moyen d'inventer une position et de construire progressivement sa compréhension du monde, alors que pour ses pairs, « normaux », elle a été donnée. L'aventure représente un moyen de l'action, de la construction de soi, et une forme de reconnaissance, de prestige dont ne disposent pas aisément les natifs ou les nantis :

– Pour moi, il y a des trucs qui se construisent au fur et à mesure. Il y en a qui ont eu la chance de se construire plus vite parce qu'on leur a dit... Avant qu'ils aient besoin de le faire, on leur a montré parce qu'il fallait qu'ils le fassent. Moi, j'espère bien qu'on ne finit pas de se construire à 17 ans, ou à 18 ans, ou à 19 ans. Je veux dire même que demain ou après-demain, dans un an, vous allez apprendre quelque chose qui va continuer à vous construire. Vous comprenez ce que je veux dire ?
Q – Oui. Je comprends bien ce que vous dites.
– Je ne peux pas tout savoir, tout ce que je vais être, je ne veux pas tout savoir.
Q – Mais en même temps, c'est une position, c'est un regard sur le monde qui est assez rare.
– Je m'en rends pas compte quand des gens comme vous me le disent, ou

des gens de l'extérieur, parce qu'il y a quand même pas mal de gens qui peuvent vous renvoyer des choses. Dans les réseaux dans lesquels je suis, quand je parle, les gens tout de suite viennent me dire « tiens, il y a quelque chose, quoi, tu as des capacités orales pour entraîner les gens ».

L'aventure est ainsi recherchée, en tant que telle, parce qu'elle représente le moyen d'accéder à l'« intensité de la vie qui efface le présent et le futur » (Simmel, 1911/2002, p. 83). Cette culture explique que les patrons atypiques ne cessent de bouger, de changer, de questionner leur présent, leur horizon, et de s'engager de manière assez systématique dans des situations incertaines. Une dirigeante me décrit une trajectoire professionnelle construite sur ce type de registre, puis m'expose le contenu de sa mission actuelle : redresser une entreprise en difficulté, mission pour laquelle elle a abandonné le capital de réputation accumulé antérieurement, dans une autre entreprise. Je m'étonne de sa démarche :

Q – C'est un coût d'entrée très élevé de venir ici.
– En termes de changement ?
Q – Oui.
– Ah oui. C'était ça qui faisait l'intérêt de l'histoire.
Q – Ah, c'est ça qui vous intéressait ?
– Oui. Je considérais que ce qui était important, c'était de pouvoir prouver que je savais m'adapter à autre chose. Maintenant, il faut que j'arrive à prouver que je peux redresser un autre business, et avoir des résultats. Mais c'était ça qui me paraissait intéressant. Faire ce que j'avais déjà fait, ça n'avait aucun intérêt.
Q – Oui. Mais ça n'est pas normal, par contre. C'est tout à fait cohérent, on est d'accord, mais ça n'est pas normal, les gens ne se comportent habituellement pas comme ça.
– Oui. ... Pour moi, s'arrêter, ne plus progresser, c'est vraiment s'arrêter et reculer. Et, je sais, je heurte souvent mes amis sur ces sujets-là. Je vis dans le futur. J'ai toujours un projet, un machin, ça peut être de refaire mon entrée, de faire je sais pas quoi, mais je vis parce que j'ai un projet. Ou dans mes projets, je ne regarde jamais en arrière. Le passé ne m'intéresse absolument pas. Pourquoi j'aurais dû faire tel truc ou tel truc... Et le présent, à moitié. Parce que c'est déjà le début du passé.

Donc j'ai toujours envie de construire quelque chose de différent pour le futur. Je vis comme ça. C'est mon moteur.

La qualité d'étranger des patrons atypiques ne résulte donc pas seulement de leur position, elle provient également de leurs dispositions, de leur goût pour l'aventure. Plus largement, elle constitue une culture, un rapport aux autres, un système de valeurs et de représentations qui conduit durablement leur action et qui définit leur identité professionnelle.

6. S'ENTREPRENDRE

Ces observations, en prenant la thématique de l'étranger comme repère, rejoignent finalement la théorie mère de l'entrepreneuriat : entreprendre permet de se défaire de situations contraignantes, ordonnées et considérées comme normales. Mais cette même perspective explique largement l'engagement subjectif des patrons atypiques : entreprendre dans la vie des affaires représente pour eux le moyen de s'« entreprendre », d'échapper aux circonstances qui encadrent leur vie, d'inverser leur destin.

Les entrepreneurs, selon la célèbre perspective développée par Schumpeter (1911/1999), sont toujours présentés comme différents. Ils valorisent l'indépendance de leurs décisions par rapport aux tenants des normes et des conventions économiques ordinaires. Leur trajectoire repose sur la capacité à mobiliser un champ perceptif ouvert, et cette capacité suppose de considérer plusieurs ordres du monde possibles. Plus encore, Schumpeter montre bien que ce n'est pas l'appât du gain qui mobilise les entrepreneurs, mais, bien plus, le plaisir d'entreprendre, de créer et de donner sens à ses valeurs :

« L'entrepreneur typique ne se demande pas si chaque effort auquel il se soumet lui promet un excédent de jouissance suffisant. [...] Il se peut que la joie pour lui naisse de l'œuvre, de la création nouvelle comme telle, que ce soit quelque chose d'indiscernable de l'œuvre elle-même. » (*Ibid.*, p. 354)

Cette disposition caractérise bien le plaisir que les plus mobiles des patrons atypiques tirent de leur capacité à errer, d'un milieu à un autre, d'un métier à un autre. L'aventure entrepreneuriale, qu'elle corresponde à celle d'un créateur d'entreprise ou d'un dirigeant qui prend le risque de ne pas agir comme les autres, donne en effet accès à un espace d'action plus large, car elle se défait des rapports convenus, qui lient généralement à des expériences répétées et semblables.

Le goût d'entreprendre ou d'innover ne peut ainsi se confondre avec le seul désir de créer un « avantage concurrentiel ». Il se suffit en partie à lui-même et peut donc porter sur des actions ne présentant aucun avantage économique mais procurant l'extraordinaire satisfaction de donner sens à sa vie, à la vie. Cet entrepreneur issu de l'immigration, de milieu social modeste, après avoir accumulé une petite fortune, décide ainsi de s'engager dans la vie politique. Cela suppose de lire, de se documenter, de « rester derrière un bureau », ce qu'il n'a jamais fait jusque-là. Il est donc amené à faire un effort considérable : abandonner le confort d'une position établie pour accéder à un univers qui n'est pas le sien. Ce qui le guide n'est ainsi pas de tirer parti d'une position acquise mais d'en découvrir une autre, même si cet engagement remet en question la valeur de ses ressources et de ses représentations, même s'il instille le doute dans son esprit. C'est bien le sentiment de passer d'un univers à un autre qui fait sens pour lui, plus que de capitaliser, même si le passage, l'espace qui sépare deux univers ainsi que le temps que suppose cette itération sont toujours inquiétants parce qu'incertains.

Maintenant qu'est-ce que je fais ? Je fais rentier ? Attendre le temps qui passe, je bouquine, je voyage ? Je vais m'emmerder. Je fais quoi d'autre ?... Je fais encore plus d'argent, ça ne m'intéresse pas [...]. *Maintenant je réfléchis au niveau politique, au niveau sociétal, comment on peut faire pour changer la donne. Voilà mon implication et mon envie.* [...] *Vous, quand vous lisez un livre, vous prenez le temps de lire des ouvrages, des réflexions, des études, c'est un travail. Dans mon milieu, c'est du temps libre. Et pour passer de l'un à l'autre, assimiler et faire assimiler à son environnement que c'est un vrai travail, c'est très compliqué. Se lever le matin pour aller à l'usine, c'est du travail. Se lever le matin pour aller à la bibliothèque, ça n'est pas du travail, ça n'est pas considéré comme du travail, dans mon milieu.* [...] *Je vais y arriver parce que en général je vais au bout de mes objectifs, mais c'est pas évident, je vous assure que c'est pas évident. Parce qu'on culpabilise, on a l'impression qu'on ne fait pas du vrai boulot. Que ça n'est pas normal.*

Ce goût d'entreprendre s'associe souvent à des actions à caractère social. La position d'étranger, présentée jusqu'ici comme spatiale – entre deux univers – repose en effet sur une dimension temporelle : les atypiques endossent leur rôle de patron mais n'oublient jamais la position d'exclu ou de dominé qui a été la leur, autrefois. Entreprendre économiquement sans oublier leur passé social leur permet ainsi d'assurer une continuité, une cohérence entre ce qu'ils ont été et ce qu'ils sont devenus. Le goût de l'aventure est largement fondé sur cette particularité, qui consiste à se retrouver, en tant qu'étranger et que sujet, dans l'action d'entreprendre. Cette dirigeante, issue d'un milieu social très modeste, m'indique ainsi prendre des mesures économiques nécessaires mais coûteuses pour les individus. Puis elle m'indique également consacrer une bonne partie de son temps, volontairement, à aider ces individus à adapter leur compétence et leur « employabilité ». Elle considère que l'entreprise n'a pas qu'une fonction économique, qu'elle doit également, de manière très concrète, manifester sa responsabilité sociale. Malgré l'expression de mes doutes, elle considère que ce projet est celui de l'entreprise, et pas seulement le sien :

Beaucoup de boîtes ont dû fermer. Et puis on a donc vendu cette activité à une autre boîte [...]. *Pour pouvoir vendre ce secteur-là, il fallait que l'activité que je faisais, que mes équipes faisaient, et qui était la plus rentable, rejoigne cette entreprise. C'est ce qui s'est passé, donc ils ont rejoint cette entreprise, ils s'en sont très bien sortis* [...]. *Je les ai*

accompagnés, beaucoup, d'un point de vue ressources humaines. Et ensuite…
Q – Mais je vous coupe juste un instant… Vous faisiez ça en plus, l'accompagnement de ces personnes ?
– Oui.
Q – C'était votre propre souhait, votre volonté ?
– Oui.
Q – Et ça n'étonnait pas ?
– Qui, mon manager, mes managers ?
Q – Oui vos managers.
– Je pense qu'ils étaient comme moi. Je pense qu'ils voulaient que tout se passe bien. Ces situations sont très peu évidentes pour les individus. Parce que ce sont des victimes de choix stratégiques, de choix industriels, d'écosystèmes qui bougent. Et je pense que les managers, comme les individus, étaient des victimes dans tout ça. Donc, ils m'ont toujours aidée, dans l'accompagnement. […]
Q – Ah oui.
– Oui. Donc ils m'ont bien aidée, à faire ça.
Q – Mais encore une fois, si vous essayez de m'expliquer un peu plus précisément. Pourquoi faisiez-vous ça ? Vous vous sentiez coupable de leur destin, de leur situation, vous ressentiez au contraire plutôt quelque chose comme de la solidarité ? Parce que c'était une source d'ennuis considérable, si on présente les choses simplement.
– Complètement, oui. Je n'ai pas toujours vécu des moments très heureux, c'est vrai. On se pose beaucoup de questions, mais j'ai toujours été un manager de proximité, donc du coup je suis très impliquée dans le bien-être des gens. Je pense que c'est aussi ma culture à moi. Parce que j'aurais pu très bien effectivement faire le choix de rebondir, de partir.

L'action d'entreprendre fonde ainsi la position d'étranger des patrons atypiques. En les autorisant à agir selon des critères à la fois légitimes – le succès économique – et cohérents par rapport à leur trajectoire, elle fonde une culture bien spécifique, celle de patrons qui ne se trouvent ni totalement inclus dans l'univers des normaux, ni totalement définis par leur appartenance à l'univers des différents. Leur culture ne s'explique donc pas par tel ou tel type d'appartenance, mais par la distance qu'ils prennent par rapport aux milieux constitués, parce que leur identité se construit dans l'observation et l'action qui permet de tisser d'autres relations, d'expérimenter d'autres situations. Leur culture est bien celle de la distance, pas celle de l'appartenance.

Cette formulation va à l'encontre des analyses traditionnellement menées par la sociologie, lorsqu'elle s'intéresse aux « déclassés par le haut », à ceux qui ont réalisé une forte mobilité sociale ascensionnelle. Très généralement, ces travaux indiquent que le « changement de classe », s'il est objectivement difficile mais possible, demeure subjectivement cruel et parfois insupportable. L'ouvrage de référence, en la matière, est celui de Hoggart, qui donne en quelque sorte le « la » de ces analyses :

> « Les déclassés par le haut ne sont pas tous des névrosés, mais tous connaissent une expérience de l'anxiété qui peut, pour quelques-uns, conduire au déséquilibre pathologique et qui, en tout cas, reste sous-jacente, même chez les individus menant une vie normale en apparence ou ayant conquis les situations les mieux assises » (1957/1970, p. 348).

Dans les pages qui suivent, en mobilisant toute une série de jugements de valeur négatifs, l'auteur se moque largement de ces déclassés, qui, explique-t-il, ne se trouvent socialement à l'aise nulle part, ni dans leur milieu d'origine, ni dans leur milieu d'accueil, un peu comme si la réussite représentait une faute, celle d'avoir abandonné et renié leurs origines populaires. Le « boursier » est ainsi donné en exemple pour indiquer que ce type d'individu perd progressivement toute spontanéité, qu'il ne sait plus que façonner, à la demande, le comportement qui lui permet de réussir le mieux. Il a en quelque sorte perdu l'identité pour soi pour l'investir en totalité dans l'identité sociale.

Les analyses proposées par Gaulejac (1987/1992), portant sur des personnes ayant suivi le même type de mobilité, ne mobilisent plus ces jugements de valeur mais indiquent également que la position de « déclassé par le haut » est problématique : tiraillé entre la loyauté à son univers d'appartenance d'hier et le désir de s'investir dans celui d'aujourd'hui, « l'individu se sent traversé par un double sentiment d'appartenance ». Il est alors, selon l'auteur, amené à vivre un dédoublement de la personnalité qui se traduit par une « névrose de classe », une incapacité à abandonner symboliquement et psychiquement ses origines tout en se trouvant sociologiquement engagé dans un autre univers. Il se trouve clivé, coupé entre ses origines et lui-même, ainsi qu'à l'intérieur de lui-même. Lahire (1998) réfute ce type d'interprétation pour reconnaître l'existence d'« identités plurielles », mais aboutit à un résultat comparable. Il reprend, comme l'avait d'ailleurs fait Gaulejac, les analyses développées dans les romans autobiographiques d'Annie Ernaux, professeur de français et femme de lettres d'origine populaire (fille d'épiciers cafetiers) pour indiquer la tension entre le milieu d'origine et l'accès à un *habitus* de classe supérieure. Il la cite pour indiquer qu'elle se trouve dans l'incapacité de regarder ses parents sans agacement, voire mépris, sans pour autant parvenir à se défaire de l'attachement qui la lie à eux : « C'est moi que je hais, je leur suis montée dessus, ils triment au comptoir et je les méprise [...]. C'est peut-être moi qui les ai empêchés de s'acheter une belle épicerie » (Ernaux, citée par Lahire, *ibid.*, p. 52).

On peut faire une tout autre analyse de ces « déclassés », comme du récit d'Annie Ernaux. Bien évidemment, les populations que j'analyse dans ce livre ne sont pas totalement comparables à celle des « déclassés par le haut » : les patrons atypiques ne proviennent pas tous de milieux populaires, hormis la plupart des autodidactes et des représentants de l'immigration cités ici. Mais, pour ces derniers, le vécu névrotique n'est pas vraiment de mise, pas plus que pour les autres patrons atypiques. Ils ne se trouvent pas paralysés par la loyauté qu'ils doivent à leur destin social. Mais ils ne sont pas que des acteurs opportunistes. Ils se trouvent subjectivement dans l'inversion de leur destin. Leur mobilité ne se réalise ainsi pas sans tourments, ni sans une sorte de nostalgie, de sentiment trouble de ne pas avoir été totalement loyal par rapport au passé de stigmatisé, tout en étant parvenu à lui donner ses lettres de noblesse. Ce type de sentiment me semble correspondre infiniment plus à ce que décrivent les émouvants livres d'Annie Ernaux, au moins parce qu'elle est heureuse d'écrire (d'être devenue romancière) et de décrire cette double incapacité, celle d'abandonner clairement son passé et celle d'embrasser complètement son présent. Je reviendrai longuement sur cette proposition.

Toujours est-il que l'analyse de la mobilité des patrons atypiques pose, autrement que ne le fait classiquement la sociologie, la question des trajectoires sociales anormales. Le problème n'est absolument pas de savoir si ces individus changent de place, de classe ou de culture, mais de comprendre la manière dont ils structurent une identité fondée sur le passage, la marge et la distance, l'inclusion toujours imparfaite : celle de l'étranger. Autant la sociologie se trouve riche de travaux concernant l'exclusion et l'intégration, quel que soit le niveau d'analyse retenu pour décomposer le phénomène (société globale, migrations, ville, entreprise ou école), autant elle demeure comme maladroite à l'idée de s'intéresser à la culture de l'étranger en tant que telle, à la spécificité culturelle de sa position intermédiaire, celle de ne plus être « là-bas » sans être complètement « ici ».

Chapitre 3

L'effort, l'audace et la morale

L'engagement et l'effort constituent les ressources principales que les patrons atypiques mobilisent pour rendre visible et légitime leur compétence et échapper aux stéréotypes. Plus encore, se trouvant relativement étrangers aux fonctionnements des équipes de travail, aux processus de décision et aux méthodes de gestion des autres, ils centrent plus leur activité sur l'efficacité et moins sur les jeux politiques. Ils « en font » ainsi souvent plus que les autres. De manière paradoxale, il peut alors leur être reproché de ne pas respecter les normes de production ou les jeux politiques conventionnels.

Le risque représente la base de leur engagement et l'ordinaire de leur activité, pour deux raisons assez simples à comprendre. Disposant de moins de capital économique ou social que leurs homologues normaux, ils ont peu à perdre à s'engager dans des actions incertaines. Ne pouvant inverser leur destin qu'en prenant des risques, ils ont par ailleurs tout à perdre à cantonner leurs actions aux règles de prudence. Pour ces deux raisons, leurs comportements se rapprochent de la figure classique et haute en couleur de l'entrepreneur audacieux et intuitif.

À force de mobiliser l'engagement et l'effort pour inverser des situations défavorables, à force également d'en tirer avantage, ils font de ces actions de véritables valeurs : ils aiment s'engager et finissent souvent par considérer cette action comme un but, pas seulement comme un moyen. Il s'agit du plaisir d'entreprendre et d'une éthique du management, qui associe d'une part la loyauté et la fermeté à l'égard des collaborateurs et d'autre part le souci de créer du lien social et du bien moral.

1. L'INVESTISSEMENT AU TRAVAIL COMME COMPENSATION

L'investissement au travail représente un moyen de compenser, au moins relativement, la force des stéréotypes. L'idée est assez simple : la stigmatisation amène à attribuer aux individus différents des positions qui correspondent aux stéréotypes associés à leur compétence, et non à la réalité de celle-ci. L'investissement au travail représente l'effort permettant de compenser cet écart. Ce mécanisme correspond à ce que Cyrulnik (2004) nomme la « compensation combative », les efforts extraordinaires déployés par ceux qui, pour survivre, parviennent à redonner sens à une vie brisée par la cruauté du sort.

L'effort professionnel consenti par les patrons atypiques représente le travail d'accumulation du capital manquant pour faire une bonne carrière ou réussir à développer une entreprise lorsqu'on ne dispose initialement pas des mêmes ressources que les autres. Cette accumulation procède d'une grande rigueur : elle suppose de substituer des heures de travail aux moments de repos et elle amène à repousser dans le temps la gratification des efforts. En quelque sorte, pour jouer au même jeu que les autres, les différents doivent préalablement s'arranger pour disposer de cartes, alors qu'elles sont simplement distribuées aux normaux. Un cadre supérieur handicapé rend clairement compte, en parlant de son « énergie hors du commun », de cet effort et de l'inégalité qui le fonde :

> *C'est une énergie hors du commun, une force, et puis une volonté... Il y a le côté physique, l'énergie physique, qui me permettait de travailler sans arrêt, pas vingt-quatre heures sur vingt-quatre mais presque, et puis la volonté psychologique, il y a les deux aspects.* [...] *Donc une volonté de faire tout comme tout le monde, quitte à compenser par du temps.*

Cette énergie porte précisément sur les trois dimensions mobilisées par l'économie du travail pour définir l'effort : l'intensité, la qualité et l'activité (Berthe, 2001). Une dirigeante autodidacte m'explique ainsi qu'elle part toujours du principe, avant une négociation, qu'elle en sait moins que les autres, faute d'avoir les connaissances techniques *ad hoc*. Elle travaille donc plus sérieusement ses dossiers : « l'intensité » de l'effort est plus grande. En situation, elle s'aperçoit que les autres ne connaissent pas spécifiquement les dossiers, qu'ils les ont surtout associés à un type de problème déjà connu, à un problème standard. Elle, au contraire, a dû se faire une idée correspondant au contenu spécifique des affaires à traiter : elle en connaît donc mieux les acteurs, l'historique ou les données quantitatives. Elle ne parvient ainsi pas à standardiser son activité : elle se trouve condamnée à la « qualité ». Du coup, son effort transforme la nature même de son « activité » : la dirigeante se trouve amenée à orienter son action vers des décisions novatrices, parce qu'elles ne proviennent pas d'un modèle d'analyse préconçu, auquel se trouvent associées des ressources convenues. Un entrepreneur autodidacte formule une idée comparable, pour décrire les ressources de son principal concurrent, diplômé d'HEC, et les siennes :

> *C'est pourtant quelqu'un de sympa, il a déniché des boîtes importantes et tout ça. Mais bon, il était sans doute moins dynamique que moi. Peut-être pas aussi battant. Déjà, lui, il partait en vacances ; moi, je ne suis jamais parti en vacances si mes* [produits] *n'étaient pas vendus. Et puis lui, à 6 heures, le soir, il partait, tandis que moi, à minuit, j'étais encore au téléphone. Bien souvent, les gens* [...], *il fallait les appeler le soir à partir de 18 heures. Donc je les appelais jusqu'à minuit.*

L'élément le plus caractéristique du travail des patrons atypiques tient cependant, pendant la période d'accumulation de leur capital économique et social, à son caractère invisible, ingrat et risqué. Il s'apparente à ce que la sociologie des professions nomme le « sale boulot » (Hughes, 1971/1996) : il s'agit d'activités indignes, sans intérêt et sans valeur du point de vue de ceux qui exercent un métier, dont ils se débarrassent auprès des plus pauvres en statut. L'exemple le plus connu concerne les activités médicales ou de soin : entre médecins et infirmières, puis entre infirmières et aides-soignantes, on transfère les tâches les moins nobles à celles et ceux qui ne peuvent pas en refuser l'exécution. Par ailleurs, ces activités ne sont pas identifiées comme des tâches constitutives de la division explicite du travail : elles correspondent très généralement à ses « creux », à tout ce qui n'est pas explicitement conçu comme utile dans le fonctionnement d'une entreprise mais qui est pourtant nécessaire.

Autant que « sales », ces activités sont invisibles. La première partie de la carrière des dirigeantes en donne souvent une bonne idée. Elles accumulent pendant de longues années des postes d'adjointes aux différents directeurs qu'elles assistent. Elles acceptent des missions de régulation dans lesquelles elles dépensent leur énergie au profit de solutions qui ne portent pas leur empreinte. Elles se trouvent souvent amenées à se saisir de postes refusés par les hommes. Elles acceptent ainsi des postes « bizarres », atypiques en quelque sorte, m'indiquent plusieurs d'entre elles. De fait, elles prennent souvent en charge ce que les hommes de compétence et de statut équivalent refusent, car c'est pour elles le moyen de « faire leurs preuves » en dehors des carrières classiques, intégrant les stéréotypes de la division sexuelle du travail (Alter, 1985/2006). Paradoxalement, cette manifestation des inégalités de genre recèle aussi une ressource considérable pour les faibles en statut, celle de parvenir à avancer en dehors de la lumière, de construire progressivement un capital que les autres mettent du temps à distinguer. Beaucoup de dirigeantes sont ainsi parvenues à inverser la logique de domination en surprenant ceux qui étaient aveuglés par une conception obtuse des relations de pouvoir, celle d'une puissance établie naturellement.

Les activités des différents sont également souvent floues, « grises », ou peu reconnues socialement. Elles caractérisent par exemple le parcours d'un entrepreneur issu de l'immigration. Il organise des concerts sans disposer des autorisations légales, en mobilisant des amis pour faire circuler l'information. Il met ensuite au point un dispositif de médiatisation des activités artistiques et citoyennes de musiciens, avec beaucoup de succès. Il ne parvient cependant pas à en tirer parti, faute d'une contractualisation claire, protégeant suffisamment ses intérêts. Puis il se trouve mobilisé dans des activités de négociation, et souvent d'arrangement, avec les autorités d'un pays étranger. Sa connaissance des deux cultures lui permet de comprendre jusqu'où il est possible, localement, d'interpréter les règles de manière supportable pour les deux parties. Puis il est intégré dans une équipe de commerciaux pour donner de « l'âme au service », me dit-il. Dans tous les cas, les activités qu'il organise ou celles qui lui sont proposées reposent sur une compétence rare mais difficilement contractualisable ou même formalisable. Ces activités sont celles de l'espace de travail flou qui se trouve à la marge des organisations. Elles sont tenues par ceux qui en habitent la périphérie.

Elles se caractérisent également par leur caractère explicitement non contractuel, ou plutôt « surcontractuel ». C'est souvent en faisant plus que ce qui est prévu par leur contrat de travail, et surtout en s'y adonnant plus que les autres, que les partons atypiques sont parvenus à inventer la position qui est la leur. Encore faut-il que les autres se rendent compte de cet effort. Les différents ont donc souvent tendance à donner à voir, et quelquefois à mettre en scène leurs efforts. Cet entrepreneur autodidacte en a d'ailleurs fait une ligne de conduite réfléchie. Voici la manière dont il me décrit la manière dont il a surmonté la concurrence, d'abord comme salarié, puis comme entrepreneur :

> *Ils étaient à côté de moi, mais bien entendu quand on est confrère et concurrent, des peaux de banane, il y en a quelques-unes. Mais comme en plus de ça les gens de chez Dupont n'étaient pas vraiment très compétents sur les sujets dont je m'occupais, je les ai un peu laminés, et puis avec le client ça s'est bien passé en termes de relationnel.*
> *Q – Comment vous avez fait pour les laminer ?*
> *– Techniquement. Et puis je ne comptais pas mon temps. J'ai toujours fait plus.*

Q – Mais ça veut dire aussi que vous osiez le montrer, ce que vous faisiez.
– Oui. Aller voir le responsable pour dire : « Voilà, si vous avez des choses en plus à me confier, n'hésitez pas, s'il y a une charge de travail, moi, je suis prêt à faire. J'ai été missionné pour cette mission ? OK, je sais faire, il n'y a pas de problème. Je n'apprends pas grand-chose là-dessus, maintenant je peux vous apporter plus si vous le souhaitez. »

L'effort se caractérise donc par la répétition d'épreuves. Celles-ci représentent un coût physique et psychique qui provient plus de l'effort consenti pour échapper aux stéréotypes que des effets de la stigmatisation elle-même. Ça n'est pas pour autant que les stigmates (originellement, les blessures physiques qui marquent les « différents ») n'apparaissent pas, mais elles représentent le résultat de l'engagement, pas de la soumission. C'est avec une extraordinaire précision que cette dirigeante me décrit ce processus :

Ça commence à devenir physique, parce que je vieillis. À mon âge, on ne récupère pas de la même façon de plusieurs nuits successives de quatre heures de sommeil. Moralement en fait, je le vis très bien, parce que je sais pourquoi je le fais. Donc je suis suffisamment inspirée pour le faire. Après, je vais vous dire un truc tout bête, mais c'est vrai qu'à force de moins dormir, j'ai l'impression d'avoir beaucoup moins de temps aussi pour être plus jolie, mieux sous tous rapports [...]. *Je sais exactement ce qu'il faudrait faire, mais je fais l'impasse sur les deux tiers. Je tiens absolument à rester féminine, parce que bon, c'est ma nature, et que je ne vois pas non plus pourquoi il faudrait devenir un homme physiquement pour réussir professionnellement. Pour moi, ce serait une contradiction totale. Mais pour moi le temps est devenu quasiment mon plus gros luxe.*

À l'inverse, le respect du rôle protège de l'effort et du risque. S'en tenir à un rôle d'exclu et d'assisté permet de bénéficier du relatif confort et surtout de la paix offerte à ceux qui respectent les conventions. En sortir suppose de renoncer à cette paix pour un bénéfice hypothétique (celui d'une carrière à succès) et pour un coût élevé. Avancer vers la normalité suppose ainsi d'abandonner ce qui protège, la place attribuée, et amène à augmenter sensiblement la somme d'efforts, d'anxiété et de souffrances liée à l'absence de place stable et claire.

> *J'ai découvert, avec le temps, que j'avais du potentiel physique, physiologique. Enfin, je marche aujourd'hui, à l'époque j'étais tétraplégique, j'étais paralysée totalement, j'ai découvert que je pouvais bouger un petit doigt de pied, après un deuxième petit doigt de pied, après j'ai pu bouger mes mains. Donc après je me brossais les cheveux toute seule. Je n'étais plus tributaire des infirmières. Puis j'ai acheté des « pistolets », des pinces, pour me mettre toute seule le jogging. Alors je mettais une heure et demie pour me mettre un jogging, mais peu importe. Vous gagnez en autonomie, et vous gagnez en pugnacité. Alors que si vous êtes assisté, vous avez à peine le temps de dire « aïe », vous avez déjà votre verre d'eau, vous n'êtes pas volontaire. Il y avait des gens au centre de rééducation qui étaient là depuis cinq ans qui ne savaient toujours rien faire, parce qu'ils étaient chouchoutés, surprotégés.* (Cadre supérieure, handicapée)

Supporter son destin, ou, plus sociologiquement, son rôle, est donc cruel pour les personnes différentes. Y échapper leur permet d'être plus en accord avec elles-mêmes. Mais cette action suppose un investissement considérable qui ne se réduit pas aux efforts directement professionnels, techniques ou cognitifs. Il provient également de la difficulté des combats à mener lorsqu'on est un « acteur mineur » que les normaux voient mal occuper la scène. L'effort ne résulte donc pas seulement d'une inégalité entre les ressources des différents et des normaux. Il correspond aussi à l'effort nécessaire pour surmonter l'exclusion. Celle-ci ne repose, en effet, pas seulement sur des éléments culturels, des croyances et des stéréotypes. Elle représente également l'action stratégique de ceux qui ne voient pas d'un bon œil l'arrivée des nouveaux entrants sur un marché ou dans une organisation. Inverser son destin, pour un différent, suppose alors de s'opposer à ceux qui tirent avantage de l'« inégalité des chances ». Plusieurs patrons atypiques d'origine socialement modeste indiquent ainsi que la méfiance à leur égard est devenue d'autant plus forte qu'ils échappaient à la place qui leur était normalement attribuée. Un entrepreneur autodidacte, issu de l'immigration, explique par exemple que se « mettre à son compte » attise, chez les normaux, la volonté d'exclure et le plaisir de maudire, bien plus que lorsqu'on tient la place attribuée par le stéréotype :

> *Je n'avais pas ma machine, ils me la faisaient louer.* [...] *Ils me faisaient travailler douze heures par jour, et puis j'étais payé au lance-pierre, et si j'étais malade ou absent, je ne recevais rien. Et puis ils me mettaient la pression parce que si je lâchais mon tour, ils le donnaient à quelqu'un d'autre.* [...] *Puis il a fallu encore attendre deux ans que j'aie les bilans et puis que les banques acceptent enfin de me financer une première machine neuve* [...]. *Et puis j'ai bossé, je faisais des heures comme un fou, le soir du jour de l'an, je me rappelle, j'ai fini mon boulot à 18 heures. Je rentre chez moi, on fait le réveillon en famille* [...] *et je reçois un coup de téléphone, ils me demandent de repartir* [...] *et ça, payé presque rien... Ça n'était pas rentable du tout. Et comme par hasard, c'est tombé sur moi, et je me voyais pas dire non.*

Tous les patrons atypiques décrivent des situations de ce type. On préfère ainsi que ce responsable du marketing, homosexuel, demeure dans le « relationnel », secteur dans lequel ses qualités personnelles se trouvent bien exploitées. Il a pourtant tout fait pour manifester ses compétences opérationnelles : déplacements constants auprès des « gens de terrain », formation, connaissance du réseau commercial. Mais, lorsqu'il propose de prendre une direction intégrant marketing et vente, on lui répond qu'il n'est pas « la bonne personne », mais qu'on l'apprécie bien. On lui propose un poste dans les ressources humaines, là où ses « qualités personnelles » feront merveille. Il finit par accepter cette fonction, mais également ce rôle, parce qu'il touche aux limites de l'effort mobilisable. De même, cette entrepreneure autodidacte n'est parvenue à vaincre les oppositions que momentanément. Elle a dû affronter le mépris des banquiers devant son manque de « bagage », les soupçons des hommes de loi devant sa réussite spectaculaire, les stratégies à la fois occultes et violentes de sociétés concurrentes organisées au niveau international. Elle a dû, au passage, affronter également les questions de son mari sur le partage des investissements domestiques, et celles de ses enfants, dont les « mamans ne travaillent pas autant » et sont « là ». Mais finalement, sa santé physique l'abandonne. Elle décide alors de vendre son entreprise et de prendre un poste moins « exposé ». Elle retrouve un rôle plus conventionnel, mais également plus de tranquillité et finalement d'harmonie dans ses relations.

Ponctuellement, la lassitude d'entreprendre caractérise ainsi la logique des patrons atypiques. Mais ses manifestations n'apparaissent pas immédiatement, pour deux raisons. La première tient à l'image qu'un patron se doit de donner aux autres : une personne robuste, décidée, inébranlable, un roc. La seconde tient à la stratégie : dévoiler ses faiblesses conduisant à dévoiler les ressources de son jeu ; il est préférable de cacher sa peine, que la signification de ce terme renvoie à l'effort ou aux sentiments. La situation des handicapés caractérise très bien, trop bien, ce phénomène. Une femme, cadre supérieure et handicapée, le dit simplement, comme un aveu :

> *Chaque minute où je vous parle, je suis en souffrance physique terrible. Donc j'ai un quotidien qui est pénible. Et je suis avec la même équipe depuis plusieurs années, mais personne ne le sait, personne ne s'en doute, ça ne se lit pas sur mon visage. Si je ne vous en parle pas, vous ne le savez pas... Jamais je n'irai plus en avant dans mes explications, jamais je n'irai expliquer quoi que ce soit à qui que ce soit* [dans l'entreprise]. *Donc c'est vrai que le fait de vivre comme ça tout le temps, avec un masque, et de passer outre... Mais ça n'est pas pour autant que je n'arrive pas à la réalisation de moi-même dans mon travail.*

Le mécanisme de compensation repose ainsi sur un effort qui associe le travail et la capacité à le valoriser, à le rendre visible. Cet effort se caractérise également par sa pérennité : les patrons atypiques s'intéressent en effet plus à l'activité de construction d'une place qu'au fait de la tenir. Ils préfèrent construire une trace plus que détenir une place. Les patrons atypiques travaillent ainsi beaucoup, et très souvent depuis longtemps.

2. Une efficacité anormale

Relativement insensibles aux normes de production de leur équipe ou de leur milieu professionnel, parce qu'ils y sont en partie extérieurs, considérant par ailleurs le travail comme un moyen de compenser leur différence, les atypiques se trouvent libérés de toute une série de contraintes sociales, ou de formes de sociabilité qui troublent souvent le rapport à la tâche. Ils parviennent ainsi à travailler de manière relativement indépendante des normes sociales de production et de comportement et à centrer leur effort sur l'efficacité.

Les travaux de Reynaud (1989) nous apprennent que la nature du travail réalisé, en volume, en qualité ou en délais, ne provient pas directement des règles définies par la hiérarchie de l'entreprise mais de normes provenant d'une négociation subtile entre la hiérarchie en question et les opérateurs. Le groupe des opérateurs définit des normes, en matière de rendement, de qualité, d'absentéisme, de connaissances tacites, de respect mutuel et de solidarité, qu'il impose à chacun de ses membres. Ces normes organisent, de fait, le fonctionnement du groupe d'opérateurs, de l'équipe : elles permettent de réaliser le travail bien plus efficacement que la stricte et directe application des procédures. Logiquement, et c'est la contrepartie de cette capacité à produire la « compétence collective », la hiérarchie accepte que le groupe d'opérateurs prenne de l'autonomie par rapport aux règles formelles ; elle manifeste ainsi une « tolérance indulgente » par rapport à l'interprétation des règles. Cette régulation, c'est-à-dire la capacité à produire ainsi des normes de travail légitimes pour les deux parties, explique bien mieux le rapport au travail des opérateurs que la seule lecture du contenu des postes et des procédures. Elle est donc productrice d'accords mais suppose que chaque individu soumette son comportement aux normes en vigueur, que celles-ci proviennent des collègues ou des arrangements construits avec la hiérarchie. Elle oublie donc en partie les contraintes d'efficacité, de capacité à atteindre les objectifs, parce qu'elle les soumet aux normes qui les rendent socialement légitimes, convenables. Elle laisse donc peu de place aux comportements anormaux (qui ne respectent pas ces normes).

Les différents se trouvent plus libres de définir leur rapport aux contraintes d'efficacité, parce qu'ils sont moins soumis aux normes, ou parce qu'ils s'y soumettent moins. La définition du rendement a en effet plus à voir avec leur expérience sociale de différent qu'avec les normes de leur milieu professionnel. Ils travaillent plus en fonction de leur propre idée du monde qu'en fonction de celle des autres. Et ceci vaut également dans des univers où les normes collectives pèsent lourdement sur les manières de réaliser le travail. Un dirigeant syndicaliste autodidacte me raconte ainsi qu'il a très largement investi son activité de démarches qui empiétaient sur les horaires et sur l'activité de ses homologues.

> *J'étais attaqué régulièrement : « Alors, ta section syndicale, elle a dit ça ? T'as telle réponse ? » Soit j'avais la réponse, soit j'allais chercher la réponse, je revenais le lendemain : « Voilà la réponse. » Et j'étais un militant de terrain redoutable, j'adorais ça, j'avais une détermination complète.* [...] *À l'époque, on payait tous les mois, on donnait la cotisation, et je donnais le timbre qui attestait de la remise des sous, et le gars allait le coller dans son carnet d'adhérent* [...]. *Je venais collecter les cotisations des ouvriers postés la nuit, après 20 heures, pourquoi, parce qu'après 20 heures il n'y avait plus* [la hiérarchie], *donc les gars étaient plus libres. Je venais à 20 heures, alors que moi je travaillais en journée* [...] *Donc je menais le débat, donc je rentrais chez moi, en vélo, il était minuit, il fallait que je rentre à la maison, et j'étais à vingt-cinq kilomètres.*

La même logique, privilégier la mission à la fonction et l'objectif aux normes sociales, caractérise la trajectoire de ce dirigeant sourd. Il explique que son handicap l'amène à « tracer » les réalisations et responsabilités dans le déroulement des affaires, de manière à éviter les bavardages inutiles, auxquels il ne peut pas s'associer aisément. Bien évidemment, cette analyse peut être étroitement rapportée au type de handicap qui est le sien. Mais les carrières des dirigeantes reposent très largement sur ce même principe : relativement tenues à l'écart des normes et surtout des systèmes de valeur des sphères dirigeantes masculines, elles y pénètrent avec une certaine naïveté, souvent coûteuse pour elles. Mais, simultanément, cette extériorité les conduit à délaisser les « bruits » pour prêter plus largement attention aux « signaux », aux informations directement mobilisables dans leur activité concrète, et à négocier de manière moins politique et plus pragmatique que leurs collègues masculins. Les propos qui suivent, ceux du dirigeant sourd, doivent être lus dans cette perspective :

> *Mes clients me reconnaissent comme quelqu'un qui tient ses engagements. Et à partir de là, y a une relation qui est très simple avec les clients, c'est-à-dire qu'on est très transparents. Tout ce qui est habillage de parole, etc., moi, ça me passe au-dessus, parce qu'il n'y a pas d'utilité à faire ça. Après, je ne sais pas si c'est mon handicap qui me pousse dans cette voie-là, parce que j'attache moins d'importance à la parole qu'à l'écrit. Mais je trace, je trace beaucoup plus par mail ce qui s'est dit entre les gens. À la fin d'une réunion, je trace aussi par mail, je demande si c'est bien ce qu'on s'est dit à la réunion.*
> *Q – Oui, je comprends.*
> *– C'est une façon de s'organiser qui est différente.*
> *Q – Oui, c'est ce que vous disiez : être plus sur l'engagement, et moins dans une espèce de négociation informelle.*

Et une cadre supérieure handicapée poursuit le même type de propos :

> *Une fois qu'on a bâti une relation de confiance avec le client, la négociation, elle est beaucoup plus simple [...]. On n'est pas dans la négociation que j'appelle de « marchand de tapis » : soit on en demande trop, soit on en demande pas assez. On est plus conscient des difficultés de l'autre. Et du coup, c'est une négociation beaucoup plus fluide. [...]*

Là, aujourd'hui, dans mon projet, je manage des gens qui ont des statuts plus forts que moi.
Q – Oui, vous avez toujours été déplacée, décalée.
– Toujours décalée. Mais du coup ça ne me gêne pas.
Q – Oui, je comprends ce que vous dites. Vous avez l'habitude de ne pas être comme les autres.
– Voilà, tout à fait.
Q – Et en même temps, vous avez l'habitude de faire des efforts plus importants que les autres.
– Ça, c'est sûr, parce que là typiquement, hier, j'ai fait une journée ! J'ai téléphoné de 8 heures à 3 heures du matin. Cette nuit, je n'ai dormi que 3 heures. Mais ça ne me gêne pas, parce que je sais qu'à un moment, quand il faut faire tout ce qu'il y a à faire, on fait. On ne remet pas au lendemain. [...] *Et ça va se retrouver, à mon avis, chez tous les gens qui sont différents. Parce que ceux qui ont réussi, ils ont voulu s'en sortir, donc finalement, professionnellement, ils appliquent le même schéma, ils s'en sortent.*

Ce que ne disent cependant pas mes interlocuteurs est que sortir des normes conduit à se confronter à ceux qui les défendent, même si cet acte est réalisé au nom de l'efficacité. De manière générale, ceux qui édictent et contrôlent des règles rejettent en effet les « déviants », leur attribuent une place spécifique dans l'organisation, où ils ne dérangent pas trop les autres. Ce phénomène extrêmement général vaut ici comme ailleurs : les patrons atypiques ont souvent été et sont encore souvent mal acceptés parce qu'ils sont « objectivement » différents, mais aussi parce qu'ils se soucient plus d'efficacité que de relations. « Bien travailler » est ainsi une formule extrêmement abstraite qui ne se concrétise qu'au contact de la norme, laquelle peut avoir des objectifs autres que celui d'être le plus efficace possible.

Il en va ainsi pour le sort fait aux propositions d'une dirigeante, ainsi qu'à sa carrière. Elle cumule le poste de directrice commerciale et de responsable des ressources humaines dans une entreprise de haute technologie. Une firme de taille plus importante la débauche pour lui confier une mission délicate, qui consiste à intégrer une fonction radar dans des engins mobiles. Ce projet fait partie des objectifs techniquement les plus difficiles à réaliser pour l'entreprise. Il suppose en effet d'associer des compétences rares, mobilisables dans le cadre de trois projets distincts : sur la partie électronique, sur la partie intégration, et sur la partie radars. Il suppose également d'établir des partenariats industriels avec d'autres entreprises du même secteur. Il suppose enfin de coordonner ces activités avec les départements de l'entreprise qui travaillent sur des thèmes connexes, au minimum pour éviter leur opposition, au mieux pour tirer parti de leur coopération. La durée de la mission, qui consiste ainsi à mettre en place un dispositif technique, organisationnel et financier permettant de s'engager dans la réalisation du radar embarqué, est de dix-huit mois. La nouvelle dirigeante, parce que son expérience de responsable des ressources humaines lui a fait rencontrer les meilleurs experts du domaine, mais également par ce qu'elle dispose d'une excellente réputation dans le milieu, parvient à réunir des directeurs de projet compétents en six mois. Avec cette petite équipe, elle réussit à ignorer les conflits internes et externes pour associer et intéresser des acteurs jusque-là en opposition et donc incapables de mettre en commun leurs connaissances. Son extériorité, son expérience et sa connaissance des réseaux font ici merveille. Au bout de dix-huit mois, le projet se trouve prêt et il est présenté à l'état-major. Mais celui-ci refuse finalement de s'engager dans l'affaire, pour cause de « crise économique », dit-il. La dirigeante donne une toute autre explication :

> *Le respect des délais étonnait beaucoup* [l'état-major], *et je pense que je suis allée trop vite en fait. Ça leur a fait un peu peur. Parce que au bout de dix-huit mois ils avaient les partenariats industriels, ils avaient le business plan, ils avaient tout ça, ils avaient aussi l'investissement qu'ils devaient faire s'ils devaient aller jusqu'au bout de leur rêve. C'était ça, c'était un rêve. Et je pense que ça leur a fait trop peur.*

Le différent peut ainsi faire peur, et peut finalement être rejeté, non pas par incompétence, mais plutôt par une forme d'exercice de la compétence qui excède la norme, la réalité envisageable et supportable. Cette situation est particulièrement aiguë lorsqu'elle conduit un différent à associer la volonté de se centrer sur la réalisation des missions et le refus de perdre du temps pour créer des relations favorables. Dans ce cas, l'investissement au travail peut produire un effet pervers : au lieu de favoriser l'intégration, il accentue l'exclusion. Plusieurs patrons atypiques en tirent alors une leçon paradoxale, mais finalement logique : l'intégration ne résulte pas seulement de l'exercice d'une compétence technique mais, au moins autant, de l'exercice d'une compétence sociale.

> *Ce n'est pas que je ne voulais pas voir les collègues, c'est : « J'ai du boulot ! » Donc d'abord le devoir, et puis j'irai à la machine à café quand j'aurai le temps. Et évidemment, du boulot, il y en a toujours, donc je ne vais jamais à la machine à café. C'est cette rigidité qui fait que je ne développe pas d'empathie. Et comme je ne développe pas l'empathie, je ne raconte pas ce que j'ai fait en vacances, ce que j'ai fait ce week-end, ce que j'aime, comment je fais la cuisine, je ne développe pas de relation interpersonnelle. Donc les gens en face ils voient une belle mécanique, quelqu'un d'intelligent, mais ça ne crée pas un lien humain, ça ne donne pas envie de travailler avec cette machine-là. Donc les gens n'ont pas forcément envie d'aller aider cette machine qui n'a pas créé de liens avec eux.* (Dirigeant, handicapé)

De manière logique, le différent, pour être socialement accepté, ne doit donc pas travailler le mieux possible de manière absolue, mais travailler le mieux possible en fonction des normes. Il comprend alors, lorsqu'on lui explique que son intégration professionnelle passe par la capacité à faire ses preuves, qu'on lui signifie plus qu'il s'agit de rentrer dans les normes que de donner le meilleur de lui-même. Le différent doit donc moduler son goût pour l'efficacité s'il veut prendre place parmi les normaux.

Plus encore, il doit trouver les arguments (cognitifs, moraux et émotionnels) qui justifient une place « normale parmi les normaux ». L'idée couramment admise – et largement colportée par la bonne conscience – est en effet que le différent souffre de son inefficacité. Le normal va ainsi charitablement apporter de l'aide au différent, ce qui participe d'une relation inégalitaire et ne crée pas de lien de réciprocité. Par contre, il va plus souvent coopérer simplement, de manière égalitaire, avec un autre normal, et créer une relation de réciprocité riche en échanges professionnels. Cette cadre supérieure, handicapée et issue de l'immigration, sait ainsi qu'elle doit surmonter un stéréotype majeur, celui de la personne qui vit repliée sur sa, sur ses différences, pour parvenir à coopérer avec ses collègues. C'est en effet à la condition de sortir des stéréotypes qu'elle parvient à nouer des relations égalitaires et donc constructives sur le plan professionnel et sur le plan identitaire. Et selon un processus aboutissant à une situation étonnamment paradoxale, c'est « donc » à elle de rassurer les autres, de les ménager.

> *Je pense qu'il faut rassurer les autres. Parce que les gens ne sont pas forcément à l'aise avec le handicap, donc il faut faire l'effort, peut-être plus d'aller vers eux parfois. Mais c'est un peu paradoxal... Dans certains cas, le fait d'être handicapé, ça pousse un peu les autres à aller vers vous, ne serait-ce que pour vous demander si vous avez besoin d'aide. Mais d'un autre côté, si on veut créer une vraie relation avec les autres, basée sur autre chose que de l'aide, il faut faire l'effort d'aller vers les autres, et leur montrer qu'on est normal. On est comme tout le monde, quoi.*

Si ce type de relation caractérise bien les personnes handicapées, il correspond aussi à tous ceux qui doivent justifier constamment leurs capacités à tenir leur rôle, qu'ils ont élaboré et qui ne correspond pas aux conventions dominantes. De manière générale, le différent doit ainsi constamment justifier sa place, l'essayer, la traduire et la rendre légitime alors que les normaux l'endossent plus tranquillement. Pour cette raison, les différents disposent d'une « distance au rôle » (leur personne ne se confond pas avec le personnage qu'ils représentent, Goffman, 1959/1973) qui leur confère une compréhension du monde plus extérieure que celle des autres. Mais ce positionnement demande un lourd travail d'introspection et de symbolisation. Ce dirigeant homosexuel rend compte de la complexité et de la pérennité de ce type de positionnement, vécu durant son adolescence puis dans ses activités professionnelles :

> *J'ai l'impression d'avoir passé un temps fou à me justifier et à être con.* [...] *En tout cas, le souvenir que j'en ai gardé, c'est d'avoir ramé pendant beaucoup de temps, avec beaucoup d'angoisse, beaucoup d'inquiétude, de me dire : « Mais est-ce que je suis à la hauteur de ce qu'on attend de moi, est-ce que je vais pouvoir vivre, est-ce que je vais pouvoir exister ? »* [...] *On me reprochait : « Ah toi, alors là, pour avoir des idées, il y a toujours quelqu'un, mais bon... » Sur le mode du : « Mais enfin, où est-ce que tu nous emmènes, qu'est-ce que tu nous racontes ? »* [...] *Toujours une espèce de sensation qu'il fallait me ramener dans le droit chemin en permanence.*

Finalement, le travail des différents consiste plus à convaincre les normaux de leur compétence qu'à la mettre en œuvre, à la légitimer qu'à la réaliser. Pour ce faire, et c'est bien évidement le comble du mécanisme de compensation, ils sont amenés à prendre des risques et à s'engager, plus que les autres. Mais, d'une certaine manière, l'idée est banale : les démunis dépensent (relativement) toujours plus que les autres.

3. La culture du risque

Le risque habite largement l'univers des patrons atypiques : ils décident de prendre des risques pour inverser leur destin. En agissant autrement que les conventions n'y obligent, en cultivant leur différence, ils parviennent en effet à élargir leurs espaces de jeu, mais, simultanément, ils augmentent l'incertitude et l'intensité des sanctions qui pèsent sur leurs actions. Cette configuration concrétise de manière spectaculaire l'une des intuitions phares de Schumpeter : l'entrepreneur, explique l'auteur, ne se caractérise pas seulement par sa capacité à saisir de manière opportuniste des espaces de marché disponibles ; il se définit bien plus par sa capacité à « élaborer autrement les différentes ressources de l'entreprise ». Les patrons atypiques, comme l'entrepreneur schumpétérien, savent tirer un meilleur parti des ressources, en les combinant de manière plus libre que ceux qui croient en la vulgate managériale.

La sociologie du risque permet de comprendre ce type d'engagement. Elle consiste tout d'abord à analyser la manière dont les groupes sociaux et les individus vivent involontairement des situations dans lesquelles un danger est présent, sans que l'on en connaisse la cause (Peretti-Watel, 2001). La méconnaissance de la cause ne tient pas au manque d'information mais au fait que sa perception varie en fonction des cultures d'appartenance. Les travaux de Douglas et Wildavsky (1982) distinguent ainsi plusieurs logiques de rapport au risque, dont deux nous intéressent ici. La logique bureaucratique se traduit par des valeurs de type traditionnel reposant sur l'idée d'ordre social ; le comportement face au risque se trouve défini par les connaissances légitimes, instituées et scientifiques ; les individus développant une culture de ce type se trouvent ainsi amenés à prendre peu de risques et à ne pas savoir y faire face. La logique individualiste se caractérise au contraire par des valeurs tournées vers la liberté et le changement ; le rapport au risque se définit de manière expérientielle et relationnelle, plus qu'il ne repose sur des connaissances extérieures, instituées et réglées ; les individus développant une culture de ce type se trouvent ainsi amenés à valoriser le risque et à savoir y faire face. La culture des patrons atypiques les conduit souvent à inscrire leurs actions dans ce modèle.

Le caractère étranger des patrons atypiques par rapport aux normes de fonctionnement d'un marché ou d'une organisation leur confère en effet une sorte de « naïveté », de méconnaissance des règles du jeu social qui les amène à vivre des situations professionnelles avec un risque plus important que les personnes parfaitement socialisées. Cette dirigeante sait ainsi parfaitement mobiliser des ressources de manière simple, s'engager de manière spontanée, et surtout éviter les pesanteurs bureaucratiques ou les systèmes d'alliance traditionnels entre « barons » qui nuisent à la capacité entrepreneuriale :

> *Je savais pas que c'était impossible, donc je l'ai fait. Vous voyez ce que je veux dire ? Quand on va dans un truc où on ne connaît pas les obstacles qu'on va rencontrer, en fait on y va... C'est peut-être ça que j'ai, finalement, une des clés de ma réussite, c'est que j'ai pris souvent des trucs où je me disais : « Pourquoi pas, après tout, puisqu'on me le demande, je vais pas les laisser, ils ont personne. » Quelque part, je rendais un peu service, et comme je savais pas ce que ça cachait, eh bien j'y allais nature, en me disant : « De toute façon, ils savent que je ne sais pas, donc ils n'ont pas d'attente extraordinaire. » Donc je prenais les difficultés au fur et à mesure, je les résolvais, avec l'aide de gens, c'est-à-dire que je n'avais pas peur d'aller demander à Pierre, Paul ou Jacques, de me faire appuyer pour dire que je ne savais pas, et finalement on réussissait, quoi.*

De la même manière, cet entrepreneur autodidacte tire avantage de sa méconnaissance des règles de gestion et de son relatif manque d'« éducation » pour expliquer sa capacité stratégique, sa capacité à prendre des risques, et, indirectement, pour se moquer des élites conventionnelles :

> *La stratégie, on l'a dans la peau ou on ne l'a pas. Et là aussi, il ne faut pas être trop intelligent. Parce que, si vous êtes très intelligent, et surtout si vous avez reçu une éducation à la française, avec l'introduction, le pour, le contre, la synthèse c'est toujours un peu du pour et un peu du contre, finalement vous faites du surplace. Et pour décider, il faut du bon sens, il faut hiérarchiser. L'éducation française ne nous programme pas pour ça.* [...] *Et si vous prenez des situations moyennes, c'est-à-dire pas de risque, vous ne réussirez pas. Ça ne paye pas.*

Très généralement, les patrons atypiques savent jouer de cette distance culturelle, la mettre en scène pour en tirer parti. Ceci vaut par exemple pour l'invention d'un type de crédit par un dirigeant autodidacte, qui révolutionne le positionnement stratégique d'une banque :

> *Il* [le directeur général] *voit que je m'emmerde... Et il me dit : « Est-ce que tu pourrais lancer des crédits* [de tel type] *? » Et dans toute mon innocence, je fais des crédits* [de tel type] *chers. Je fais ça « off » mon poste. Et c'est l'idée la plus incroyable de ma vie. C'est l'un des produits qui fait le profit pour la boîte.*
> *Q – Il y a quelque chose qui m'échappe... Vous n'avez pas de formation technique, comment vous faites, est-ce que vous vous faites aider ?*
> *– Moi, je n'écris pas, je ne sais pas écrire, maintenant j'écris un peu plus. Moi, j'agis, on me dit : « Il faut lancer des crédits* [de tel type]. *» On discute, on décide de ça au bistro d'en face. Je me renseigne... C'est sans contrainte, personne ne vient vous expliquer que le rendement va être compliqué... Donc on va voir un imprimeur* [pour réaliser des cartons publicitaires], *on sait pas ce que c'est, on lui explique « c'est comme ça », mais on n'y connaît rien.*

La simplicité (ou sa mise en scène) peut ainsi étayer la ruse, laquelle facilite la prise de risque en rendant son auteur imprévisible. Et, tout autant, elle renforce l'image de courage et d'efficacité dont bénéficie celui qui ne la masque pas. Un entrepreneur autodidacte m'indique ainsi que, lorsqu'il crée son entreprise, il ne dispose ni des moyens de gestion, ni des connaissances du marché dont bénéficient ses concurrents, mais que sa « simplicité » représente un atout considérable. Il parvient à compenser l'absence d'actions de marketing par une réputation de « mec solide », de personne qui tient ses engagements parce qu'elle est (positivement) différente, en laquelle on peut avoir toute confiance, qui se distingue à cet égard des autres.

> *C'était planifié, l'heure c'est l'heure, on respecte, on respecte la quantité, on respecte la qualité et les délais. Voilà, ça, c'est la force. Et quand vous êtes comme ça, c'est une force terrible, j'avais une force terrible dans tous les départements où j'allais. Bien souvent, j'avais même pas besoin de les démarcher, ils m'appelaient en me disant : « Voilà on veut travailler avec toi. » Ah ! La réputation, j'avais une réputation en or, ça, c'est sûr.*

Et lorsque ce même entrepreneur autodidacte décide enfin de mener des actions de marketing, il est difficile de savoir s'il « a de la chance » ou si son manque de familiarité avec ce type de dispositif lui permet d'en tirer un parti que les concurrents n'auraient pas pu imaginer. Le mélange de simplicité et d'efficacité est en tout cas parfaitement conçu comme un moyen original, peu coûteux et respectable pour mettre les clients en confiance :

> *Un jour, un commercial est venu me voir pour faire de la publicité dans les journaux professionnels.* [...] *« Et qu'est-ce que tu veux faire comme publicité ? » Je dis : « Ça coûte combien ? » Il dit : « La publicité coûte cher. Mais je vais te dire une chose, si tu mets un petit truc comme ça, ça sert à rien du tout. » Alors j'ai dit : « Écoute, je vais pas me dégonfler, je prends une demi-page dans le journal. » Ça coûtait à l'époque très cher. « Je prends une demi-page. » J'avais mis : « Société Leduc » en grand, machin et tout. Oh ! Les gens, ils disaient : « C'est énorme ce truc-là, ça doit être un truc énorme. » Rien du tout, les gens ils venaient chez moi, mais comme je n'arrivais pas à fournir avec ce que j'avais, j'achetais de la marchandise chez mes collègues, à des prix dérisoires.*

Les patrons atypiques parviennent ainsi à mettre en œuvre des combinaisons nouvelles, à innover, en risquant d'être les seuls ou les premiers à faire quelque chose d'anormal mais d'efficace. Cette capacité provient assez directement de l'expérience vécue, de la capacité à ne pas « faire comme les autres ». Agir ainsi représente à la fois un bon moyen de différenciation mais aussi un bon moyen d'être plus sévèrement sanctionné que les conformistes en cas d'échec. Il faut donc trouver les moyens d'échapper à la conception normative du travail et de justifier un comportement différent. Cette dirigeante autodidacte m'explique ainsi sa manière de pratiquer avec les « petits chefs », durant le début de sa carrière :

> *Un responsable qui vient vous voir et qui vous explique que c'est lui qui est chef et que vous n'êtes là que pour produire, vous lui dites : « Très bien, montre-moi la production. » Et quand il plante la machine, parce que vous savez qu'il va faire une bêtise, vous ne le revoyez plus après, vous êtes tranquille, et vous êtes sûre de pouvoir continuer à travailler. Ça fait partie des pratiques que j'ai appliquées, moi, très clairement.*

Elle explique également, tout au long de l'entretien, qu'elle prend ainsi le risque d'être renvoyée à son statut initial, celui de femme sans diplôme, parce qu'elle blesse personnellement ceux qui disposent de rangs sociaux élevés : en sortant de son rôle, elle touche la personne de l'autre, et pas seulement sa fonction. « Je suis comme ça », dit-elle. Dans ce type de circonstances, elle ne calcule pas rationnellement le pour et le contre. Pas plus que la plupart des autres atypiques.

Le facteur majeur de leur engagement a en effet peu de choses à voir avec l'appât du gain matériel associé à la mise en œuvre de pratiques et de politiques de gestion reconnues. Il se trouve dans la volonté d'accorder les valeurs et l'expérience tirées de la position d'étranger avec une place sociale permettant d'accéder au succès et donc à la reconnaissance. Cette dernière doit être entendue dans les deux sens du terme : reconnaissance sociale (être reconnu comme un patron qui réussit) et reconnaissance subjective (se reconnaître comme cohérent et estimable par rapport à ses propres valeurs). J'ai indiqué plus haut qu'entreprendre et s'« entreprendre » participent bien de la même logique. Il faut ajouter ici que cette double dimension de la reconnaissance amène souvent les patrons atypiques à prendre des positions, à faire des choix stratégiques ou de carrière incompréhensibles pour un « homo economicus » standard.

La fréquence du rapport au risque doit également être analysée de manière relative : avoir peu ou presque rien à perdre – « Je n'ai rien à perdre ! », disent ceux qui ne disposent d'aucun capital initial – réduit très sensiblement l'effectivité de la sanction d'un échec. Cette idée bien connue prend ici une tonalité particulière puisqu'elle peut être simultanément associée à une dimension économique, statutaire ou relationnelle. Ainsi, cet entrepreneur issu de l'immigration et autodidacte constate que le fait d'être différent et de détenir peu de capital économique et social libère des coutumes et des contraintes dominantes. Cette situation favorise la capacité à s'engager dans la création d'une entreprise, car le risque négatif de perdre de l'argent est faible, alors que le risque positif de trouver un moyen de disposer de ressources économiques par la création d'un commerce n'est pas négligeable. Dans la même perspective, échouer dans ce commerce représente socialement un risque négatif faible pour un entrepreneur autodidacte issu de l'immigration (« Il est normal qu'il échoue ») alors que la situation d'assistance peut être considérée comme une certitude, celle de devoir dépendre des autres et de se manquer de respect :

> *Donc le fait de quitter son milieu d'origine, je pense que ça pousse à créer. Quelqu'un qui a tout, il ne va pas monter son entreprise, il reste dans son coin. Moi, je considère que je n'ai rien à perdre, j'ai une approche du risque différente. Je n'avais pas peur de perdre. J'estime qu'il est plus gênant de demander de l'aide, que de faire faillite. Je n'ai pas eu peur de faire faillite. Socialement je ne me serais pas senti diminué. Malgré le regard de la société française, avec un Noir qui monte sa boîte, et qui échoue… Ça ne m'aurait pas posé de problème, ça ne m'aurait pas gêné.*

Le même type de raisonnement explique le comportement d'une dirigeante, haut fonctionnaire. La faiblesse relative du statut dont elle bénéficie, comparativement à celui des hommes du même « corps », l'amène à se représenter l'éventuelle sanction de ses échecs avec une certaine distance, celle qu'elle a appris à intégrer au cours de sa trajectoire. Et cette distance au rôle représente pour elle une ressource managériale de grande valeur.

> *Q – Vous dites que c'est une espèce de naïveté qui vous a permis de vous engager dans ces situations risquées. Est-ce que d'après vous un homme de même statut l'aurait fait avec la même naïveté ?*
> *– Je ne pense pas.*
> *Q – Non. Pourquoi ?*
> *– Parce qu'ils sont trop attachés à leur carrière. Moi, en fait, je m'en fichais, le challenge m'amusait, j'aimais être au centre de ce changement. Et en fait, si je me plantais, c'était pas très grave quoi. Après tout, j'étais fonctionnaire. Déjà, je trouvais que c'était pas mal d'avoir réussi* [à obtenir ce poste]. *Voilà, je n'avais pas d'ambition particulière. Et je voyais que les hommes qui étaient autour de moi, ils avaient toujours*

> *peur. Ils avaient toujours peur. Peur de casser leur carrière, peur de déplaire, ils étaient dans des machins politiques.*
> *Q – Oui… De manière générale, dans les niveaux de fonction élevés, les hommes ont plus à perdre que les femmes, puisqu'ils ont plus de statut, et plus de prévisibilité dans leur carrière.*
> *– Et puis plus d'attachement à ce statut. Ils étaient attachés aux éléments que moi je trouvais franchement sans intérêt, par exemple la taille du bureau. Vous voyez, moi, j'ai un petit bureau.* […] *Mais les hommes ne font jamais ça. Jamais. Et ça, en management, je peux vous dire que quand vous partagez l'espace avec votre équipe, je peux vous dire qu'après, vous avez déjà un super bon point. Votre équipe, elle vous suit partout.*

De manière plus générale, la fonction du « rien à perdre » s'associe ainsi avec celle du fait qu'un patron atypique a « tout à perdre » à accepter son sort initial. Formulée de manière simple, la situation associe un risque relativement faible – celui de l'échec de l'action entreprise – et un risque relativement fort – celui de demeurer dans la situation initialement attribuée par la société : j'ai peu à perdre à agir, mais je suis certain de perdre si je n'agis pas. Ces deux éléments se conjuguent pour prendre, avec des marques d'humour et détachement, des décisions que les normaux ne pourraient même pas concevoir. Voici la manière dont un dirigeant handicapé décrit ce type d'expérience, lors de rencontres pour l'un de ses premiers emplois :

> *On avait pris la vieille voiture de mes parents pour m'accompagner. C'est vrai que je mesure le pari que ça a été. Parce que les gens n'étaient pas prévenus que j'avais un handicap.* […] *Je suis arrivé, fallait imaginer la tête des financiers, en bretelles, style golden boy de l'époque, ils me voyaient arriver en fauteuil, dans une vieille voiture, et ils découvraient par là même que j'étais handicapé. C'est une succession de paris quand même. Mais il y a un moment où il faut se lancer. On se rend compte après coup que c'était un peu audacieux, parce que si on m'avait dit au départ que les gens ne s'attendaient pas à voir quelqu'un de handicapé* […].

Q – En même temps, vous le dites très clairement, si on ne prend pas ce genre de pari, on ne peut pas avancer.
– Oui. Exactement. [...] *Finalement, la non-action coûte plus cher que l'action avec un pari, et il en sort toujours quelque chose de positif. Alors il est évident que les risques étaient quand même limités.* [...] *Enfin, le seul risque, c'est de se faire claquer la porte, et d'entendre : « Voilà, on ne sait pas faire, désolé on n'avait pas compris... » Mais une fois que j'étais là, que je faisais un grand sourire en expliquant que j'allais gérer les choses et que je ne voulais pas leur créer de souci, évidemment ils se sont pris au jeu.*

Enfin, la logique du « rien à perdre » repose sur la faiblesse relative de la sanction négative de l'action. Si leurs affaires se déroulent mal, les patrons atypiques font l'objet de sanctions identiques à celles qui frappent d'autres entrepreneurs et dirigeants. Mais ils ont tous, d'une manière ou d'une autre, déjà vécu une expérience comparable, l'ont analysée et la craignent donc moins : il s'agit de la stigmatisation et de l'exclusion qu'elle entraîne. La sanction, dans le monde des humains, se traduit en effet toujours par l'exclusion. Celle-ci se traduit, au minimum, par une « mauvaise réputation » qui ne permet plus de fréquenter aisément les autres, ou de participer à certaines activités. Elle se traduit, au maximum, par l'exclusion de la vie, la mise à mort. Les patrons atypiques considèrent bien comme un dommage le fait d'être exclus pour cause de mauvaises affaires, mais ils savent également que l'exclusion peut faire « partie de la vie », qu'elle représente une souffrance mais pas une déchéance. Ils savent surtout que l'on peut s'en remettre. Cette conception du monde amène ainsi à considérer l'échec potentiel comme un élément du processus d'apprentissage :

C'est pas comme si vous saviez que c'était votre seule cartouche. Je sais que j'ai différentes cartouches, donc pour moi en fait, j'expérimente. J'expérimente, je me nourris, et je sais que de toute façon, j'ai gagné. Tout ce que je fais dans ma société actuellement, c'est ce que j'ai appris avec toutes les autres expériences. Ma gestion de crise ici, c'est ce que j'ai appris chez Dupont. Mon côté meneur de groupe, c'est par rapport à tout ce que j'ai fait avec les artistes. (Entrepreneur, issu de l'immigration)

Cette même conception amène également à considérer l'échec comme relativement moins grave que pour celui qui n'a jamais expérimenté la « galère » :

Q – Si vous vous retrouviez dans la panade, ce serait dur ?
– Je me suis souvent posé cette question. Ce serait difficile, mais ceci dit, je m'en sortirais. Mais ça serait difficile quand même, parce que je me suis habitué aux belles choses, aux bonnes choses, et que je préfère largement avoir mes activités comme j'en ai envie, et continuer à avoir des gens autour de moi, que de devoir trimer, quoi. Par contre, ce qui est certain, c'est que… je sais ce qu'est d'avoir à manger des pâtes tous les jours et que ça n'est pas non plus la fin du monde. C'est moins sympa, mais ça n'est pas la fin du monde. J'aurais moins d'appréhensions que celui qui y va sans l'avoir vécu, c'est toujours pareil.
Q – Vous dites moins d'appréhensions, mais ça pourrait être plus.
– C'est ce que je dis, c'est un avis, c'est comme celui qui saute la première fois en parachute, la deuxième fois il n'a plus peur. (Entrepreneur, issu de l'immigration)

Associés, le « rien à perdre » et le « tout à perdre » condamnent ainsi les atypiques à prendre des risques. Cette disposition, apparemment psychologique, représente bien un apprentissage culturel au cours duquel le risque est devenu une manière courante de travailler avec son passé, les autres, et ses projets.

4. Prendre des risques pour éviter le péril

La sociologie du risque invite également à distinguer les situations « à risque », auxquelles les individus se trouvent confrontés, indépendamment de leurs décisions individuelles – par exemple respirer un air pollué –, des actions consistant à « prendre des risques »

– par exemple, décider de fumer, ou de ne pas arrêter de fumer. Classiquement, la sociologie définit la première de ces circonstances comme un « péril » et la seconde comme un « risque » :

> *Le risque représente le danger librement accepté et individuellement évitable. Le péril, par contre, est attribué à l'environnement, et donc se soustrait à tout contrôle, soit au contrôle de l'individu* [...] *La distinction se fait sur la question de savoir si le malheur est imputable ou non à une décision.* (Hanh *et al.*, 1994 ; cité par Peretti-Watel, 2001, p. 55)

Les patrons atypiques cumulent les deux types de risques : la différence représente en effet un péril, celui de se trouver plus ou moins exclu du monde des normaux, et les actions menées pour échapper à ce destin représentent un risque, celui d'être sanctionné pour ne pas être demeuré à sa place sociale, et donc de ne pas avoir respecté les normes.

L'action des patrons atypiques associe étroitement ces deux formes de rapport au risque. Prendre des risques représente en effet le meilleur moyen d'échapper au péril de la stigmatisation. En d'autres termes, éviter le danger de l'exclusion suppose de se confronter à celui de l'engagement. Le risque se trouve ainsi progressivement intégré à l'activité ordinaire de travail parce qu'il correspond, pour les patrons atypiques, à un mode d'action rationnel – la rationalité étant ici considérée dans son acception économique : « la mise en œuvre des moyens les meilleurs, compte tenu de l'état des connaissances, pour parvenir à atteindre des objectifs bien identifiés ».

Ils savent faire partager cette conviction aux autres, jusqu'à en faire le fondement des accords avec leurs partenaires. La trajectoire de ce chef d'entreprise autodidacte donne une bonne idée de la récurrence de cette logique. À l'âge de 18 ans, il quitte son Limousin natal, avec 3 000 francs en poche, pour aller tenter sa chance à Paris, ville qu'il ne connaît pas, et dans laquelle il ne connaît personne. Sa mère lui indique qu'il fait une erreur grave qui, lui précise-t-elle, rappelle toutes celles qu'il a déjà faites, à l'école ou dans sa famille : « Tu n'y arriveras jamais ! » Pendant un mois, il cherche tout au long de la journée un emploi. Il se nourrit d'expédients et sous-loue une petite chambre. Il finit par obtenir un entretien d'embauche au cours duquel il reconnaît son manque de diplômes et d'expérience. Mais il fait également reconnaître qu'il doit réussir et que son employeur prend donc un risque assez faible :

> *J'avais dit : « De toute façon, je ne reviendrai pas tant que je n'aurai pas de travail. » Donc j'ai fait du porte-à-porte. Et j'ai eu la chance de tomber sur une entreprise qui m'a fait confiance. Je suis arrivé dans le bureau en disant : « Voilà, j'ai 3 000 F d'argent de poche, un logement en sous-location pour deux mois, il me faut du travail pour lundi. Il m'a regardé et m'a dit : « Écoutez, est-ce que vous avez envie de travailler ? » Et je lui ai répondu de la manière suivante : « On est fin juin, et, quoi qu'on dise, dans le Limousin, il fait beau, si j'avais voulu passer les vacances, j'y serais. C'est du travail que je veux. »*

Progressivement, en multipliant les engagements de ce type, il parvient à acquérir une compétence en maintenance des systèmes robotiques et, une dizaine d'années après être « monté à Paris », il valorise cette compétence en acceptant d'intervenir sur les problèmes les plus ardus, même lorsque leur complexité dépasse les connaissances qu'il peut mobiliser immédiatement : il sait que le risque de perdre le client l'obligera à avancer, à se « dépasser ». Il sait que surmonter le péril de l'exclusion suppose de prendre des risques.

Un autre chef d'entreprise autodidacte mobilise cette logique, en multipliant les engagements de qualité auprès de ses clients, en choisissant des politiques de gestion sociale originales, en préférant développer sa firme plutôt que d'en tirer un avantage économique immédiat, ou en choisissant de se défaire de la culture familiale pour tracer un chemin improbable. Il sait, et l'explique parfaitement à ses clients, qu'il est, depuis le début de sa trajectoire, « condamné à réussir », et qu'il doit donc prendre des risques :

> *– Et j'ai toujours été comme ça, même si je ne savais pas, que je n'avais que quelques bribes de connaissances, je levais le doigt, je disais : « Oui, moi, c'est bon, je vais le faire. »*

Q – Vous preniez le risque.
– Je prenais le risque, toujours. Parce qu'en fait, c'est aussi comme ça qu'on apprend.
Q – C'est important ce que vous dites. Souvent les patrons atypiques m'expliquent ça : prendre le risque, en se disant « je me débrouillerai ».
– Qu'est-ce-ce qu'on risque ? C'est pareil, dans la création d'entreprise. Et je le dis encore à mes clients : « Quel est le risque que vous prenez ? » Je leur pose la question. [...] *Donc moi je suis condamné à réussir.*

Il reste que cette « condamnation », cette obligation, peut correspondre aussi à une contrainte imposée de l'extérieur : le normal demande au différent de prendre les risques à sa place. Demander à une personne qui ne dispose pas d'une place normale dans la société de mener des actions qui peuvent l'en exclure (en cas d'échec) est souvent considéré comme moins délicat que de faire la même demande auprès de personnes parfaitement intégrées. Cela est d'autant plus facile lorsque la faiblesse de l'espace de jeu du différent le réduit à ce type d'action : moins il dispose d'atouts, plus on lui demande de prendre des risques. Il existe, dans cette perspective, un principe de domination subtil des normaux sur les différents, qui touche l'ensemble des patrons atypiques, au moins au début de leur carrière. Il repose sur le même principe de division du travail analysé plus haut avec le terme de « sale boulot », mais se combine ici avec la possibilité de pouvoir tirer indirectement avantage, pour les normaux, de risques qu'ils ne souhaitent pas prendre. Il renforce donc le sentiment d'anxiété des différents, qui connaissent mal les règles du jeu social ou n'en partagent pas toutes les conventions. Il permet de considérer que l'éventuel échec du différent n'est pas d'une gravité extrême, puisqu'il n'a « rien à perdre », et que ce rôle lui incombe donc naturellement. À plusieurs reprises, un entrepreneur issu de l'immigration se trouve amené à vivre ce type de circonstance dans des activités logistiques, lorsqu'il n'était que cadre :

Quand ils étaient en panne quelque part, je devais chercher toutes les solutions possibles mais la pièce devait arriver dans les délais. Donc c'était un peu le bazar. Des fois, on faisait des choses un peu limites. [...]

> *Mais on m'utilisait aussi pour ça. Encore une fois, comme je l'ai dit, il fallait prendre des risques. Ce qui comptait, c'était le résultat. Mais des risques calculés, c'est-à-dire que quand je prenais des risques, je savais à quoi je jouais, je savais comment j'allais le faire, et j'avais du stress, mais un stress maîtrisé.* [...] *C'était un peu James Bond, quoi. « Bon, débrouille-toi pour que ça puisse arriver, je veux pas savoir comment. »*

Et jamais, lorsqu'il demande de pouvoir bénéficier d'un emploi « normal », il n'est répondu favorablement à sa demande. Il se trouve donc, jusqu'à la création de sa propre entreprise, cantonné dans des activités toujours un peu marginales, transgressives, clandestines. S'il en tire donc aujourd'hui une compréhension assez claire de ce que les sociologues nomment « la domination sociale », il en tirait à cette époque une certaine satisfaction, liée au sentiment de liberté que peuvent procurer ces positionnements, et à la satisfaction d'être reconnu comme exceptionnel, de disposer d'une différence de grande valeur.

> *J'avais la voiture, j'avais le téléphone, je tutoyais le patron.* [...] *On savait pourquoi on me payait, pourquoi on me donnait une voiture. Un jour, on m'a engueulé parce que je leur ai fait une facture de 500 euros. J'ai dit « OK. Tenez »* [geste de restitution du téléphone]. *Ils ont dit : « Non, mais bon, essaye au moins d'en faire des plus petites. » Parce qu'ils savaient que ce téléphone, je faisais des merveilles avec. Donc je me permettais des libertés aussi.*

J'ai indiqué plus haut que la répétition de la prise de risque réduit l'incertitude de la sanction, parce qu'elle permet de mieux connaître le danger du milieu et de ses acteurs. Mais cette même répétition réduit également l'anxiété liée à la prise de risque. Elle finit par devenir un élément constitutif de la vie professionnelle, avec lequel on s'accoutume à vivre, même si l'on en connaît les dangers, ou, plutôt, parce qu'on en connaît bien les dangers. Cette expérience, pour la presque totalité des patrons atypiques, correspond à l'un des éléments centraux de leur trajectoire : ils conçoivent le risque comme une structure de jeu, et non comme un événement. La prise de risque représente ainsi une ressource qui permet de compenser en partie l'absence de place légitime parmi les autres, alors que pour les normaux la prise de risque ne fait qu'« améliorer l'ordinaire ». Cette configuration conduit les patrons atypiques à retracer leur trajectoire comme une dynamique relativement indépendante des missions formelles qui avaient été les leurs, de la même manière qu'ils expliquent leur destin social comme relativement indépendant de leurs origines, de leur place sociale initiale : faute de place acceptable, ils ont pris les risques permettant de se créer un espace social satisfaisant.

> *À chaque fois que j'étais dans un job, je n'ai pas fait que mon job, quoi. J'ai accepté des projets. Et ça, je pense que c'est important quand on fait une carrière, c'est-à-dire que j'ai pris des risques, j'ai pris des choses qui étaient en dehors de ma sphère de responsabilité, et je les ai gérées en bonne fin. Là, ils installaient les premiers terminaux, et en fait j'ai accepté de gérer le projet d'implantation. Je pense que c'était peut-être parce que j'étais une femme.* (Dirigeante)

Le rapport que les patrons atypiques entretiennent au risque caractérise finalement bien leur position particulière. Il permet également de souligner trois éléments originaux d'un point de vue sociologique :

– le « péril » est généralement présenté comme une situation de risque passif, involontaire, à propos duquel l'influence des acteurs est faible. À l'inverse, le « risque » est conçu comme une action volontaire, portant sur des enjeux différents. Les expériences décrites ici indiquent l'existence d'une relation forte entre ces deux notions : les patrons atypiques prennent des risques, celui de l'échec, de la faillite ou de la mauvaise réputation, qui correspondent au risque entrepreneurial classique. Mais ils mènent ces actions pour sortir du péril dans lequel ils se trouvent plongés pour cause de différence, celui de l'exclusion ;

– du coup, il est plus aisé de comprendre que prendre un risque représente, fondamentalement, la capacité à introduire de l'incertitude dans une situation jusque-là certaine. Si les personnes différentes tiennent le rôle que leur confère la société, elles adoptent un comportement prévisible, correspondant au stéréotype. Si au contraire elles souhaitent échapper au stéréotype, elles doivent trouver les moyens d'échapper au rôle prescrit. En prenant des risques, elles parviennent précisément à retrouver une liberté, une capacité d'action qui leur permet de tenir des positions d'influence. L'avantage de leur position tient au fait que leurs actions sont peu prévisibles par les systèmes de représentations et de normes dominantes : pour ces dernières, le différent est en effet souvent considéré comme « faible » ;

– classiquement, prendre un risque amène à augmenter l'intensité de la sanction potentielle : si l'action réussit, la sanction devient plus positive que dans la situation certaine ; si l'action échoue, la sanction devient au contraire plus négative. Cela vaut pour n'importe quel risque entrepreneurial. La spécificité de la position des patrons atypiques tient au fait que la sanction plus négative, en cas d'échec, demeure relativement faible par rapport au péril initial.

5. L'effort et l'engagement comme valeurs

Il reste que le travail, l'effort, l'engagement et la prise de risque ne représentent pas que les moyens d'obtenir une place sociale légitime : ils représentent également une fin en soi, une valeur pour laquelle les patrons atypiques s'engagent. La valeur attachée au travail (au sens le plus général du terme, incorporant l'activité entrepreneuriale) représente en effet le moyen de produire une cohérence identitaire, d'unifier l'idée que les patrons atypiques ont d'eux-mêmes et la représentation que les autres s'en font. Plus précisément, la valeur associée à l'effort et à l'engagement est unanimement considérée comme centrale. Cela vaut aussi bien pour les handicapés, les homosexuels, les femmes au-dessus du plafond de verre, les autodidactes et les personnes issues de l'immigration. Ça n'est ni la position sociale, ni le sexe ou l'orientation sexuelle, ni le niveau de diplôme, ni l'origine ethnique qui déterminent la valorisation de l'engagement et de l'effort, c'est l'expérience sociale.

Comprendre cette idée suppose de revenir sur le terme d'engagement. Il signifie un investissement qui articule trois dimensions. La première correspond à une définition de type économique : on investit des richesses, par exemple dans une activité industrielle, pour en tirer des avantages économiques (des « retours »). L'engagement des patrons atypiques correspond assez bien à cette logique : le retour sur leur « investissement » en travail se traduit par l'accès à une meilleure place sociale. Mais l'accès à cette place suppose également un engagement de type stratégique : « investir » une place forte en surmontant les défenses de l'adversaire. Les places sociales que les patrons atypiques parviennent à occuper ne se donnent pas. Elles doivent être prises, par la force ou la ruse, car elles sont activement défendues par ceux qui les détiennent. La troisième signification du terme « investissement » correspond à sa dimension affective : l'investissement au travail ne peut être réduit à une logique économiquement et professionnellement rationnelle, car il représente également le moyen d'accéder à une satisfaction, à un plaisir particulier, celui de parvenir à agir dans le sens des valeurs dont on est porteur.

Quelle que soit la nature de la différence, l'investissement consiste ainsi à s'engager dans un rapport au monde satisfaisant, autant qu'à compenser les effets de la différence. Le travail supplémentaire, l'effort, fourni par un homosexuel, un autodidacte ou un handicapé représente ainsi le moyen de trouver une place qui convient à la personne qu'il est, autant que d'accéder à la place qu'il mérite, compte tenu de ses compétences. Pour reprendre la distinction de Goffman, l'identité pour soi mobilise, en la circonstance, autant que l'identité sociale. Formulée avec les termes de Dubar (1991), l'« identité pour soi » fonde l'investissement au travail (je me reconnais dans ce que je fais), autant que l'« identité pour autrui » (je suis reconnu pour ce que je fais). Dans les récits des patrons atypiques, ces deux dimensions se trouvent généralement associées et même souvent réfléchies, élaborées, pour comprendre ce qui confère la force de leur engagement. Et ces récits remontent souvent à l'enfance car ils racontent la construction de l'unité de la personne en présentant la situation acquise aujourd'hui comme le résultat d'une suite logique associant la logique du sujet – les dimensions psychiques d'un individu – et de l'acteur – les dimensions relationnelles d'un individu.

Une dirigeante homosexuelle m'indique ainsi qu'elle tire principalement sa compétence d'une grande capacité à être à l'écoute des collaborateurs et à ne pas se laisser « marcher sur les pieds ». Cette compétence, associée à la volonté à être jugée sur ce qu'elle fait professionnellement, et non pas sur les stéréotypes, lui a permis de faire une carrière brillante. Mais la clé de ces dispositions provient de l'expérience sociale tirée de son enfance :

> *Le fait d'en être là aujourd'hui, dans un poste de direction, c'est plus le résultat de ce que j'ai vécu quand j'étais gamine, et de voir les huissiers frapper à la porte. Je me suis dit : « Ça ne m'arrivera jamais. C'est pas possible, quoi. » Je me suis dit : « C'est pas possible de faire vivre ça à ses enfants. Pourquoi faire des enfants quand on est dans une situation financière telle, c'est pas imaginable. » L'amour, c'est important, l'amour à ses enfants, mais leur donner à manger aussi. Là-dessus, j'ai toujours un peu de rancœur vis-à-vis de mes parents parce que je trouve qu'ils n'ont pas su gérer l'affaire. Donc mes ressources sont plutôt là.*

Un entrepreneur autodidacte me raconte les vacances et les week-ends de son enfance, dans la petite ferme familiale, consacrés en presque totalité au labeur. Son père l'envoyait dans des champs distants de plusieurs kilomètres du foyer pour couper les mauvaises herbes entourant les surfaces cultivées, pour ramasser les pommes de terre et les betteraves ou entretenir les animaux d'élevage. Cette capacité de travail était mise au service d'autres agriculteurs plus aisés, disposant de matériel agricole. En échange, ils mettaient occasionnellement leur matériel au service de l'exploitation paternelle. Son père ne cessait de le rabrouer, d'expliquer publiquement qu'il représentait un coût trop élevé pour l'exploitation. Mais, m'indique-t-il, il n'était pas malheureux, il découvrait la « morale du travail », celle qui fait de l'effort un bien. Il quitte finalement l'exploitation familiale et trouve, après plusieurs semaines de recherche, un emploi mal rémunéré, supposant une heure et demie de transport le matin, puis le soir. Son attachement à l'effort, en tant que tel, lui permet de supporter ces difficiles premières années de vie professionnelle.

Selon une logique comparable, un handicapé, d'origine sociale modeste, décide d'abandonner un statut relativement confortable de salarié pour créer son entreprise :

> *Vous commencez par une qualité et une force de travail plus importante. Moi, j'ai travaillé pendant un an, je me souviens, sans être payé. Je vivais d'amour et d'eau fraîche* [...]. *Donc j'avais gardé mes principes, et gardé la place propre* [...]. *Donc ça a été hard, ça a été dur, je n'ai pas pris de vacances pendant plusieurs années, je prenais quelques jours, trois-quatre jours le week-end, mais je ne prenais pas de vacances. Ça a été très physique.*

L'engagement des patrons atypiques repose ainsi sur les trois dimensions de l'investissement annoncées plus haut : économique, affective et stratégique. Mais surtout, cet engagement est durable, parce qu'il constitue le cadre de l'action forgé et exploité pendant des décennies par les patrons atypiques. L'engagement et l'effort ne reposent donc pas seulement sur la volonté de reconnaissance sociale ou de réussite économique : ils structurent des valeurs qui deviennent des guides pour l'action. Ils représentent ainsi le véritable vecteur de la socialisation des patrons atypiques, infiniment plus que ses bénéfices potentiels. Une valeur représente, de ce point de vue, une rationalisation – au sens psychologique du terme – des ressources de l'action : on valorise ce qui donne de la force, parce que c'est cette force qui permet l'accès à l'identité. Mais une valeur, une fois incorporée par un individu, devient un critère de jugement et une source de distinction entre ce qui est bien et digne d'intérêt d'une part, et ce qui est mal et indigne d'autre part. Sainsaulieu (1977) a ainsi identifié la valeur travail comme caractéristique (dans les années 1970) des cadres et des ouvriers qualifiés. Pour ces deux catégories, le travail représentait en effet un moyen de reconnaissance par les pairs et la hiérarchie, un moyen de promotion sociale et un moyen de se reconnaître dans ses œuvres, d'y retrouver sa trace. Au nom de cette valeur, les cadres ne comptaient donc pas leur temps de travail, s'identifiaient même à leur activité. De même, les ouvriers qualifiés donnaient le meilleur d'eux-mêmes pour faire de la « belle ouvrage » et s'investissaient dans la vie collective pour faire vivre le métier qui leur donnait sens. Pour les patrons atypiques, le travail ne représente pas précisément une valeur, parce qu'il ne correspond qu'à une fraction des ressources mobilisées. La valeur qui construit concrètement leur action est plutôt celle de l'effort et de l'engagement, qui permettent de dépasser les situations proposées par les conventions sociales pour accéder à la reconnaissance, à l'autonomie et au sens. Tous, à un moment au moins de leur trajectoire, se sont infiniment plus engagés que les normaux. Cet engagement, ainsi que les efforts qu'il suppose, qui représentait au départ le moyen instrumental de « s'en sortir », est devenu progressivement une valeur cardinale de leur identité, qu'ils revendiquent souvent de manière tranquille, comme s'il était évident que la constance de l'effort devait caractériser la démarche entrepreneuriale.

Ainsi, après m'avoir expliqué qu'il était parvenu à inverser son destin (il a accédé à une grande richesse économique et à beaucoup de reconnaissance sociale), cet entrepreneur autodidacte m'indique qu'il continue à s'investir beaucoup dans son activité. Le terme de « niaque », qu'il utilise comme beaucoup d'autres patrons atypiques, signifie parfaitement qu'une ressource peut devenir une valeur, parce qu'on tire plaisir de son exercice :

Q – Mais alors, pourquoi vouliez-vous absolument continuer à entreprendre, à monter des choses ?
– La niaque, la niaque, sans doute les conséquences de la frustration, de pas avoir été à l'école, de passer pour un imbécile parce que vous n'avez pas fait d'études.
Q – Ah oui, ça a joué ça ? C'est une revanche ?
– C'est énorme. C'est énorme.
Q – Vous aviez le sentiment qu'on vous...
– C'était pas le sentiment, c'était évident.
Q – Ça nourrissait votre volonté d'entreprendre.

– Oui, oui. Alors y a deux choses : il y a le manque d'éducation, et le fait que vous êtes d'un milieu pauvre, quoi. Les gens, quand vous êtes d'un milieu modeste, étalent leur argent, leur truc, leur machin. Étant petit, ça, c'est une frustration. Du fait que vous êtes d'une famille pauvre, vous êtes de la merde, quoi.
Q – Méprisé.
– Voilà, vous n'avez pas de considération, quoi. On ne vous parle pas avec la même intonation, avec les mêmes mots, qu'à quelqu'un qui a une situation... C'est la bagarre, moi, j'adore la bagarre. Moi, j'adore la bagarre.

Cette valeur attachée à l'effort et à l'engagement ne garantit pas toujours un accord aisé avec les collègues ou les collaborateurs, lesquels peuvent se trouver sur des positions moins clairement entrepreneuriales, laissant plus de place à l'hésitation, l'approximation ou la rêverie. Cette valeur peut alors être mobilisée de manière contraignante, pour recentrer le travail des normaux dans des perspectives d'efficacité. Les patrons atypiques, de ce point de vue, sont souvent des patrons exigeants :

Là typiquement, je suis rentré sur un projet qui est très difficile, parce que ça fait trois ans qu'il existe, ce projet, et il est complètement en perte. Je suis arrivé dans le projet pour justement essayer de délivrer au bon moment. On prenait du retard, on n'arrivait jamais à délivrer. [...] *Tout ce petit monde était beaucoup basé sur l'oral, sur « on a dit pendant la réunion que, il fallait que tu fasses ça... » Quand je suis arrivé, j'ai mis en place des outils qui permettent de tracer ce qui se dit entre les gens, de dire « toi, tu fais telle tâche pour demain, etc. ». C'est tout tracé par les mails. Et finalement, ça avance. Plus vite. »* (Cadre supérieur, handicapé)

De même, la valorisation de la prise de risque, présentée comme le moyen nécessaire pour demeurer vigilant et opportuniste, devient délicate à mettre en œuvre lorsqu'il s'agit de la traduire en norme, pour définir le comportement des autres. Un entrepreneur autodidacte, qui a pourtant mis en œuvre une politique de gestion sociale très avantageuse pour les salariés, m'indique ainsi qu'il a parfois du mal à accepter le rapport à l'effort et à l'engagement de ses collaborateurs. Il me fait ainsi part de son incompréhension à propos de la sérénité relative de ses salariés à l'occasion des congés d'été, de leur manque d'anxiété, et donc de vigilance :

> – *Oui. Il faut rester anxieux, parce que dès que vous n'êtes plus anxieux… J'y pensais parce que là ce matin, à côté de chez moi, tout l'immeuble était fermé.*
> *Q – À côté de chez vous ?*
> – *À côté de mon domicile* [dans les « beaux quartiers »]. *Tout l'immeuble était pratiquement fermé, donc tout le monde est parti, parce que tout le monde a une résidence secondaire. Et parti sur la Côte. Si moi j'étais comme ça, je ne suis pas sûr que l'entreprise ait perduré.* [Et plus loin, à propos d'une collaboratrice qui avait pris ses congés sans tenir compte des besoins du service.] *C'est un vrai drame, parce que les gens partent en vacances, comme ça. Je leur ai dit : « C'est quoi, il n'y a plus personne au mois de juillet, alors que les vacances, c'est au mois d'août ? Je comprends que vous ayez des problèmes* [pour organiser les vacances de la famille], *mais l'entreprise a des besoins aussi, et les besoins, c'est au mois de juillet, c'est pas au mois d'août !* […] *Je comprends qu'elle ait des soucis, mais l'exigence de l'entreprise pour moi est plus forte, plus forte que la personne.*

La valeur accordée à l'effort et à l'engagement correspond ainsi à l'expérience sociale particulière des patrons atypiques. Ils y trouvent la certitude de pouvoir échapper au mépris, parce qu'aucune position sociale ne gomme totalement les blessures des premières années de vie professionnelle, lorsque l'on y arrive avec un fardeau, plutôt qu'un bagage. Cette valeur continue à guider leurs comportements, bien après les premières manifestations de leur réussite professionnelle, parce qu'en tant que telle, sa mobilisation représente une satisfaction. Cette même valeur peut être porteuse de tensions avec les normaux, parce que leur expérience sociale ne les conduit pas toujours à y souscrire avec la même ferveur.

6. L'ÉTHIQUE DES PATRONS ATYPIQUES

Plus encore, la valeur accordée à l'effort et à l'engagement participe souvent d'une éthique professionnelle qui se dégage partiellement du seul métier d'entrepreneur ou de dirigeant. Convaincus de l'utilité sociale de leur action, préférant souvent l'idée qu'ils se font de leur mission à la seule logique de l'intérêt économique, les patrons atypiques ont souvent une conscience aiguë du rôle qu'ils ont à jouer dans la société en rendant l'entreprise vertueuse et intégratrice.

L'analyse de cette posture éthique retrouve un certain nombre de caractéristiques identifiées par Weber (1904/2003) pour décrire la relation entre l'éthique protestante et le développement du capitalisme, dans l'Europe du XVIIIe et du XIXe siècle. Bien évidemment, ce ne sont pas les fondements religieux qui rapprochent ces deux groupes, « entrepreneurs » d'une part et patrons atypiques d'autre part. Mais chacun des deux groupes associe à la vocation professionnelle de l'entrepreneur un rapport au monde qui dépasse largement la nature économique de son activité. Pour les entrepreneurs protestants, il s'agit de se conformer à l'idée que Dieu se fait de la place des hommes sur terre : l'entreprise doit reposer sur des fondements moraux et rendre les hommes meilleurs ; on ne travaille pas pour tirer un avantage économique optimal de l'effort mais pour acquérir la certitude, par la fortune, de mériter d'être élu de Dieu. Pour les patrons atypiques, il s'agit d'acquérir la certitude de la légitimité de leur trajectoire et de leur action. Leur engagement professionnel repose également sur une portée humaniste : transmettre au plus grand nombre leur conception de l'effort et de l'engagement, rendre les relations entre les êtres plus ouvertes et plus justes.

Comprendre la proximité qui existe entre l'éthique des patrons atypiques et celle des premiers entrepreneurs capitalistes suppose de bien comprendre que, dans les deux cas, les individus ont dû rompre avec toute une série de rites considérés comme inutiles et factices (ceux de la religion catholique, d'une part ; ceux du management conventionnel, d'autre part) pour se dégager de dogmes et de croyances limitant leur capacité à agir. J'ai ainsi largement montré, dans ce chapitre, que les patrons atypiques ne prenaient pas toujours au sérieux les dispositifs de gestion, qu'ils leur préféraient souvent l'engagement, l'intuition et la vigilance. Cette même idée peut être formulée de manière imagée : les patrons typiques se persuadent du bien-fondé de leur action en respectant les ordres, rites et manifestations conventionnelles des techniques du management, quitte à perdre de vue leur responsabilité entrepreneuriale ; les patrons atypiques font exactement le contraire, ils se moquent de la « liturgie managériale » parce qu'ils établissent un rapport direct entre leur action et leur responsabilité d'entrepreneur (ou de producteur d'efficacité pour les dirigeants). Voici la manière dont un entrepreneur homosexuel décrit cette conception du monde, en rappelant qu'il se moque, depuis longtemps, des figures liturgiques qui caractérisent le « style managérial ordinaire », formel et dispendieux, parce que le management représente une affaire sérieuse :

> *Cette espèce de soif de reconnaissance factice, un peu « people ». Cette espèce de vernis, là, ce truc factice, bling-bling, insupportable... Je crois que ce qui me révolte profondément dans ces gens et dans ces choses-là, et qui est un moteur chez moi certain, c'est le côté « je vais dans le sens du vent et j'approfondis rien ». Ça me rend malade.* [...] *Les sujets sont trop graves, trop sérieux, pour qu'on les traite avec autant de mépris.* [...] *La vie est un sujet tellement grave qu'il ne faut surtout pas se prendre au sérieux, mais il ne faut surtout pas la maltraiter en faisant n'importe quoi avec. Et notamment ne pas s'autoriser ce genre de micro-lâcheté, de multilâcheté. Si on multiplie les petites lâchetés* [...] *finalement, on finit par faire des compromis inacceptables.* [...] *Il faut qu'on soit plus humbles. Plus humbles, plus à l'écoute, plus à l'écoute des choses profondes, sérieuses. Et par exemple dans le fait de traiter la question d'entreprendre, qui est une question formidable. Entreprendre comment ? Pour tenir compte de la question environnementale, pour tenir compte de la question de la relation de chacun avec son travail. Là,*

il y a des sujets vraiment profonds, sérieux, vraiment intéressants, dans lesquels il faut être autrement que dans la surface et la représentation.

Weber explique également que, pour les « entrepreneurs ascétiques », la richesse tirée des activités entrepreneuriales n'a pas pour but d'être consommée pour jouir du bien-être matériel mais de plaire à Dieu. La richesse ne délivre donc pas de la nécessité de travailler. Les patrons atypiques indiquent, dans l'analyse de leur trajectoire, une idée comparable. Ils ne cessent de s'investir et de s'engager parce que la pérennité de cet effort les assure de continuer leur œuvre de maîtrise de la stigmatisation, laquelle, au moins subjectivement, n'est jamais considérée comme acquise. Plus encore, ils consomment peu le bénéfice de leurs efforts, parce que la crainte, fondée ou pas, de « retomber dans l'ornière » mobilise leur activité. Mais surtout, inverser son destin suppose d'investir durablement pour une gratification toujours partiellement différée : la force de cette logique, imprimée dans les représentations par les années d'efforts initiaux, continue à œuvrer, indépendamment des circonstances objectives. Ce goût de l'épargne et du réinvestissement des bénéfices, s'il caractérise donc bien les entrepreneurs protestants que décrit Weber, explique ainsi également le comportement des patrons atypiques. Cette configuration culturelle représente la sédimentation des actions décrites plus haut avec les termes de « compensation » et de d'« efficacité ». Et elle touche de manière très systématique l'ensemble des populations analysées :

Tout simplement, quand vous avez été limité dans vos dépenses, forcément vous connaissez la valeur de l'argent. Vous ne dépensez pas cent euros « comme ça », vous savez que cent euros, ça a de la valeur. Et vous savez que ces cent euros doivent être investis. Vous trouvez toujours la petite gymnastique pour les transformer. Parce que, quand vous connaissez la valeur de cent euros, vous vous dites : « Je vais faire comme si je ne les avais pas, je vais les investir en ayant une partie que je vais protéger, car si j'utilise tout, je n'aurai plus rien du tout. » Donc ils [les entrepreneurs des « banlieues »] *savent aussi se serrer la ceinture pour justement faire fructifier les choses. Alors que quand vous êtes dans un milieu plus protégé, vous avez déjà moins la combativité du désespoir, et on ne vous a pas appris à être frustré.* (Entrepreneur, issu de l'immigration)

J'avais la chance d'être dans une famille unie, avec un environnement stable. Donc c'est vrai qu'il y a le souhait que ça se poursuive pour l'éternité [...] *et de se dire : « Mais, finalement, ce monde un peu protecteur, cette maison adaptée par mes parents, où il y a une télévision, où il y a les gens qui viennent nous voir, ou ci ou ça, finalement c'est assez rassurant. » Finalement, il faut un effort pour aller contre cette facilité à vivre dans cet environnement surprotégé.* [...] *Mais si je n'avais rien fait, ça aurait pu être le placement dans une maison spécialisée, un foyer occupationnel, etc. Reculer le plus tard possible le choix entraîne des ruptures dramatiques. La liberté, la construction de l'être, passe par des choix en amont, des efforts, consentis, en vue d'un bénéfice futur, même s'il n'est pas complètement perceptible.* (Dirigeant, handicapé)

Weber indique également que l'engagement professionnel représente une vocation, la réalisation du devoir que Dieu assigne aux hommes dans la société. Il existe ainsi un accord non voulu entre la religiosité et le capitalisme, l'activité entrepreneuriale devenant une œuvre morale. Du même coup, l'entreprise doit être respectée, traitée comme un bien collectif et nécessaire à la société. À propos de l'engagement managérial, l'entrepreneur homosexuel cité plus haut dit ainsi que « La vie est un sujet tellement grave, qu'il ne faut surtout pas se prendre au sérieux, mais il ne faut surtout pas la maltraiter en faisant n'importe quoi avec ». Cette perspective caractérise souvent les pratiques et les discours des patrons différents parce que l'entreprise cristallise ce que j'ai présenté plus haut comme la valeur attachée à l'engagement et à l'effort. Pour cette raison, il existe une dimension relativement « puritaine » ou « ascétique » dans la manière dont les patrons atypiques définissent leur propre rapport à l'entreprise, le rapport de l'entreprise à la société et le rapport entre salariés et employeurs. Tous parlent donc avec le même sérieux et la même attention de l'entreprise, aussi bien l'entrepreneur autodidacte maghrébin issu des « banlieues » que la dirigeante handicapée issue de famille bourgeoise et diplômée d'une grande école. Et un grand nombre exprime leur critique à propos du comportement immoral de certains des puissants de l'entreprise. La directrice d'un grand établissement, autodidacte, m'indique ainsi qu'elle est choquée par les « caprices » de la propriétaire. En effet, cette dernière ne met pas en œuvre de politique sérieuse de gestion de ses magasins, mais par contre insulte les vendeurs lorsqu'elle ne trouve pas un article dont elle a besoin personnellement, et utilise pour des besoins privés certaines compétences techniques de salariés. Mon interlocutrice raconte l'altercation que produit ce conflit de valeurs :

> *Et là je me suis levée, j'ai dit : « Mesdames, Messieurs, j'en ai suffisamment entendu, au revoir ! » Et je suis sortie. Elle me rattrape à la sortie, elle me dit : « Qu'est-ce qui se passe ? » Je la regarde bien en face et je lui dis : « Écoute, tu me parles comme ça encore une fois, t'as mon poing dans la gueule !* [...] *L'homme qui était en face de toi, il attendait des objectifs, il attendait des assortiments, il attendait véritablement, de la part de son PDG une organisation, une direction à suivre, et toi, tu fais un caca nerveux pour une broutille ! »*

Puis mon interlocutrice explique qu'après une négociation très directe elle fait signer à sa « patronne » un accord dans lequel elle s'engage à ne plus utiliser à des fins personnelles les ressources de l'entreprise, accord assorti de sanctions judicaires mobilisables en cas de non-respect de l'accord. L'entreprise est ainsi conçue comme une institution juste, irréductible aux intérêts particuliers et privés.

Au même titre que les patrons atypiques s'entreprennent en entreprenant, ils ne savent donc pas, et ne veulent pas, dissocier les valeurs de la personne qu'ils sont avec celles du patron qu'ils sont également. Voici la manière dont une dirigeante explique précisément cette idée :

> *J'aime que ce que je fais fasse sens, quelque part, et que je puisse m'y retrouver par rapport à l'idée que je me fais du monde, de la justice*

sociale, de l'ordre des choses, de l'égalité des chances. C'est mon fond entre guillemets « politique », ou mes valeurs, comme vous voudrez, qui me guident beaucoup. Et donc j'aurais été meurtrie de devoir en quelque sorte vraiment séparer totalement mon hémisphère gauche de mon hémisphère droit, c'est-à-dire d'avoir une vie professionnelle dans un certain domaine, bien étanche, et puis ma vie personnelle, ce que je pense, mes valeurs, dans une autre boîte.

Les patrons atypiques partagent également, avec les entrepreneurs décrits par Weber, l'idée qu'ils ont, sur terre, une mission à remplir, laquelle ne consiste pas seulement à produire des biens et de la richesse, mais à produire du bien et du lien social. De manière assez systématique, ils considèrent qu'ils ont une « mission sur terre » qui dépasse largement leur engagement économique. Ayant le sentiment d'être parvenus à trouver les clés d'un système qui ne laisse habituellement pas de place à l'émergence des personnes différentes, ils souhaitent transmettre et mobiliser cette ressource de manière à ouvrir l'entreprise aux questions de société. Ils souhaitent qu'elle participe à la production de plus de justice sur terre. Bien évidemment, cette posture peut être rapprochée, formellement, des discours que savent tenir les dirigeants des entreprises à propos de la « responsabilité sociale » de la firme. Mais elle n'obéit absolument pas aux mêmes principes. Elle ne repose sur aucune campagne de communication, mais fait l'objet de réalisations concrètes. Elle est présentée comme le résultat d'un engagement subjectif, pas comme une « politique ». L'élément le plus caractéristique de ce positionnement consiste à prendre à contre-pied toute une série de lois sociales et de systèmes de subventions destinés à aider les individus dans le besoin pour faire valoir que l'effort et l'engagement de chacun y sont préférables. Ça n'est en quelque sorte pas l'État qui doit « protéger », mais l'entreprise, en tant qu'œuvre collective. Et les patrons, dans cette perspective, ne peuvent se satisfaire d'une relation consistant à tirer le meilleur parti du capital humain, ils doivent y intégrer une contrainte éthique. Voici par exemple les propos tenus par un entrepreneur issu de l'immigration, très attaché à développer la capacité à entreprendre, à développer l'emploi dans les « quartiers », et très critique par rapport aux politiques publiques destinées à favoriser la « diversité » :

> *C'est un thème déculpabilisant...* [...] *Pour moi, c'est surtout de la décoration avec aucun fond, aucune chose concrète. Moi, la posture que je défends, c'est qu'un entrepreneur, ce n'est pas la même posture qu'un associatif. Un associatif il crée, mais un peu dans une démarche de type « aidez-moi à créer », il y a une demande d'aide. Alors qu'un entrepreneur se dit : « Je ne veux pas qu'on m'aide, je fonce dans le tas. J'en ai marre de pointer, j'en ai marre de postuler à des postes, donc je crée mon travail. » Moi, j'appelle ça la posture « être debout », être debout et faire face aux problèmes.* [...] *Toutes ces personnes debout, je ne veux pas qu'on les remette assises, ou dans une position qui n'est pas la leur, de victime. Aucun homme n'est une victime. Quand une personne vient dans une démarche de type « tiens, je vais aider les pauvres gens qui sont de banlieue ou les pauvres gens qui sont discriminés de par leur couleur », moi, je m'oppose à ça, car les gens demandent juste des conseils, qu'on parle embauche, qu'on parle licenciement, de politique sociale, de choses qui concernent tous les entrepreneurs.*

Et voici le discours tenu par un dirigeant autodidacte issu de l'immigration, qui emploie des « jeunes en situation difficile ». Il articule explicitement la nécessité de faire de l'entreprise un lieu de socialisation et d'intégration sociale, un lieu d'apprentissage des valeurs de civisme et de responsabilité :

> *Alors, est-ce que c'est du fait de notre parcours atypique ? Je ne sais pas, mais nous, on essaye dans cette entreprise de faire en sorte que les gens n'oublient pas qu'ils sont des citoyens avant tout. Et que pour ça, ils ont des droits, mais ils ont aussi des devoirs. Ça permet de faire le lien, et peut-être aussi de les rassurer sur le fait que lorsqu'ils fonctionnent correctement dans une entreprise, ils peuvent aussi fonctionner correctement à l'extérieur. Ça peut démultiplier ce comportement, par le biais de messages autour de leur famille. On essaye de jouer sur ça aussi.*

Mais la manifestation la plus caractéristique de cette idée de mission correspond au sentiment selon lequel un patron atypique est en quelque sorte « élu », désigné – par le hasard, une instance supérieure ou un « Tiers » – pour échapper au sort de ses semblables et pour améliorer la distribution de la justice sociale. Ainsi, même si leur comportement extérieur ne correspond pas parfaitement à celui des entrepreneurs puritains décrits par Weber, à la fois « audacieux et sévères » (les patrons atypiques sont plutôt « audacieux et ouverts », j'y viendrai dans le chapitre suivant), les entrepreneurs atypiques s'en rapprochent sur un dernier plan : l'activité professionnelle représente l'« *activité extérieure de l'amour du prochain* » et parvenir à s'engager dans cette voie confère aux individus la « *certitude de leur élection* », la certitude de devoir assumer la responsabilité de l'éthique de l'entreprise :

> *Je me dis, à propos d'un métier qui n'aurait pas survécu* [pour cause de rentabilité insuffisante] *que si j'arrive à le remettre sur ses deux jambes, et en faire un métier qui contribue globalement à la profitabilité de l'entreprise, et donc aux emplois qu'on propose à nos salariés, eh bien j'aurais le sentiment d'avoir fait quelque chose d'utile, voilà. Et cela correspond exactement à l'idée que je me fais de ce que doit être la responsabilité sociale au sens large. [...] À chaque fois, je retrouve ce type de responsabilité vis-à-vis des gens, vis-à-vis de leur job, de la pérennité de leur job, et de leur capacité à mener des vies qui les satisfassent.* (Dirigeante)

> *Je suis convaincu que tout le monde n'a pas le potentiel pour réussir ou entreprendre, à un bon niveau. Mais par contre, on se doit, pour ceux qui ont le plus de facilité ou d'avantage, d'aider ou de distribuer un peu de sa capacité, de son potentiel... Réussir économiquement, c'est bien. Moi, j'ai évolué, j'ai réussi socialement et je ne m'en plains pas. Mais j'ai autant de satisfaction, pour ne pas dire plus, à aider quelqu'un qui se retrouve en marge, qui a des problèmes... Vous savez, quand vous avez un gamin* [recruté comme salarié] *qui était soit délinquant important ou toxico et que vous le voyez quelques années après au marché avec ses enfants, il va vous dire : « Bonjour patron, je vous présente mes enfants », et même si vous*

avez un beau compte en banque, ça fait encore plus plaisir de savoir que vous avez contribué à changer la donne. (Entrepreneur, issu de l'immigration)

Les patrons atypiques redonnent ainsi au capitalisme des intentions, un esprit qui avait prévalu lors de sa constitution. En trouvant un sens social, et pas seulement économique, à leur activité, en l'associant à une dimension éthique, ils parviennent à éviter la logique de la « cage de fer » que décrit Weber à propos du développement du capitalisme, une situation dans laquelle les individus se trouvent prisonniers d'une logique d' efficacité qui oublie les dimensions vocationnelles et éthiques de l'origine du capitalisme, et qui les amène ainsi à vivre un monde « désenchanté », un monde en lequel ils ne croient plus, mais qui s'impose à eux. L'association entre une trajectoire biographique tourmentée et la capacité à se saisir de l'entreprise comme moyen d'inverser le destin repositionne ainsi la logique patronale. Elle réinscrit le capitalisme dans sa perspective axiologique originelle (orientée par les valeurs), et critique sa perspective téléonomique actuelle (orientée par la finalité économique).

En inversant leur destin, les patrons atypiques inversent ainsi partiellement la logique dominante de l'entreprise. Cela pose une question de fond à propos de la définition et de la sélection des élites. Il semble que lorsqu'elles proviennent de la normalité, elles aient bien du mal à associer la responsabilité sociale à la nécessité de faire du profit. Et il semble bien que lorsque ces élites émergent de la différence, elles ne peuvent au contraire s'empêcher d'associer l'économique et le social, parce que leur expérience repose sur cette intrication.

CHAPITRE 4

Proches et lointains

Connaissant mal les codes sociaux, ou les connaissant de manière extérieure, les patrons atypiques adoptent des comportements spécifiques à leur position d'étrangers : ils savent aussi bien honorer les coutumes et les rites des organisations qu'en rire vertement ; ils osent dire et faire ce qui n'est pas convenable mais efficace ; ils tirent avantage à jouer avec les normes et les conventions. Ils tirent également plaisir à raconter cela. Les patrons atypiques sont en effet d'extraordinaires conteurs, le récit de leur vie permettant de la comprendre et de la construire.

La capacité empathique nourrit leurs interactions : ils savent se mettre aisément à la place des autres parce qu'ils n'occupent eux-mêmes pas de place bien claire. Cette capacité peut devenir une redoutable compétence en matière de négociation. En quelque sorte, le déficit de socialisation des patrons atypiques représente souvent un handicap, car il ne permet pas de bénéficier du confort et de la protection des normes, mais il représente également une ressource considérable, celle de devoir maintenir une constante vigilance sur le sens des propos et des actions des autres.

Cette position particulière leur permet d'accéder à une certaine sociabilité tout en leur réservant une socialisation imparfaite. Elle est celle de l'étranger. Parce qu'il « vient d'ailleurs », il dispose d'une double expérience sociale, de l'accès à deux cultures. À ce titre, il peut tout aussi bien être positivement apprécié par les natifs, parce qu'il représente une ouverture sur le monde, qu'être châtié par eux, parce qu'il ne participe pas seulement de leur monde.

1. Dire les choses

De manière lumineuse, Simmel associe la proximité et la distance pour rendre compte de la position occupée par l'étranger. L'association de ces deux dimensions, apparemment exclusives l'une de l'autre, repose sur la mobilité, le déplacement, de l'extérieur du groupe vers son intérieur. Celui qui s'est déplacé se trouve ainsi proche de ceux qu'il côtoie régulièrement parce qu'il est « venu les voir ». Mais il demeure lointain, extérieur à leur monde, parce qu'il « vient de là-bas ».

Le respect des patrons atypiques pour l'idée même d'entreprise est ainsi patent, mais repose sur un principe extrêmement sélectif. Ils respectent ainsi peu les principes du management, mais ils en respectent les objectifs. Ils respectent les personnes qui œuvrent dans cet univers : ce sont bien des personnes qui ont reconnu leur compétence, leur capacité à être mobiles et leur volonté d'engagement, mais assez peu les conventions. Les fondements de ce respect procèdent de la même logique : ils le manifestent parce qu'ils le ressentent, plus que par obligation. Leur relation aux institutions et aux autres repose ainsi plus sur une dimension affective et émotionnelle que sur une dimension normative. Ils se trouvent ainsi amenés à « dire les choses », directement, ouvertement, en mobilisant les personnes qui se cachent derrière les personnages.

Cette caractéristique est certainement l'une des plus manifestes et des plus surprenantes de la culture des patrons atypiques : leur distance par rapport aux conventions et aux rôles formels les rapproche des personnes. Du coup, leur comportement prend souvent des allures assez libres et « anticonformistes » : ils inventent leurs relations plus qu'ils ne les soumettent à un type de comportement. Cette dirigeante autodidacte sait ainsi se moquer des conventions comme pour mieux respecter les personnes. Cela vaut autant pour ses « effronteries » auprès des patrons, que pour le jugement qu'elle porte sur les personnes différentes :

> *Et par contre, j'ai toujours eu des relations super avec les homosexuels, qu'ils soient hommes ou femmes.*
> *Q – Et comment vous expliquez ça ?*
> *– Alors d'une façon très simple. Je crois qu'à la base, il y a le respect de l'individu : on aime ou on n'aime pas les gens. Après, leur vie sexuelle ne me regarde pas. Ce n'est pas la mienne, donc je n'ai pas à la juger, je n'ai pas à juger un individu...*
> *Q – Oui, je comprends bien, mais ça n'explique pas positivement la raison pour laquelle vous vous entendez bien avec eux.*
> *– Peut-être parce que je ne les juge pas, tout simplement.*
> *Q – Oui, mais si vous vous contentiez de ne pas les juger, vous auriez des relations avec eux comme avec les autres, mais là vous me dites...*
> *– Mais avec les autres, j'ai le même type de relation. J'ai une facilité à ressentir ce que les autres peuvent ressentir. Je sais dire, j'arrive à ressentir quand une personne n'est pas à l'aise.* [...] *Je cherche ce qui peut mettre la personne à l'aise, à un moment donné. Pour pouvoir passer cette première barrière, cette espèce de coquille, et entrer dans une relation vraie.*
> *Q – Oui, c'est ça, vous ne vivez pas avec les conventions. Vous passez derrière, par-dessus, à côté.*
> *– Non je ne vis pas avec les conventions. Par contre, quelqu'un que je n'apprécie pas,* [...] *la chose est très claire, elle est arrêtée, il y a un mur qui est monté.* [...]
> *Q – Et en même temps vous vous autorisez à ne pas respecter les conventions. Vous débarquiez* [lorsqu'elle était encore ouvrière] *dans le bureau des patrons, le matin de bonne heure.*
> *« Tu ouvres ta porte, j'ai deux choses à te dire ! »*

Cette capacité à se défaire des conventions tout en se trouvant au cœur de la logique entrepreneuriale fonde largement l'intelligence sociale des patrons atypiques : ils réussissent parce qu'ils connaissent les codes mais ils ne les respectent pas en tant que tels. Ils les considèrent comme des éléments constitutifs du contexte de leur action, avec lesquels il faut savoir composer. Et cette composition représente souvent un plaisir, celui de savoir en jouer. Il est certainement comparable à celui que des patrons plus typiques peuvent éprouver lorsqu'ils ont le sentiment d'incarner, par leur allure ou leur discours, ces mêmes conventions. Pour les différents, ce plaisir est souvent aiguisé par la formulation de « bons mots ». Ils permettent de faire entendre au normal qu'il sait jouer le jeu, mais qu'il n'est pas complètement de son monde. Ils permettent d'afficher le mépris des stéréotypes qui fondent le désir de se distinguer ou d'exclure. Et lorsque le normal veut imposer son pouvoir au différent, celui-ci ne résiste que rarement au plaisir de faire brutalement tomber les masques, même si les conséquences sont néfastes. Voici par exemple la manière dont un dirigeant homosexuel, occupant une position professionnelle modeste en début de carrière, me décrit une interaction avec celui qui voulait lui imposer une autorité qu'il jugeait non légitime :

> *Un mec qui est toujours bronzé, qui joue au golf toute la journée, enfin un capitaliste comme dans les gravures. Et il commence à m'entretenir du fait que, en tant que provincial, c'est compliqué d'entrer à Paris, et d'entrer dans les dîners parisiens. Je ne sais même pas de quoi il s'agit. Je l'écoute, je m'ennuie un peu, et au bout d'un moment il me dit : « Parce que vous comprenez, quand même, je connais très bien Dupont* [une personne célèbre du monde télévisuel]. » *Et je m'entends lui répondre : « Formidable, cher monsieur Durand, mais Dupont vous connaît-il ? Parce que moi aussi je le connais très bien, si j'allume ma télé, il est dans mon salon tous les soirs. » Évidemment, trois semaines plus tard, j'étais lourdé. Donc je suis viré. Alors je me retrouve comme un con au chômage.*

Ce type de rapport à la communication présente également des opportunités tactiques considérables, celles de centrer l'échange sur la réalité des ressources dont disposent objectivement les partenaires d'une négociation, en sortant de la « langue de bois » souvent tenue dans ce type de circonstances. J'ai indiqué dans le chapitre précédent que les patrons atypiques centrent leur activité sur le produit, plus que sur le politique. Il faut ajouter qu'ils savent aussi mobiliser une rhétorique centrée sur les contraintes de production, de risque et d'entrepreneuriat pour s'opposer aux conventions langagières, technocratiques ou bureaucratiques. Et dans ce cadre, de la même manière qu'il peut exister un goût pour les bons mots, il existe souvent un goût pour dire les choses brutalement, « telles qu'elles sont ». Cette pratique permet de faire comprendre à l'autre que l'on n'est pas dupe des conventions langagières, et donc de faire avancer la négociation. Mais elle suppose également de comprendre suffisamment l'autre pour assurer la continuité de la négociation. Ce savoir-faire, qui se rapproche parfois de la provocation, suppose donc une grande perspicacité. L'histoire racontée par ce chef d'entreprise autodidacte, rencontrant les représentants de haut rang d'une institution prestigieuse, en donne un bon exemple :

> *Avec Durand* [le directeur d'une institution prestigieuse], *un jour, j'étais dans son bureau avec mon collègue Martin, et il nous avait fait une saloperie, il avait donné des marchés à X, à mon détriment, parce qu'il trouvait que je commençais à grossir un peu trop. Et je gueule ! Vous ne me connaissez pas, mais bon ça m'arrive. Et je gueule ! Durand derrière son bureau, le mobilier national, les tapisseries, au plafond, les peintures des dieux grecs, bref... Lunettes psychédéliques, il avait des lunettes avec des machins bleus, c'était pas sérieux du tout, je trouvais... « Monsieur Dupont, est-ce que vous savez où vous êtes ici ? » me demande-t-il. Je dis : « Oui, je crois. » Il me dit : « Vous êtes dans le bureau* [du directeur de l'institution prestigieuse], *alors, s'il vous plaît, pas d'éclat de voix. » Alors je lui dis : « Excusez-moi, Monsieur le directeur, excusez-moi. Reprenons la langue de bois ! » Là, il a rien dit. Martin m'a dit : « Moi, si j'avais pu me mettre sous le tapis ! »*

Cette scène permet également de comprendre ce qui fonde le courage de dire les choses telles qu'elles sont ou telles qu'on les vit. Il n'est, à l'évidence, pas seulement lié à l'avantage que l'individu peut en tirer. Pour parvenir à exprimer ses idées et ses sentiments alors que les conventions ne l'autorisent pas, il faut disposer d'une culture bien spécifique : une identité particulière, qui consiste à associer une grande proximité avec l'autre – on partage avec lui le même savoir en matière de vie des affaires – ; une grande distance dans la relation à l'autre – il est le dépositaire des conventions réservées aux normaux – ; des valeurs, références ou systèmes de représentations extérieurs à la situation, que l'autre ne connaît pas. Cette scène fait également apparaître une partie de la force de la différence : en déconstruisant la position des représentants de l'institution – « alors on reprend la langue de bois ! » –, le patron atypique déconstruit le stéréotype qui l'exclut et le stigmatise – « vous savez où vous êtes ? ». La verbalisation du caractère absurde de certaines conventions ainsi que leur mise en scène représentent ainsi pour les différents un moyen souvent corrosif d'affirmer et de donner à voir la légitimité de leur position.

2. Force et ambiguïté de l'humour

L'humour convient également à cette visée. Il permet de manifester, en nommant ce qui est habituellement tu, que la normalité n'est pas le seul mode de vie possible. Plus largement, le rire représente l'un des principaux moyens d'affirmer sa différence, et de la rendre socialement supportable, quitte à la caricaturer. C'est précisément la fonction des « *bouffonneries* » que mobilisent les résilients analysés par Cyrulnik : en « *promouvant leur subjectivité* » et en se moquant des situations et d'eux-mêmes, les enfants traumatisés par la vie parviennent à accepter leur histoire, à la reprendre en main et à se réconcilier avec elle (2004, p. 165 et 189).

Si l'humour et parfois le grotesque ont donc bien une fonction de reconstruction identitaire du point de vue psychologique, il en va de même du point de vue sociologique, ce que n'indique pas Cyrulnik : la reconstruction identitaire suppose en effet de retrouver un rapport aux autres acceptable, en ne renonçant ni à ce qu'on a été ni à ce qu'on est devenu. La « mise en scène de soi » (Goffman, 1959/1973), à travers l'humour, correspond précisément à cette élaboration : elle consiste à investir une situation professionnelle collective d'éléments affectifs qui fondent la personnalité d'un individu, et qui manifestent sa distance par rapport aux conventions et aux rôles. Un dirigeant homosexuel, après m'avoir indiqué les tourments de son enfance, l'extrême difficulté qu'il a eue à accepter et à faire accepter sa différence à ses parents, m'explique également qu'il a appris à se mettre en scène et à comprendre la fonction de l'humour et du rire auprès de ses salariés :

> *Je les fais marrer. Je ne pouvais pas devenir un grand comique. Je serais bien devenu comique d'entreprise, finalement je ne l'ai pas fait, mais je m'en sers quand même, parce que, très souvent, ça permet de libérer des tas d'angoisses, de rire. Et quand un client chiant et malhonnête, quelquefois il y en a, et que ces gens* [les salariés] *se les prennent en direct alors qu'ils sont toujours gentils, à l'écoute, agréables, sympathiques et tout ça, je les fais rire là-dessus, je désactive des tas de bombes avec le rire.*

D'autres formes de distance et d'humour permettent d'affaiblir les stéréotypes en forçant les traits de leur manifestation, en les reprenant à son compte. Voici par exemple la manière dont une cadre supérieure, sourde, joue de sa différence :

> *Par exemple, on me confie quelque chose en me disant : « Écoute, t'en parles pas parce que c'est pas encore officiel. » Je réponds : « T'inquiète pas, c'est tombé dans l'oreille d'un sourd. » Ça fait rire les gens, d'avoir ce côté... Et je peux y prendre un malin plaisir, à balancer comme ça, du tac-au-tac, à quelqu'un qui est agressif : « Écoutez, je suis sourde. » Ou quelqu'un qui parle dans sa barbe, je dis : « Excusez-moi, je n'ai pas compris, excusez-moi de vous faire répéter, je n'ai pas compris », au bout de la troisième fois je dis : « Écoutez, je suis sourde ! » Ils font une tête... « Qu'est-ce que je fais, comment je lui parle ? »*

Les blagues font partie de ce type d'échange : elles permettent de mettre à mal les stéréotypes en en renforçant les traits et en les présentant comme extérieurs aux individus. On rit ainsi, en écoutant une blague concernant les Belges, les Juifs ou les blondes, du caractère absurde du stéréotype, pas de l'absurdité du comportement des

Belges, des Juifs ou des blondes. L'humour permet ainsi de mettre à mal la violence des stéréotypes :

> *Quand vous êtes à l'hôpital, si vous voulez, il y a quelqu'un qui est amputé. Vous dites : « Comment ça va, demi-portion ? » Vous, vous êtes en fauteuil roulant. Ils vous disent : « Alors ça roule ? » Vous voyez, vous apprenez cet humour décalé. Qu'on apprécie beaucoup entre personnes handicapées.* (Cadre supérieure, handicapée)

Le problème, m'expliquent mes interlocuteurs, concerne l'ambiguïté de ce type de message. Présenté par un individu lui-même différent, il met le stéréotype à distance. Présenté par un normal, il peut au contraire en renforcer les traits et indiquer qu'il est possible, avec quelque humour, d'en partager les fondements : on ne sait jamais bien, lorsqu'on est belge, juif ou blonde, si le normal se moque du stéréotype ou de soi, parce qu'il n'a pas fait l'expérience du stigmate. Ceci vaut même si le différent a la certitude que celui qui raconte la blague respecte sa différence. En mobilisant ce type d'humour, le normal ne peut en effet que rappeler le stéréotype alors que le différent indique, avec le même propos, qu'il a su s'en défaire, qu'il s'en défait en le verbalisant. Tous les patrons atypiques, et bien évidemment, plus particulièrement, ceux dont la différence n'est pas visible, ont fait l'expérience désagréable de ces situations. Voici l'une d'entre elles, présentée par un dirigeant homosexuel :

> *Dernièrement un de mes collègues, on était en réunion, commence à raconter la blague du Corse et du Breton. Plein de gens autour de la table rigolent, et puis il se retourne et il me fait : « Tu la connais pas celle-là ? » Je fais : « Non, je sais pas. » Et il commence à raconter sa blague* [...]. *Si vous posez la question à quelqu'un « Est-ce que tu connais la blague du Corse et du Breton ? », et si la personne vous dit « Non », ça veut dire que t'es pédé, quoi.* [...] *Parce qu'en plus, je connais la personne, il connaît mon ami, je sais le profond respect qu'il a pour nous.*

Une dirigeante homosexuelle précise que les blagues de ce type représentent un bon analyseur de l'homophobie : elles circulent entre hétérosexuels, en l'absence d'homosexuels, comme les blagues racistes circulent en l'absence de Noirs. Les normes actuelles imposent ainsi de ne pas blesser, mais ne certifient pas l'évolution des représentations *:*

> – *C'est marrant comme les choses s'inversent, je trouve qu'aujourd'hui il y a de plus en plus de personnes qui font attention* [à ne pas tenir de propos homophobes].
> *Q – Il y a un côté politiquement correct.*
> *– Tout à fait.*
> *Q – Et comment vous le ressentez, quand ça devient du politiquement correct ?*
> – [...] *On était toute une table, et à moment donné une personne a fait une blague sur les homos, que je n'ai pas retenue tellement elle était nulle, d'ailleurs. Je pense que c'était le côté, bon, il était tard, le bon vin... Et là y a eu un flop. Parce que j'étais à table, je pense que la moitié de la table...*
> *Q – Ah oui, la majorité savait, d'accord.*
> *– Voilà. Et là, y a eu une espèce de mal-être.* [...] *Il y a quelques années, j'aurais repris la personne, en lui disant ce que je pensais de sa blague.* [...] *C'est vrai qu'entre homos, on se dit toujours « il y a le ton et la façon de dire les blagues », parce que des fois, dans la façon dont la blague est racontée, on sent quand même une certaine pointe d'homophobie derrière.*

Les patrons atypiques occupent ainsi une place relativement spécifique dans les formes de communication. Ils savent se moquer de conventions inutiles ou malveillantes, ils en rient même souvent avec satisfaction. Ils disposent d'une capacité à « casser » la langue de bois par la provocation, et à affaiblir les stéréotypes par l'humour. Mais ils ne sont jamais parfaitement semblables aux autres parce qu'ils peuvent faire l'objet de moqueries spécifiques, à propos de la couleur de la peau, du genre, de l'orientation sexuelle, de l'origine sociale ou des fonctionnalités du corps. Leur trajectoire consiste alors largement à réintroduire du respect dans les relations que les normaux entretiennent avec eux, même si cette action représente un risque. Beaucoup d'entre eux m'expliquent cette idée, souvent à propos de situations professionnelles, et d'autres fois à propos de situations extraprofessionnelles, pour indiquer que ce sentiment gouverne l'ensemble de leurs interactions. En voici un exemple :

> *J'ai habité longtemps en banlieue* [...]. *Donc bien connue pour ses scènes de violence. Je suis rentrée pendant des années toute seule le soir, à 22-23 heures. Jamais il ne m'est rien arrivé. Sauf une fois où quelqu'un m'a poussée. Je ne l'ai pas vu venir, il m'a poussée contre un mur, et là ma réaction automatique, ça a été de le repousser. Il s'est arrêté.* [...] *En plus, j'étais très en retard, franchement, j'avais eu une « journée de merde » comme on dit, j'étais dans une rage noire. Je crois qu'il a tout pris, il est vraiment mal tombé.* [...] *Plusieurs fois, je suis descendue parce qu'ils hurlaient en bas, et je suis allée leur dire « mes enfants dorment, c'est pas très sympa, est-ce que vous ne pourriez pas aller crier ailleurs ? Il y a un parc à côté ». Ils ne sont jamais partis tout de suite, mais ils sont toujours partis. Et les gens qui hurlaient de leur fenêtre, ils les excitaient. Moi, je descendais, je leur parlais doucement, en plus je n'ai pas une grosse voix, donc de toute façon je ne pouvais pas hurler, mais jamais ils ne m'ont insultée, parce que je les respectais.* (Dirigeante)

La trajectoire des patrons atypiques les conduit finalement à critiquer (examiner librement) toute une série de conventions, que celles-ci concernent les normes de politesse, le respect des rangs sociaux, la manifestation des émotions, le langage, les formes de négociation ou de solidarité. Ils n'y souscrivent pas mécaniquement car cela consisterait à admettre passivement l'ordre des choses, des croyances et des normes.

3. L'empathie comme ressource

Il demeure que le fait d'être étranger est également une ressource dans les interactions, celle de représenter l'individu anonyme, extérieur, auquel on se confie plus aisément qu'à ses proches. Cette idée renvoie à l'expérience troublante faite par chacun d'entre nous, qui consiste à dévoiler, par exemple auprès d'un compagnon de voyage anonyme, dans un train, des expériences et des sentiments que nous réservons généralement à nos amis ou que nous taisons, par peur de choquer ou d'être trahis. Ces confidences, et parfois ces aveux, n'ont donc rien à voir avec la qualité de l'interlocuteur. Au contraire, pourrait-on dire. Il est important, pour pouvoir se livrer à lui, qu'il ne manifeste pas de qualité particulière, qu'il représente un autre, abstrait et général, capable d'écouter, ou de supporter d'entendre, sans trop manifester sa propre conception du monde. On se confie à cette personne parce qu'elle est de passage, que nos relations demeureront éphémères, qu'elle ne connaît ni nos proches ni notre passé. Et on se confie à elle, tout autant, parce qu'on fait l'hypothèse que, venant d'ailleurs, elle sera intéressée par le caractère (relativement) original de notre vie. On se révèle ainsi plus facilement à l'étranger, parce qu'il est de passage. C'est très précisément la seconde idée proposée par Simmel pour caractériser les relations entretenues avec l'étranger, auquel on fait « les révélations les plus surprenantes, [auquel on] livre des secrets que l'on cache précieusement à ses propres intimes » (1911/2002, p. 54).

Ce que n'indique pas Simmel, mais qui est tout aussi important pour comprendre la nature de cette relation, tient au fait que l'étranger a besoin d'écouter l'autre pour disposer d'une place spécifique, celle de « passager ». Mais il faut abandonner l'exemple du train et en choisir un autre, par exemple celui d'un épicier tunisien dans un arrondissement bourgeois de Paris, pour comprendre cet autre aspect de la relation. Pour parvenir à tenir une place acceptable par les habitants du quartier, il doit connaître leurs « besoins » et surtout leur « conception du besoin ». Il peut s'agir bien évidemment de produits traditionnels d'épicerie, de produits plus spécifiques à une classe d'âge, à une ethnie ou à une philosophie de la consommation. Il peut s'agir des horaires et des jours d'ouverture que les clients vont privilégier. Mais, tout autant, il s'agit de comprendre les conventions sociales concernant la manière d'aborder les thèmes d'actualité, la manière de saluer, de souhaiter la « bonne journée », de donner des conseils sur le choix des produits. Il s'agit, plus encore, de savoir comment et jusqu'où faire circuler des informations concernant la vie du quartier ou de quelques-uns de ses représentants. Il s'agit enfin de savoir quels petits services (garder des clés, récupérer un colis, trouver un peintre, informer des fréquentations de l'adolescent, coller une affichette sur la devanture, se préoccuper d'une personne isolée...) peuvent être rendus, à qui, et selon quelles modalités. La plupart de ces informations ne peuvent pas être obtenues par des réponses à des questions pour au moins deux raisons : d'une part, les clients ne sauraient y répondre de manière générale, chacun d'entre eux ayant une conception différente de la nécessité, d'autre part, poser ce type de questions ne « se fait pas » parce qu'elles touchent au privé ou à l'implicite. Connaître ces informations pourtant nécessaires à la création puis au maintien d'une bonne relation commerciale suppose donc de savoir écouter les clients et de les amener à s'exprimer sur des thèmes variés pour identifier leurs besoins ou leurs désirs, et, surtout, la manière de les satisfaire. Cette capacité à comprendre l'autre au-delà de ce qu'il dit représente le moyen de se faire une place à la fois légitime – rendre des services utiles, n'existant pas ailleurs – et spécifique – celle de l'étranger.

Cela vaut donc pour l'épicier tunisien d'un quartier bourgeois de Paris. Mais cela vaut pour la presque totalité des patrons atypiques : ils savent entendre, ils savent faire parler, et, finalement, ils savent comprendre l'autre par empathie. Celle-ci consiste à savoir intérioriser suffisamment les mécanismes affectifs et culturels de l'autre pour parvenir à « se mettre à sa place », à sentir ce qu'il peut ressentir. La base de l'empathie repose ainsi sur la capacité à s'associer aux émotions de l'autre, et le sommet de cette capacité consiste à savoir imaginer le comportement que l'autre peut tenir dans telle ou telle circonstance, compte tenu de ses ressources et de ses désirs. Bien évidemment l'empathie, que l'on peut résumer par la capacité à partager des émotions, a peu de choses à voir avec la sympathie, laquelle correspond au partage de sentiments et de valeurs. L'empathie correspond par ailleurs à une posture ponctuelle, liée à une personne, dans une situation donnée à un moment donné, alors que la sympathie structure plus durablement une relation et s'adresse plus largement à ceux qui partagent la même conception du monde. On peut ainsi fort bien faire preuve d'empathie auprès de l'autre parce qu'on souhaite pouvoir lui arracher une ressource, un secret ou une intention, de manière à le dominer ou à le trahir. C'est la posture du manipulateur. On peut par contre être en sympathie avec une personne parce qu'on partage la même idée du monde et le même jugement sur les autres, sans pour autant en comprendre ses mécanismes affectifs, et sans pouvoir s'associer émotionnellement à elle (Alter, 2009). Tisseron (2010) ajoute un élément logique souvent oublié dans cette définition de l'empathie : il s'agit de la capacité à être « touché » par les émotions de l'autre, de la capacité à manifester ses propres émotions parce qu'on éprouve celles de l'autre. Cet élément est central dans la compréhension de l'empathie, puisqu'il amène à la définir comme une interaction réciproque – « je me dévoile parce que tu te dévoiles » – et pas seulement comme la mise en œuvre d'une qualité personnelle.

Mais, principalement, être empathique suppose de savoir se mettre à la place de l'autre, et il est infiniment plus aisé d'opérer ce type de mouvement lorsqu'on ne dispose pas d'une place sociale attitrée que lorsque celle-ci se trouve attribuée et acceptée comme une sorte d'état de nature. Il est infiniment plus aisé de se dévoiler lorsque l'autre représente ce voyageur, celui qui n'est pas vraiment de notre monde, mais que l'on croise, dans un train, à l'épicerie ou dans toutes sortes de configurations professionnelles.

Pour toutes ces raisons, même si les patrons atypiques ne sont pas systématiquement plus sympathiques que les autres, ils sont, à coup sûr, plus empathiques, et ils mobilisent les personnes, plus que les personnages, parce qu'ils se moquent plus largement que les autres des rôles convenus. Cette disposition représente une véritable compétence en matière de management, parce qu'elle permet de soustraire la capacité d'action aux registres formalistes des savoirs gestionnaires. Il en va ainsi pour ce chef d'entreprise autodidacte, qui s'embarrasse assez peu de techniques dites scientifiques en matière de recrutement, et qui s'intéresse assez peu aux *curricula vitae* parfaits. Il laisse largement de côté le passé du candidat mais cherche, derrière le salarié potentiel, la personne, celle qui fonde son engagement, et à laquelle il peut donner sa chance. Cette démarche va jusqu'à accepter des profils formellement de « mauvaise qualité » :

> *Pourquoi je ne tendrais pas la main à ceux qui ont envie de travailler ? La priorité, c'est la motivation et le travail. Par contre on est très sélectif en amont, on regarde la personnalité de l'individu, et je ne recrute que comme ça, y compris en interne. Son cursus et ses compétences acquises à un moment donné, je m'en fous. Moi, ce qui m'intéresse, c'est la personnalité.*
> *Q – Mais vous l'évaluez comment ?*
> *– En posant des questions simples.*
> *Q – Comme ça ? Pas avec des techniques, des machins de psychologue ?*
> *– Non. J'ai toujours fait comme ça, et ça se passe globalement bien* [...]. *Je leur pose des questions simples : de quel milieu social ils viennent ? Que font leurs parents ? Combien de frères et sœurs ils ont ? Qu'est-ce qu'ils font ?* [...] *Quelquefois, on va très loin, mais sans le vouloir. Les gens se lâchent. Je vous ai expliqué que moi, personnellement, j'ai eu une période, enfin... ma vie avait été difficile. Vous avez aussi des gens qui ont des moments difficiles dans leur vie. Avec, je ne sais pas, avec leurs parents, la famille, ce n'est pas toujours simple.*
> *Q – Ils se dévoilent, en fait.*
> *– Ils se dévoilent. Et ce sont eux que je recrute en général. Pourquoi ? Parce que, s'ils se sont lâchés, ils seront capables de surmonter leurs problèmes.*
> *Q – Vous avez affaire à la personne, quoi.*
> *– Voilà.*

Cette même compétence sociale peut amener à faire respecter sa différence en déplaçant une interaction fondée sur des stéréotypes à une interaction fondée sur une expérience réciproque. Elle consiste à faire passer l'autre d'une position de rôle à une position de sujet, de personnage à personne. Ce face-à-face suppose à la fois de comprendre ce que l'autre peut accepter, du point de vue du dévoilement, mais également de prendre le risque de baisser la garde (celle du rôle) le premier. Dans ce type de relation, le différent mobilise ainsi une sorte de qualité pédagogique fondée sur l'exemple : « Je prends le risque d'être moi-même, de sortir des rôles convenus, alors faites de même, ne restez pas à l'abri de votre rôle. » Voici un exemple de la manière dont ce schéma opère, dans le rapport d'une dirigeante à ses homologues masculins :

> *Pour moi, c'est très important de ne pas renoncer à ce qu'on est. Je pense être féminine, et avoir envie de l'être, donc je ne vois pas pourquoi je changerais. Je sens qu'il faut faire attention par rapport au côté sexy, suivant les situations, mais je dirais que pour moi ce n'est pas tellement lié aux hommes, c'est plus par rapport aux situations.* [...] *La première chose, c'est de désarmer l'agressivité possible, de désarmer par de l'empathie. Parce que moi, en fait, j'aime fondamentalement l'harmonie, et je ne supporte pas le conflit, l'agressivité.* [...] *Ce qui fait qu'à un moment donné, quand vous arrivez à désarmer des gens, ils ne sont plus dans une relation de séduction ou de quoi que ce soit, ils sont plus dans une relation on va dire d'empathie réciproque.*

Le même type d'attention aux personnes permet de distinguer un problème humain, social ou affectif, là où les solutions techniques et cognitives avaient échoué. Ce point de vue représente une véritable leçon de management. L'efficacité d'une négociation ne consiste par exemple pas à tirer le meilleur parti de l'autre ; elle consiste à parvenir à un accord tout en bénéficiant de sa coopération ultérieure. Encore faut-il faire de cet échange un moyen d'écouter l'autre, en « compréhension » (en se mettant à sa place pour partager sa logique). Et cette posture s'oppose point par point à celle d'un technocrate. Un dirigeant autodidacte se trouve ainsi confronté à ses directeurs (ses « collaborateurs ») issus des meilleures formations, qui mobilisent une conception étroitement utilitariste et stéréotypée de la bonne décision, alors qu'il ne cesse de leur expliquer qu'une bonne décision suppose l'échange, l'attention à l'autre. Très clairement, il explique cette différence de conception par la qualité des chemins respectivement empruntés. Les trajectoires linéaires de ses dirigeants les rendent peu sensibles à l'attention, à la vigilance que l'empathie amène à porter à l'autre, alors que sa trajectoire discontinue suppose de mobiliser des capacités inverses :

> *Comme je le dis à mes collaborateurs, je suis toujours en négociation, quoi. Et la négociation, c'est pas de la bagarre. Je le dis toujours avec les gars :* « *Moi, je suis toujours en négociation.* » *C'est pour trouver le point d'équilibre.*
> *Q – Pour trouver le point d'équilibre.*
> *– Trouver le point d'équilibre. S'il n y a pas de discussion, pas de confrontation, à mon avis, on prend moins bien les décisions. Là, cette nuit justement, je pensais :* « *Merde, comment ça se fait qu'on ait pris cette décision ? C'est pas possible, quoi, on est en train de faire une connerie, je vais voir comment cette décision a été prise, je suis sûr qu'il n'y a pas eu assez d'échange.* » [...]
> *Q – Mais est-ce que ça n'est pas une ressource de venir d'un milieu populaire, de ne pas avoir fait d'études ?*
> *– Si, c'est ça. C'est sûr que le gars qui a fait l'ENA* [...] *il n'y a pas de doute, il a fait des études, dans 90 % des cas il est issu d'un milieu social, et des fois social et financier, aisé. Donc il a été préservé, on l'a préservé des rudesses de l'hiver. Après on lui dit :* « *Il y a des concours.* » *Il est le meilleur, il est sélectionné, il fait partie de l'élite. Quand ce gars-là, après, est au volant de la machine, comme on lui a dit qu'il était le meilleur, le meilleur pilote, qu'on lui a prouvé, qu'on lui a donné tous les postes et tout, donc il est le meilleur pilote. Et puisqu'il est le meilleur, est-ce qu'il a besoin d'écouter les autres ?*

Bien évidemment, l'empathie peut également être utilisée pour manipuler l'autre ou se défaire de la domination. Cela est d'autant plus facile pour les patrons atypiques qu'ils cumulent, dans ce type de jeu, trois atouts bien spécifiques. Tout d'abord, ils se font peu d'illusions sur l'efficacité des conventions et des règles morales, parce qu'ils ont fait l'expérience de la force des stéréotypes, et donc de la puissance des croyances sur les choix dits « rationnels ». Ensuite, ils peuvent paradoxalement bénéficier des stéréotypes qui leur sont associés, lorsqu'ils les ont vaincus. Les stéréotypes leur confèrent en effet une position de faiblesse, d'impuissance ou d'indignité qui rend leur comportement stratégique moins prévisible que celui d'un normal. Enfin et surtout, la conception des règles du jeu est beaucoup plus extensive pour les patrons atypiques que pour les autres, car ils ont réussi à sortir du cadre des règles établies pour parvenir à devenir acteurs. Ces caractéristiques confèrent au jeu sur l'empathie toutes sortes de perspectives stratégiques qui, dans l'ensemble, amusent ou font sourire, plus qu'elles ne choquent ou blessent, parce qu'on a le sentiment que cela se fait au nom de la bonne cause. Voici par exemple la manière dont une dirigeante joue d'un physique catalogué comme « inadapté » (elle est manifestement belle) par des collègues masculins :

> *Je mets complètement sous silence, ou mon intelligence ou ma vivacité intellectuelle, je joue vraiment la fille complètement ramollo* [...] *ça fait plus poupée Barbie. Comme je sais qu'il y en a qui pensent que de toute façon je suis là parce que j'ai forcément couché, c'est dans la logique des choses. Et puis j'attends le moment où ils se détendent, où tout le monde se relaxe, où ils sont complètement désarmés. Et là, à un moment donné, les choses naturellement me permettent de me replacer au centre du débat sur le sujet dont on parle, et* [...] *de prendre l'ascendant, parce qu'ils sont complètement désarmés, parce qu'ils pensaient que j'étais complètement stupide.*
> *Q – Inoffensive.*
> – [...] *Donc je savais très bien ce que certains pensaient, donc je l'ai vraiment mise en veilleuse pendant deux-trois réunions, et puis le président m'avait demandé de présenter mon projet, donc là j'avais quand même préparé ma présentation bien chiadée, et ce que j'ai apprécié, c'est l'effet de surprise, après mes dix minutes chocs où je les ai vraiment attaqués sur le dur du business model, donc c'était vraiment pas de chichi, vraiment à fond dans des choses assez pointues, et là j'ai senti comme un électrochoc pour certaines personnes, pas toutes, et là c'était vraiment super.*

Une dirigeante et autodidacte retrace la manière d'interpeller un membre de l'état-major, quand elle n'était pas encore cadre, en rappelant le mélange constant de naïveté et d'outrecuidance qui permet finalement de faire ce que les autres n'osent même pas imaginer. Et elle a parfaitement conscience du fait que cette compétence, plus généralement, permet d'introduire du jeu dans la relation, de la rendre plus plastique et de placer la négociation à l'endroit souhaité, pas à l'endroit convenu :

> *Je déjeunais au siège, il est venu s'installer à la table avec tout un tas d'autres personnes que je connaissais, mais lui je ne le connaissais pas, et il me dit : « Alors, vous travaillez où, vous êtes qui ? » Et puis au bout de trois questions, il a commencé à m'agacer profondément. Je lui dis : « Écoutez, il y a des questions que vous ne m'avez pas posées, alors on va les mettre tout de suite sur la table : j'ai les yeux bruns, ça, vous le voyez, je ne fais pas 90-70-90, je mesure par contre 1 mètre 70, je suis mariée, j'ai une fille* [...]
> *Q – Et pourquoi il vous posait ces questions, comme ça ?*
> *– Parce que c'était pour lui convivial, j'étais la seule personne qu'il ne connaissait pas autour de la table.*
> *Q – Il se permettait de vous poser des questions directes.*
> *– Il se permettait des questions un peu directes : « Tu viens d'où, tu fais quoi ? » Et donc ça m'a vraiment agacée sur le moment. Je ne savais pas qui il était, je ne savais absolument pas qui il était. Et en fait on a plaisanté, on a discuté, et puis je ne sais pas, ce côté un peu insolent a peut-être...*
> *Q – Juste un mot là-dessus. Quand vous lui répondez comme ça de façon un peu insolente, vous saviez que c'était quand même un chef.*
> *– Je savais que c'était un des directeurs, mais... Vous savez, quand vous êtes au siège d'un grand groupe, des directeurs, il n'y a que ça.*
> *– Q – Donc c'était insolent de lui répondre comme ça, c'était insolent. Ce n'était pas de la naïveté, de l'innocence, de l'inconscience.*
> *– Il m'agace, et je vais le lui faire comprendre.* [...]
> *Q – En lui répondant de cette manière-là, vous entriez en relation avec lui de façon personnalisée, c'était pas « ferme ta gueule, gros con ».*
> *– Non, ça je sais le faire, mais de façon beaucoup plus directe.*
> *Q – En fait, en lui parlant comme ça, vous vous placiez dans une relation de personne à personne.*
> *– Oui, tout à fait, de personne à personne. C'est-à-dire que toutes les relations que je crée, ou qui se créent, c'est vrai que je cherche souvent*

qu'elles soient d'abord de personne à personne. Dans mon travail à l'heure actuelle, je rencontre les patrons des grands groupes [...] *Quand vous avez affaire à un dirigeant, vous avez deux façons de l'aborder, soit vous êtes coincé dans votre cravate et dans votre veste, vous transpirez et vous posez vos questions, et vous attendez qu'on veuille bien y répondre, soit vous déplacez le sujet.*
Q – Vous déplacez la relation, vous voulez dire ?
– Oui. Vous déplacez la relation sur des sujets qui peuvent être un peu latéraux pour revenir ensuite au sujet.

Voici également quelques éléments tirés d'un entretien avec un entrepreneur autodidacte qui m'en a plus appris sur la nature d'une relation commerciale que la lecture de plusieurs manuels. Mon interlocuteur m'indique qu'il faut savoir toucher le cœur de l'autre, sa personne, qu'il faut créer un lien d'apparente réciprocité avec lui pour parvenir à réaliser un échange avantageux. La sympathie s'associe alors à l'empathie pour manipuler subtilement l'autre. L'art, en la matière, consiste donc à ménager l'apparent désintéressement, tout en étant soucieux de son intérêt économique. Ceci suppose un savoir-faire mobilisant une grande intelligence sociale, beaucoup d'empathie, un peu de méthode et un brin de cynisme. Mon interlocuteur vient de m'indiquer qu'il invitait ses clients dans de très bons restaurants, pour être en sympathie avec eux :

Quand il y a la sympathie, moi, j'achète. Je ne vous cache pas que quand j'achète des produits, je préfère acheter à quelqu'un de sympathique qu'à quelqu'un qui n'est pas sympathique. Je paye même un peu plus cher bien souvent à quelqu'un qui est sympathique, qu'à quelqu'un qui n'est pas sympathique.
Q – Donc vous êtes sympathique quand vous invitez vos clients au restaurant. Et alors comment on fait pour être sympathique ?
– Ça, je ne sais pas par contre. Je vous dis : « C'est inné, ça. » Vous êtes commerçant ou vous ne l'êtes pas. Vous pouvez faire toutes les grandes écoles, si vous n'êtes pas commerçant [...].
Q – C'est être attentif à l'autre, c'est toujours votre idée ?
– Voilà, sentir s'il a un petit endroit faible, si quelque chose lui ferait plaisir, deviner ce qui lui ferait plaisir. Ça, c'est important. Si par

exemple vous allez chez le gars, qu'il dit : « Ah non, ça ne va pas aujourd'hui, mon chien, je l'ai fait opérer hier, il a mal au cœur, peut-être qu'on va le perdre. » Quand vous retournez deux mois après, vous demandez des nouvelles de son chien : « Comment il va ton chien, au fait ? – Oh, formidable ! Oh, tu te rappelles de ça... »
Q – Ah oui, et c'est gagné, là !
– [...] parce que je l'avais marqué sur un petit carnet.
Q – Vous le notiez ?!
– Bien sûr.
Q – Les petites faiblesses, tout ça.
– Ou le fils qui avait été opéré, ou le gars qui avait eu son bac, ou le truc... Très important.
Q – Vous le notiez.
– Quand vous avez 500 clients, comment voulez-vous vous rappeler ? Le gars, il a l'impression d'être tout seul. Vous lui donnez tellement d'importance, il se dit : « Vraiment, il me suit à la trace, c'est pas possible, il se rappelle de ça. » Et puis il a eu un deuxième bébé, il a eu une opération, il a acheté une nouvelle maison, une résidence secondaire : « Tu te plais bien dans ta résidence secondaire ? Oh, je t'avais dit ça, je me souviens même plus. Tu t'en rappelles, c'est formidable ! » Je m'en rappelle, tu parles, j'avais noté. Très important. Ça touche les gens, vous ne pouvez pas vous imaginer. C'est 50 % du boulot. 50 % !

Un dernier avantage de la position d'étranger consiste en l'imprévisibilité de l'action, du pouvoir que l'on peut en tirer. Crozier et Friedberg (1977) expliquent clairement que l'exercice du pouvoir informel (hors règles et hiérarchie) repose sur la capacité à mobiliser des informations rares, capacité liée à la position dans l'organisation ou à l'accès à des connaissances expertes. Dans les deux cas, les acteurs disposent de la possibilité de contraindre le comportement de l'autre. Mais ce dernier dispose également de pouvoir. Le jeu, entre les acteurs, consiste alors à mobiliser des stratégies imprévisibles pour l'autre de manière à contrôler la relation à son avantage. On comprend bien le caractère crucial de l'imprévisibilité : dévoiler son jeu consiste à donner à l'autre le moyen de construire une stratégie parfaitement opposée. Ce ne sont donc pas à proprement parler les atouts qui comptent, dans le jeu, mais la compétence à mobiliser des cartes stratégiques lorsque l'autre ne s'y est pas préparé. Il est dommage que cette perspective parfaitement convaincante, mobilisée aussi bien par la sociologie des organisations que par la théorie des jeux, ne laisse pas de place à la question de la culture. En effet, ne pas participer aux normes de la majorité et des coutumes majoritaires confère un pouvoir considérable à l'étranger : celui d'être largement imprévisible puisque les autres ne connaissent pas sa manière de jouer, la valeur qu'il attache à ses atouts et à ses alliés, sa capacité à bluffer et « à prendre la main ». Plus encore, les acteurs différents se trouvent amenés à centrer leur négociation sur des dimensions objectives, à négocier plus qu'à se battre, parce qu'ils ne partagent ni les mêmes valeurs, ni les mêmes affects. La seule chose qui les rapproche est donc la finalité du jeu, mais aucunement ses codes, et les émotions qui s'y trouvent associées. Une dirigeante, exerçant dans un secteur industriel largement masculin, exprime bien cela :

> *Mon prédécesseur était un homme. Et mon département est réputé dans l'entreprise pour être un volcan social. Quand on a basculé violemment dans la grève, et dans le risque de faillite, la grève a démarré ici. Donc il y a une histoire sociale très forte, et qui est très emblématique.* [...] *Donc j'ai en face de moi les représentants syndicaux, qui sont...* [...] *C'est l'élite de la classe ouvrière, si vous voulez. Mais c'est des gros bras quand même. Et donc avec mon prédécesseur, qui adorait se castagner avec eux, c'était une ambiance électrique. Donc autant vous dire que l'ambiance a totalement changé, parce que moi, j'allais pas me castagner avec les gros bras. Donc je gère les relations sociales à ma façon. C'est-à-dire que jamais je ne crie, jamais je ne hurle, je parle toujours à voix audible et je joue un dialogue sur un autre registre. J'essaye d'expliquer ce que je fais, pourquoi je le fais* [...]. *Et ça se passe pour l'instant extrêmement bien. Mais ça les a obligés à changer. Donc j'ai changé la donne en quelque sorte. Les règles du jeu ont changé, entre nous. Entre la direction et les organisations syndicales.* [...]
> *Q – Qu'est-ce qu'ils vous en disent, de ce changement de genre ?*

– Ils ne le commentent pas. Par contre, ce qu'ils expriment, de manière plus ou moins implicite ou explicite, c'est qu'on a construit de la confiance ensemble. [...]
Q – Et vous pensez que c'est une compétence féminine ?
– Non, je ne pense pas que ce soit une compétence féminine. En revanche, je pense que face à des représentants syndicaux qui sont des symboles de masculinité, ça les oblige, c'est le mot qui me vient, le fait que je sois une femme et que je me comporte comme je me comporte, ça les oblige à avoir un comportement différent. Ce n'est pas forcément ce qu'ils préfèrent, ce n'est pas forcément ce qu'ils ont choisi, mais quelque part je le leur ai imposé. J'aurais été un homme, ils ne se seraient pas sentis contraints, je pense.

Ces exemples indiquent que l'empathie représente bien une capacité à ressentir l'autre et à pouvoir comprendre sa logique. Mais elle ne peut être réduite à cette seule perspective. Toutes les analyses qui viennent d'être présentées amènent en effet à concevoir l'empathie comme une compétence psychosociale : en accédant à l'autre en tant que sujet affectif et en acceptant d'être « touché » par lui, l'individu empathique comprend mieux ce qui lie les uns aux autres et les autres à lui-même, il articule mieux la compréhension des relations entre individus et structures, entre structures et cultures. Le fondement même de l'empathie repose ainsi sur la distance au rôle, la capacité à ne pas confondre ce que l'on est statutairement avec ce que l'on est personnellement, de part et d'autre. Et bien évidemment l'ampleur de cette distance varie directement en fonction des expériences sociales vécues : bien plus qu'un homologue ayant bénéficié d'une socialisation linéaire, homogène et protégée, un patron atypique est amené à faire de la distance au rôle la base même de son rapport aux autres et à lui-même. L'empathie, comme l'explique bien Tisseron, représente donc la base de la « résilience réussie » (2010, p. 82) parce qu'elle permet de « remodeler les repères », que ceux-ci concernent le rapport aux autres, à soi-même ou à l'environnement. Elle représente ainsi l'une des compétences majeures des patrons atypiques.

4. Plus sociables que socialisés

La troisième dimension caractérisant, selon Simmel, la logique de l'étranger correspond à un autre aspect de la distance au rôle, celui de l'« objectivité », l'attitude qui consiste à participer à la vie sociale sans soumettre son jugement aux valeurs, normes et préjugés qui résultent de l'appartenance solide à une place stable et identifiable. Le déficit de socialisation de l'étranger le mène ainsi à se représenter le monde comme une scène sur laquelle il est parfois acteur et d'autres fois spectateur, parfois engagé et d'autres fois exclu. Il regarde le monde autant qu'il le vit (Tassin, 2003). La leçon qu'il tire de cette double expérience le porte à objectiver l'intrigue qui se noue sur la scène, un peu comme un comédien peut analyser, de la salle, la qualité du jeu de ceux qui se trouvent en représentation. Ainsi, l'étranger mobilise dans son rapport au monde « l'attitude spécifique de l'objectivité, qui n'indique pas le détachement ou le désintérêt mais résulte plutôt de la combinaison particulière de la proximité et de la distance, de l'attention et de l'indifférence » (*ibid.*, p. 55).

L'étranger ne mobilise pas ses compétences pour intégrer une place sociale, il mobilise ses compétences pour tenir un rapport aux places sociales qu'il juge être satisfaisant, mais également supportable par les autres. Ça n'est donc pas précisément le concept de socialisation – les processus vécus par un individu pour s'intégrer à la société – mais plutôt de celui de sociabilité – les modalités mises en œuvre pour tenir des rôles en société – qui convient pour analyser la manière dont les étrangers tiennent une place sociale. Leur identité se construit en effet par distanciation, par rapport à leur origine, et par rapport à leur milieu d'accueil. Cette même intuition a permis à Pollak (1993, p. 220 *sq.*) de comprendre la trajectoire identitaire d'une nouvelle catégorie d'homosexuels, dans les années 1980. Issus des classes moyennes, ils ont dû rompre avec leur milieu pour parvenir à vivre leur orientation sexuelle. Déracinés socialement et spatialement, ils découvrent de nouveaux lieux et de nouveaux liens, ceux du milieu homosexuel, mais, plus encore, ils accèdent à des milieux socialement hétérogènes. Cette expérience sociale produit une lucidité sur laquelle reposent des relations à la fois ouvertes mais faiblement engagées, et, surtout, attachées à leur singularité et à leur intérêt en tant que tels, plus qu'à la place qu'elles permettent de définir et de tenir.

Ce qui caractérise ainsi la logique des patrons atypiques, autant que leur réussite dans les affaires, semble bien être la sociabilité : dans les deux cas, ils se trouvent amenés à mobiliser la ruse, l'intelligence, le doute, et à tirer plaisir de ce type de circonstances. Mais cette position d'extériorité n'empêche pas de faire un effort de socialisation, de s'efforcer de tenir, pour partie, des comportements semblables à ceux des autres, pour être accepté par eux. La sociabilité ne dispense en effet pas de la socialisation : on ne peut éternellement jouer sur les normes de relation pour vivre dans un milieu donné. Il faut également pouvoir manifester le fait qu'on s'y trouve attaché, intégré. Cette manifestation, pour les patrons atypiques, ne provenant pas d'une expérience sociale similaire à celle des normaux, ils adoptent souvent un comportement mimétique. Beaucoup d'entre eux se réfèrent ainsi aux qualités du caméléon, l'animal qui prend la couleur de son environnement immédiat pour ne pas afficher sa singularité, afin de ne pas être dévoré par les autres. Cette forme de compétence sociale peut séduire les normaux, dont l'attente de rôle se trouve ainsi satisfaite : ils se trouvent représentés dans l'expression de l'autre, y trouvent un prolongement d'eux-mêmes (Halford, 2007). Cela unit finalement. C'est précisément ce qu'explique cette cadre supérieure handicapée :

> *Pourquoi les gens m'appréciaient autant ? Parce que j'étais le reflet de ce qu'ils attendaient de moi. J'étais exactement ce qu'ils attendaient, chacun d'entre eux. Et je n'étais d'ailleurs jamais la même exactement.*
> *Q – C'est-à-dire que vous composiez en fonction de l'attente.*
> *– Tout à fait. De l'individu, de ses attentes.*

Q – Donc vous n'étiez pas vous ?
– Non. Mais peu importe, j'étais un maillage de tout ça. J'avais une personnalité, je pense, à l'époque, vraiment diversifiée, nourrie de toutes ces personnes, et donc j'étais capable d'être tout et personne à la fois.
Q – Ce qui vous intéressait, c'était d'échanger avec les autres ?
– Voilà, c'est ça. Et c'était le fait de ne pas déplaire, à défaut de plaire. C'est-à-dire qu'à l'époque, malgré mon handicap, qui était beaucoup plus lourd qu'aujourd'hui, j'attirais beaucoup. [...] *J'étais à chaque fois le trait de caractère qu'ils attendaient d'une femme. Et c'était une sorte de jeu que je composais. Mais je ne me perdais pas pour autant, parce que j'étais bien un maillage de toutes ces facettes.*

Cet entrepreneur issu de l'immigration reprend la même thématique pour indiquer les fondements de sa plasticité sociale : observer et se fondre dans différents milieux. Il indique également que le sentiment même de disposer de cette spécificité représente une partie de son identité :

Moi, j'étais quelqu'un de très poli, j'ai toujours eu quand même un minimum de culture. Et puis bon, faut dire ce qu'il faut dire, je ne suis pas complètement idiot. Quand j'étais chez eux [les normaux qui l'accueillaient quand il était jeune], *je me tenais bien. Maintenant, c'est plus dans la réalité des choses, mais je suis assez caméléon, quoi. Tout à l'heure, je vais être avec des boîtes du CAC 40, du machin, je sais que je vais être comme un poisson dans l'eau. Et si demain* [...] *je me retrouve avec quelques personnes qui viennent des « quartiers », avec des jeunes un peu en difficulté, je vais être comme un poisson dans l'eau.*

Une autre jeune femme, cadre supérieure et handicapée, explique le même phénomène : le différent fait un effort de socialisation pour être accepté par les normaux. Mais il demeure suffisamment extérieur à son rôle pour analyser objectivement ce processus :

Moi, je me souviens, quand j'étais étudiante, par exemple, tout le monde appartenait plus ou moins à un clan ; moi, je n'appartenais à aucun clan. C'est que je m'entendais bien avec plein de petits groupes, je gravitais autour des groupes, mais je n'ai jamais appartenu à aucun groupe en

> *tant que tel, en fait. Je pouvais très bien me fondre dans des groupes, alors que les membres des groupes ne se mélangeaient pas. C'est que je suis un peu caméléon, en fait.*

Le travail identitaire des patrons atypiques consiste ainsi à savoir faire la part des choses, entre la position d'extériorité, qui correspond à leur expérience sociale spécifique, et l'obligation qui leur est faite de savoir participer à la vie des autres. Dans certains cas, cette tension représente une épreuve difficile à surmonter, parce qu'elle met en tension l'identité « pour soi » et l'« identité pour autrui » (Goffman, 1959/1973 ; Dubar, 1991), l'une et l'autre devenant concurrentes. Cela vaut en particulier lorsque la construction de l'identité pour soi a demandé de tels efforts de prise de distance, d'objectivation et aussi d'efforts professionnels que les « transactions » avec la logique culturelle dominante n'ont rien d'un jeu, ni d'une négociation. L'émotion que l'on éprouve en lisant certains des extraits d'entretien que je viens de présenter provient de cela. Être étranger n'est pas toujours un jeu, même si cette position oblige à savoir jouer (tenir des rôles et agir de manière stratégique). Cette obligation de jouer suppose et confère une intelligence sociale qui surprend, même un sociologue ayant déjà réalisé quelques milliers d'entretiens sur des terrains professionnels de toutes sortes. Il existe en effet chez les patrons atypiques un véritable goût pour l'analyse et l'objectivation, qui se manifeste principalement sous deux formes : l'identification de formes de relations généralement ignorées ou tues, la compréhension du rapport entre valeurs et action.

Concernant l'identification, une dirigeante m'explique par exemple de manière sereine que les relations hommes/femmes au travail choquent lorsqu'elles peuvent être interprétées comme une relation d'amant à maîtresse. Par contre, si les relations affectives prennent la tournure d'une interaction de type père/fille, elles sont plus simples à vivre parce que plus légitimes, ou moins « douteuses ». Mais dans les deux cas, explique-t-elle, les relations sexuées existent bien dans le monde du travail, et il faut savoir en tenir compte dans les interactions. Cette idée évidente, riche de sens et de conséquences sociales, qui échappe souvent aux analyses sociologiques, est décrite de manière limpide par mon interlocutrice :

> *C'était* [avec ses propres chefs] *vraiment père/fille, au sens littéral du terme, et c'est ce que j'appelle ma différence. J'ai été très longtemps la petite jeune, qu'on avait envie de faire progresser.* [...] *Et moi, j'ai toujours vécu ça comme une chance.*
> *Q – Oui, on analyse souvent les relations hommes/femmes, mais il y a les relations pères/filles qui sont d'une toute autre nature.*
> *– En l'occurrence, moi, j'ai beaucoup bénéficié de ça. Mais après, j'ai vieilli, donc j'étais un peu moins jeune, et j'étais un peu plus de l'âge de mes confrères, et le côté homme/femme a aussi beaucoup fonctionné.*
> *Q – Oui. C'est-à-dire ?*
> *– J'ai utilisé sans vergogne, et en tout bien tout honneur, une relation de charme, de séduction, pour amadouer les plus réticents... Vous ne pouvez pas dire un truc comme ça sans qu'on vous soupçonne d'avoir fait des choses absolument épouvantables. Mais c'est totalement idiot. De la même façon que certains vont utiliser la force, entre deux mecs. Dans une entreprise, c'est comme ça, vous avez des groupes, il y a des goûts, il y a des machins. Vous êtes une femme, vous jouez de votre capacité d'endormissement, pour essayer d'avoir un terrain qui vous soit favorable en termes d'argumentation.*

Concernant l'analyse du rapport entre valeur et action, l'analyse proposée par cet entrepreneur, issu de l'immigration et d'origine sociale modeste, est parfaitement claire. Il comprend que les relations d'affaires reposent autant sur des engagements affectifs que sur l'intérêt, que les choix économiques procèdent autant de jugements de valeur sur ce que représente l'autre que sur l'avantage que l'on peut tirer d'une relation. L'art consiste alors, pour l'étranger, à savoir alternativement donner le change ou révéler ses origines.

> *J'aime le foot et on s'est rencontrés* [avec d'autres entrepreneurs] *autour d'un « repas foot » où on a échangé. D'abord, c'est parti d'une boutade.* [...] *Et puis je ne sais plus ce que je disais, et il m'a balancé dans les dents : « Mais qu'est-ce que t'y connais, toi, fils à papa ? » Parce que j'ai toujours bien présenté, parce que, effectivement, je ne pense pas que ça*

se voit forcément tout de suite sur la tête, le milieu social. Et lui s'était fait l'idée que j'étais un fils à papa [...] *C'est comme ça qu'on s'est rencontrés. D'abord sur un accrochage. Puis il m'a appelé deux jours après pour s'excuser.* [...]
Q – Et vous lui avez dit quoi ?
– Je lui ai expliqué que quand on ne savait pas, déjà, d'une, il valait mieux éviter ce style de phrase. Et que la formule « l'habit ne fait pas le moine », ça existait. En gros, je lui ai expliqué ça, et que mes parents étaient ouvriers, tout simplement. Je ne suis pas rentré plus dans le détail. Et lui, comme c'est un garçon intelligent, même s'il est un peu provocateur, de fil en aiguille on a continué à se voir.

Dans tous les cas, l'identité professionnelle décrite ici ne correspond aucunement à l'intégration progressive d'une position sociale. Elle repose sur la construction progressive d'un rapport aux autres. Cette construction prend elle-même appui sur une capacité d'analyse, d'écoute et d'empathie qui repose sur la position d'extériorité. Elle résulte donc d'un positionnement du regard différent sur le monde. Je l'ai indiqué plus haut.

Mais cette définition du regard n'est pas suffisante. En effet, au même titre que les patrons atypiques disent les choses directement, s'adressent à la personne bien plus souvent qu'au personnage, une soixantaine d'entretiens auprès d'eux donne à penser qu'ils regardent l'autre différemment, plus directement, plus intensément. Illusion ? Sympathie ? Projection ? Transfert ? J'ai longtemps considéré que cette idée n'avait rien de sérieux, rien d'objectivable parce que difficilement descriptible et jamais indépendante de la situation d'interaction dans laquelle je me trouvais. La découverte du livre de Marcelli (*Les Yeux dans les yeux. L'énigme du regard*, 2006) me permet de formuler autrement l'hypothèse. Tous les hommes regardent les autres, pas seulement pour comprendre ce qu'ils font, mais pour capter leur intention, laquelle se discerne dans le regard, avant la réalisation de l'action elle-même. La bienveillance, la colère ou le sentiment amoureux se lisent ainsi dans le regard avant de se manifester par des actes. Et la signification du regard résiste moins au contrôle que les gestes ou les mimiques. On peut ainsi sourire uniquement par l'éclat du regard, de manière authentique. À l'inverse, sourire sans cet éclat procède d'une expression conventionnelle, indépendante de l'émotion ressentie. Certains trouvent avantage, intérêt, plaisir ou nécessité à s'intéresser à l'intention de l'autre, plus qu'à son action, parce qu'ils sont relativement étrangers aux conventions et doivent compenser cette position par une capacité de compréhension plus rapide, plus complète et surtout moins explicite : ce sont les différents. Ils regardent donc plus le regard des autres.

La « théorie de l'esprit », telle que Marcelli la présente, explique bien ce phénomène. La conscience de la différence de l'enfant par rapport à ses parents le mène à être attentif à leurs comportements, à en distinguer les intentions et, progressivement, à apprendre à définir son propre comportement à partir de signaux faibles : c'est en regardant leurs parents dans les yeux qu'ils comprennent ce qu'ils doivent faire, plus qu'en répétant de manière mimétique un geste ou un comportement social à tenir dans telle ou telle circonstance. Conscients de ce phénomène, les parents mobilisent de leur côté des regards « pédagogiques », qui permettent à l'enfant de saisir des messages à demi-mot, par la compréhension de leur subjectivité. Ce type d'apprentissage laisse à l'enfant une liberté d'interprétation qui le rend à la fois grand – il devient autonome – et humain – il sait coordonner ses actions avec celles des autres selon le principe d'intersubjectivité décrit. Un regard représente donc une relation, de personne à personne, à la fois suffisamment signifiante pour agir ensemble, et suffisamment ambiguë pour que l'on doive souvent quêter le regard de l'autre – être attentif à ses manifestations – pour en comprendre l'intention. Cette relation associe les êtres dans une sorte d'empathie réciproque et provoque un sentiment passager de fusion, de prolongement de soi dans le regard de l'autre. Bien différente d'un échange d'information, cette relation est également impudique parce qu'elle dévoile ce que l'on est et ce que l'on ressent pour l'autre. Plus encore, elle incite à s'adonner à la réciprocité de l'échange, parce qu'un échange de regard confère du sens – de la signification et de l'accès au sensible. Pour cette raison, le regard de l'un vers l'autre ne peut être soutenu trop longtemps.

Ces observations permettent de comprendre le regard des patrons atypiques. Il pèse dans les relations. Il y est très présent, presque toujours pressant, parce qu'il nourrit leur intelligence sociale, parce qu'il compense leur extériorité. Mais il pèse également parce qu'il représente une affirmation de ce même statut, par le brillant des yeux qui traduit l'attention, la curiosité et la vigilance. Il pèse enfin pour une dernière raison : il est profondément humain, et, d'une certaine manière, archaïque, parce qu'il valorise la nature intersubjective des relations (l'attention à l'intention) alors que la plupart des individus ont aujourd'hui tendance à s'en protéger ou à donner à voir leur seule subjectivité.

Le regard que les patrons atypiques portent sur le monde représente ainsi une ressource stratégique considérable, mais, tout autant, il est une sorte de stigmate positif, une « marque », celle de devoir être le premier à s'engager dans les relations d'empathie réciproque.

5. Témoigner de son histoire

Ce type de regard traduit ainsi une place particulière : celle de l'entre-deux, entre deux mondes, deux cultures, deux êtres ou deux formes de rationalités subjectives. Il représente également un regard intérieur, une introspection permettant de comprendre la manière dont s'est construite cette situation d'« entre deux » (Truc, 2005). La grande richesse des entretiens présentés ici s'explique pour cette raison. Les patrons atypiques font des récits captivants de leur histoire parce que leur parcours est étonnant, inattendu, mais, tout autant, parce que ces récits représentent une analyse de ce qu'ils sont, pour eux, pour les autres, et pour le sociologue qui les écoute. De même qu'ils se trouvent à la fois plus distanciés et plus impliqués que les normaux dans la vie professionnelle, ils se trouvent également amenés à investir plus largement la nécessité – mais aussi le goût – du récit.

Cette relation entre l'identité de la personne qui fait le récit et l'histoire qu'elle raconte est maintenant bien identifiée par les sciences humaines. Identité du personnage et identité de l'histoire, souligne ainsi Thomasset en reprenant Ricœur (1996), sont en interdépendance : elles se construisent mutuellement. Il explique ainsi le succès actuel des « histoires de vie » qui s'apparentent à la formation de l'identité de manière rétroactive : en retraçant sa trajectoire, on la comprend mieux, on y trouve des causes, des formes de cohérence et des logiques dont on n'avait pas conscience en situation. Une fois intériorisées, ces explications permettent de donner sens à ce qui a été fait par rapport à ce qu'on est. De ce point de vue, « Le soi est une interprétation et il peut être l'objet de changements, de conversions » (*ibid.*, p. 163). Et plus les sociétés contemporaines se transforment, indique Thomasset, plus elles questionnent les identités, plus elles mobilisent les récits de ce type, dont les supports contemporains les plus caractéristiques sont aussi bien les histoires de vie, la psychanalyse, les réseaux sociaux ou la téléréalité. L'identité est ainsi « narrative » selon Ricœur : elle suppose de se raconter et de s'interroger pour se constituer : « Le sujet agit dans le monde et au sein d'un contexte donné, mais dans le même temps le sens de son action ne lui est accessible qu'à travers la lecture de son histoire » (*ibid.*, p. 150). Le récit de sa propre vie représente ainsi un moyen progressif d'accès à l'identité, et, tout autant, de définition de la cohérence identitaire. Il s'agit d'une activité permettant de prendre de la distance par rapport aux conventions et à ce que l'on est, pour définir d'autres formes de rapport au monde et à soi-même.

La quasi-totalité des sociologues qui s'intéressent à la question de l'identité retrouvent aujourd'hui cette double perspective : d'une part, l'identité résulte en partie d'une construction rétroactive qui se trouve par la suite projetée vers l'avenir pour agir de manière cohérente, réfléchie ; d'autre part, la situation contemporaine de mouvement permanent des structures, de crise des rôles sociaux et de difficulté à prévoir le comportement des autres suppose de se raconter. On se raconte pour se comprendre et se projeter, pour unifier – ou trouver ce qui unit – ce que l'on a été, ce que l'on est, et ce que l'on souhaite devenir. Et plus la trajectoire sociale est complexe, critique, imprévisible, plus elle suppose d'être dite.

Quel que soit leur type de différence, les patrons atypiques racontent ainsi toujours une même histoire, celle d'une tension entre ce qu'ils sont et ce qu'ils deviennent, entre leur identité pour soi et leur identité sociale.

Cette tension concerne également leur gestuelle et leur rapport à l'espace. Ils se trouvent rarement à « leur place », dans un rôle homogène et stable. Cela vaut pour le contenu de leur récit, mais, de manière troublante, également pour les circonstances de son élaboration. En voici deux exemples.

Une entrepreneure autodidacte a créé une entreprise de plusieurs centaines de salariés. Elle fait partie de ces personnes qui observent leur interlocuteur directement mais sans affectation, en oubliant tranquillement que les conventions nous obligent à ne pas fixer l'autre. Cette posture n'a rien à voir avec l'expression travaillée des patrons qui ont appris, par la formation ou le *coaching*, à manifester par le regard une sorte de charisme obligé. Mon interlocutrice a simplement pris l'habitude, depuis longtemps, de ne pas respecter passivement les conventions qui s'opposaient à sa volonté de comprendre et d'agir. C'est cette posture-là que traduit son regard. Elle me parle de sa découverte brutale de la vie parisienne : jeune fille venant du nord de la France, elle doit, seule, trouver un emploi, un logement, et découvrir les règles du jeu de la vie urbaine. Le travail, la hargne et la capacité à « se refaire » fondent la dynamique de sa trajectoire. Celle-ci est régulièrement étayée par des rencontres avec des personnes – autres chefs d'entreprises, pouvoirs publics ou créateurs – qui ne calculent pas étroitement les avantages d'une alliance avec mon interlocutrice. Ils souhaitent plutôt s'associer à son sort, parce qu'ils croient en elle : l'affectif et l'éthique construisent aussi ce type de stratégie. Mais la violence et la duplicité de concurrents, le sort que réservent les institutions aux personnes qui ne sont pas à

« leur place » ou la lâcheté de partenaires scandent, tout autant, le récit de ce type de trajectoire : « quand on est une femme et qu'on n'a rien au départ ».

Ce dirigeant fait partie de l'état-major d'une très grande entreprise. Il dispose d'un bureau d'angle dans une belle tour de verre. L'organisation de l'espace amène à observer, au moins quelques instants, une superbe vue sur la ville, comme si le beau rimait avec l'efficacité, et comme si ces instants silencieux d'observation assuraient d'être en bonne compagnie. Le costume de mon interlocuteur est sobre mais on y distingue la main d'un tailleur qui ne travaille que les beaux matériaux. Son assistante m'a fait patienter dans un salon au silence profond, juste cinq minutes. Je me trouve bien chez un grand patron. Mais mon interlocuteur, issu de l'immigration, a été élevé dans les « banlieues », principalement par sa mère, avant de devenir ouvrier qualifié. Il parle bien, avec pédagogie. Il me décrit avec précision la dynamique de ses engagements. Il m'explique, de manière à la fois clinique et enjouée, le rôle positif que les jeunes filles de « bonne famille » ont joué dans la construction de l'identité d'un « basané ». Il me fait part de la gratitude qu'il leur voue encore, de la façon qu'il avait de cacher sa misère matérielle et de mettre en évidence son goût pour les études au collège. Il me décrit avec émotion le classique processus de scolarisation des enfants de familles modestes, et de banlieues modestes : l'orientation vers une filière technique, pour lui qui faisait du latin et aimait l'histoire. Il analyse longuement les métamorphoses de sa vie professionnelle. Mais surtout, il me donne des clés pour comprendre son parcours. L'une d'entre elles a été la lecture, qui a remplacé à la fois l'école et les discours stéréotypés :

Dans la classe où je me trouvais, j'étais un des rares à avoir ce type d'intérêt. Les autres étaient des meilleurs professionnels que moi, d'ailleurs, ils étaient meilleurs en ajustage, ils étaient meilleurs en tournage, meilleurs en fraisage.

Le récit repose ainsi centralement sur le fait de ne pas avoir souscrit à la totalité de sa culture d'origine, de ne pas en avoir été totalement prisonnier, mais de ne jamais l'avoir reniée, oubliée.

La tension évoquée plus haut concerne ainsi l'articulation entre le passé et le présent, le rapport du différent avec les normaux, mais également l'interaction entre le locuteur et le sociologue, le premier sachant qu'il donne des « clés » d'un mystère, le second ne pouvant donner en échange que son écoute. Cette tension capte bien évidemment l'attention du sociologue, mille fois plus que des situations standard. Mais elle excite tout autant la curiosité du locuteur, qui trouve dans son récit, et peut-être dans mon écoute, le moyen de résoudre des énigmes, en verbalisant des implicites, en nommant le caché, en s'appropriant le passé. Du même coup, ce récit ne peut être confondu avec une seule description objective, car il représente tout autant une construction permettant d'objectiver une histoire personnelle. L'identité narrative, explique ainsi Ricœur, tient à la construction d'un récit, une « refiguration » et non une « référence », dans laquelle révélation et création se côtoient de manière étroite. Mais il faut ajouter que le travail du sociologue participe de cette refiguration : c'est en fonction de la qualité de son écoute, de son système d'hypothèses et de ses propres affects qu'il comprend et « instruit ». Les histoires présentées dans ce livre représentent ainsi à la fois la description de trajectoires objectives, et à la fois la manière dont les acteurs les représentent ou se les représentent. Cela n'a d'ailleurs rien de spécifique aux histoires de vie. L'histoire politique, économique et sociale d'un groupe ou d'une nation, faite par des historiens de métiers, dépend tout autant des hypothèses mobilisées et du matériau consulté.

Il demeure que certains éléments des trajectoires sont passés sous silence parce qu'ils correspondent non pas à « des oublis mais au moyen de préserver l'identité par rapport à des événements non communicables » (Pollak, 1993, p. 168). Il s'agit d'événements qu'on arrive tout juste à supporter en les taisant. Et ce sont les silences, le changement du rythme de la phrase ou l'utilisation de formules abstraites, brutalement indépendantes de la subjectivité du locuteur, qui signifient qu'une situation ou un thème mobilisent encore trop d'émotion pour pouvoir être racontés. Cette situation est bien claire dans l'entretien avec un dirigeant handicapé, qui pilote un service d'experts dans une grande société industrielle. Il est à la fois « distingué », son allure et son expression l'indiquent immédiatement, et engagé, il raisonne de manière très directe et concrète à propos du « business » : avant d'être handicapé, il est patron, avant de percevoir son handicap, on voit sa position hiérarchique et la reconnaissance sociale dont il dispose. Comme beaucoup d'autres, il m'explique que lorsqu'on est différent, il faut faire plus d'efforts pour réussir, au moins pour tordre le cou aux stéréotypes qui empêchent de percevoir la valeur économique des actions menées. Mais il dit quelque chose de plus : le différent doit demander moins – que ce qu'il s'inflige – aux normaux pour être accepté. Puis il se tait. À tort ou à raison, j'ai le sentiment que le récit trouve ici sa limite parce qu'il ne représente plus un moyen de construction, de dépassement de situations identitaires difficiles, mais très précisément le contraire. Le récit permet ainsi de s'approprier son passé, et de tirer parti d'un entretien sociologique. Mais le silence signifie que le passé blesse encore trop pour faire l'objet d'un entretien de ce type. Récits et silences articulent ainsi le récit des patrons atypiques.

Dans tous les cas, la caractéristique formelle de ces récits tient à la qualité du langage mobilisé : il est précis. Il mobilise généralement peu de circonlocutions, de périphrases, et il ne s'embarrasse pas de formes de discours conventionnels. Le langage des patrons atypiques traduit une position qui laisse peu de place aux rhétoriques traduisant l'appartenance à un milieu social précis. Si le vocabulaire mobilisé ainsi que les formes grammaticales ont bien évidement quelque chose à voir avec le niveau de formation initiale, la précision du langage et la finesse de l'expression demeurent ainsi très homogènes : elles sont le fait d'individus qui interprètent régulièrement leur rapport au monde, pas seulement pour le communiquer, mais pour le comprendre. C'est principalement cette raison qui me permet d'entremêler les propos des uns et des autres, indépendamment de leur origine sociale et de leur différence, en ayant le sentiment d'écouter un discours commun, celui du témoin de sa propre trajectoire. C'est principalement cette raison qui m'a conduit à leur donner autant de place.

Toujours est-il que c'est bien la distance qui permet aux patrons atypiques d'inverser leur destin. Cette même distance produit toujours une certaine méfiance à leur égard. Mais, simultanément, celle-ci les étaie, parce qu'elle leur permet de transformer l'exclusion en indépendance et la rareté de leurs comportements en valeur. Du même coup, les patrons atypiques demeurent différents, se construisent et développent cette différence parce qu'elle leur apporte force et reconnaissance.

Ils investissent alors le fonctionnement de l'entreprise avec plus de curiosité que les autres, et demeurent constamment attentifs à ce monde qui, pour eux, ne va pas de soi. Mais, simultanément, ils se trouvent proches des autres patrons : ils partagent la même vie professionnelle, les mêmes codes vestimentaires, la même position hiérarchique et souvent les mêmes objectifs, du point de vue économique. La superposition de ces deux dimensions – extériorité et proximité – les conduit à échanger avec les autres d'une manière directe et critique, caractérisée par le goût du face-à-face.

Cela a peu à voir avec ce que l'on nomme la « différence culturelle » – la différence entre les cultures nationales, ethniques, de genre ou de génération. La spécificité de l'étranger est en effet sa transversalité culturelle : ce qui le rend différent est d'appartenir à deux mondes et, plus encore, de les associer à travers lui. Il se définit également par sa mobilité – la création de places successives – et par l'absence d'enracinement qui maintient en un lieu fixe, alors que le natif se définit au contraire par l'espace qu'il occupe et qui, la plupart du temps, lui a été attribué ou légué.

Chapitre V

Le passage et les passeurs

Aucun différent ne parvient à inverser son destin seul, sans bénéficier de l'aide matérielle, du soutien affectif, du réseau de relations ou du regard bienveillant d'un autre. Mais cette aide ne participe pas systématiquement d'une logique altruiste : si les patrons atypiques savent en effet recevoir, ils ont su et savent également donner à leur tour en organisant des passages entre univers étrangers.

Les échanges entre différents et normaux reposent sur un type de transactions dont la structure s'apparente assez précisément à celle de la théorie du don et du contre-don : l'intérêt de coopérer avec l'autre se trouve toujours intégré dans des sentiments liés au plaisir d'être ensemble. Ce type de relation repose sur le cycle non fini du « donner, recevoir et rendre » analysé par Mauss (1925). En donnant beaucoup, les patrons atypiques parviennent ainsi à tirer parti des liens sociaux. Leur position d'étranger les porte par ailleurs à être des passeurs, à associer des idées et des individus qui se rencontrent peu. De leur côté, en donnant aux différents, les normaux parviennent à mieux gérer leurs affaires, parce qu'ils mobilisent ces passeurs pour être en relation avec l'extérieur, avec des mondes étrangers.

1. Recevoir

Les récits des patrons atypiques abordent de manière presque systématique l'existence d'un « autre » qui les a accompagnés dans leur processus de maîtrise de l'exclusion et qui leur a permis de supporter l'anxiété de leur déplacement social. Presque tous m'indiquent ainsi qu'ils ont reçu, assez tôt dans leur trajectoire, le soutien, l'aide ou l'amour d'un autre, qui leur a permis de croire que les jeux n'étaient pas faits, puis d'agir pour trouver une place.

Cet autre occupe une position impliquée : il se trouve en grande proximité affective par rapport au futur patron, encore jeune. Il est bienveillant : il est attaché au bonheur de celui auquel il apporte attention, et il agit en fonction de ce critère. Il se caractérise par son désintéressement (même si l'intérêt se définit par rapport à l'orgueil et l'amour-propre), et par le fait que son geste n'est aucunement contraint par la coutume ou les normes dominantes. Aider un différent, lorsqu'il ne dispose que de peu de ressources et que la morale n'y convie pas de manière contraignante, résulte du désir d'être en accord avec soi-même, de préserver le sens de sa vie, quel que soit le coût des actions à mener pour obtenir ce type de cohérence. Terestchenko (2007) nomme « présence à soi » cette forme d'engagement. Il mobilise ce concept pour indiquer que si la banalité du mal caractérise bon nombre de fonctionnements des sociétés (par exemple le phénomène nazi), la banalité du bien représente également un phénomène consistant, mais moins visible (par exemple cacher des enfants juifs pour leur éviter le sort que leur prévoient les nazis avec le risque que cela représente). De même, si la stigmatisation s'associe souvent à l'existence des différents, les actions de soutien et de protection y trouvent également leur place. Les parents, l'être aimé et le représentant d'une institution sont les trois figures principales des personnes qui tiennent ces fonctions. Voici la belle manière dont un entrepreneur, autodidacte et issu de l'immigration, présente leur apparition et leur fonction, au cours de sa vie :

> *Il y a trois choses qui ont beaucoup compté. Tout d'abord, la considération de ma femme. Alors qu'on est de milieux socialement complètement décalés* [elle fait partie de la moyenne bourgeoisie française], *on va devenir mari et femme. Il y a mes parents, qui m'ont appris que pendant la décolonisation il y avait des Français qui risquaient leur vie, qui ont*

été torturés, qui ont été exécutés parce que justement ils défendaient notre cause. [...] Il y avait des Français qui étaient prêts à donner leur sang parce qu'ils savaient qu'il y avait des êtres humains qui étaient mal considérés, il y avait aussi des Français qui étaient capables de découper en morceau les autres. Et puis la troisième, c'est un policier. [...] Je suis victime d'un retrait de permis, j'ai grillé un feu rouge, donc je suis convoqué au commissariat : je dois restituer mon permis. Donc j'y vais bien habillé, j'y vais avec mon registre du commerce, je lui [au policier] *explique ma situation, et je lui dis : « Si on me retire mon permis, ma vie va rebasculer. » Et là, le gars, que je ne connais pas, me rend mon permis de conduire, et me dit : « Tiens, ton permis de conduire, il devrait être dans le tiroir. » Puis il ajoute : « Si tu te fais arrêter, tu me téléphones tout de suite. » Vous vous rendez compte, le mec, ce qu'il a fait ? Pourquoi ? [...] Ça vaut tout l'or du monde... Ça me permet d'avoir un autre regard. C'est pour ça, je parle de ces éléments, de ces trois histoires, c'est vraiment les trois choses qui m'ont vraiment marqué dans la vie.*
Q – Vos parents, votre femme et le policier.
– C'est ce qui m'a permis de me dire : « Bon, OK, ça vaut le coup de continuer à pratiquer ce qu'on t'a appris. »

L'entrepreneur le dit bien. Le geste du policier l'amène à retrouver, et à respecter, les messages de ses parents, comme l'amour de sa femme le conduit à comprendre qu'il n'est pas condamné à l'exclusion : « Ça vaut le coup de continuer. » L'association de ces trois regards d'ouverture et de soutien permet de surmonter la difficulté de la différence parce qu'ils n'opposent pas un stéréotype, celui du dominé (« les normaux m'excluent systématiquement »), au stéréotype des dominants (« il est logique et nécessaire de le dominer »), parce qu'ils sortent des stéréotypes pour se rapprocher de la personne avec bienveillance. Ils correspondent à un comportement à la fois simplement et profondément humain.

Bien évidemment, l'ensemble des patrons atypiques ne racontent pas une histoire aussi pleine et agréable à entendre : parfois, les parents sont plus destructeurs que soutenants, d'autres fois l'être aimé n'a pas fait l'objet d'une relation structurante, et souvent les représentants des institutions n'ont fait que tenir leur rôle. Mais tous les patrons différents racontent la même histoire : celle de rencontres qui leur ont permis de concevoir puis d'étayer leur projet professionnel et identitaire. Et tous expliquent que ces rencontres opèrent dans les trois perspectives identifiées par l'entrepreneur cité : les parents introduisent, très tôt, une distance au rôle social et une capacité critique ; l'être aimé protège de l'anxiété due au fait de devoir abandonner une identité sans bien connaître la suivante ; et le représentant de l'institution indique qu'il est légitime d'exister autrement – que selon les stéréotypes –, il autorise à redéfinir son rapport au monde. Ils représentent le passage entre le monde de la norme et celui de la différence. Ils articulent et associent ces deux mondes.

L'accès à la capacité critique et à la remise en question des stéréotypes est fourni, de manière très caractéristique – je l'ai indiqué au début de ce livre –, par les parents d'enfants handicapés, qui, en refusant les préceptes des médecins conventionnels, leur permettent d'accéder à une autonomie « normalement » impensable. Cette attitude permet à l'enfant de sortir d'une situation passive et l'engage durablement à se débrouiller avec lui-même. Plus encore, elle sert de modèle de rapport au monde : ne pas accepter de faire ce que les conventions proposent, refuser son sort, passer outre le jugement des experts – les médecins conventionnels. Elle fonde un regard sur soi courageux : il faut savoir prendre le risque de vivre comme les autres malgré sa différence. Elle apprend enfin à être en empathie et en sympathie avec les autres, parce que le rapport aux autres fonde largement un destin. Les patrons handicapés disposent presque tous d'une expérience comparable, analysée de manière limpide par cette dirigeante, à propos d'elle-même puis de l'un de ses collaborateurs :

> *Le regard de ma mère était un regard qui me sécurisait aussi. Ou me développait* [...]. *J'ai un collaborateur qui est handicapé et qui déteste en parler. Je suis sûre que le regard de sa mère ou de ses parents était un regard qui allait lui donner les moyens, qui allait lui donner sa force. Ce charmeur est devenu commerçant, il a une extraordinaire capacité à*

captiver les autres, et à les séduire, sur les fondamentaux. [...] Je suis sûre que le regard de parents sur les enfants handicapés est central. Pour certains, c'est sans doute « je le regarde toute sa vie comme un gamin à qui il manque quelque chose », mais pour d'autres c'est un regard de type « je regarde tout ce que tu as et qui va te donner les moyens de te battre ». Il y a des regards dans l'enfance qui donnent du pouvoir, quoi. Qui donnent de l'énergie et confiance en soi.

Ce type d'expérience vaut bien évidemment pour les autres catégories de patrons différents. Les parents d'origine africaine, maghrébine ou asiatique leur ont appris que les « Français blancs » étaient des hommes comme les autres, ni bons ni mauvais, bons et mauvais – les propos de l'entrepreneur issu de l'immigration cité plus haut sont très clairs sur ce plan. Les dirigeantes ont ainsi souvent vécu une enfance durant laquelle les stéréotypes familiaux associés au genre étaient faibles. Les patrons autodidactes auraient souvent dû faire des études, compte tenu de la qualité de leurs résultats scolaires et de l'attachement que leurs parents portaient à ces résultats. Le destin les en a empêchés. Les parents portent ainsi leur enfant bien au-delà de sa différence ou de leur propre différence. Mais ce schéma correspond parfois à la situation rigoureusement inverse : les homosexuels ont souvent dû, durant leur adolescence, subir la stigmatisation de leurs propres parents. Et lorsque cette action ne les a pas détruits, ils ont dû très tôt construire une identité en rupture avec les conventions. Et plus tard, lorsque la capacité réflexive a pu prendre place, ils sont parvenus à trouver des relations bienveillantes autorisant leur différence : ils ont pu recevoir parce qu'ils étaient moins défensifs. Plus généralement, beaucoup de patrons atypiques ont eu une enfance « difficile », caractérisée par le fait qu'ils ont été bafoués, mal aimés par les uns ou les autres. Mais ils sont parvenus à supporter cette circonstance comme une forme d'attente identitaire récompensée par des rencontres structurantes. Voici par exemple la manière dont ce dirigeant issu de l'immigration formule l'une de ces expériences :

J'étais le seul bronzé du lot, moi. Il y avait zéro Noir, et j'étais le seul d'origine arabe, tous les autres étaient des Blancs, si on peut dire les

> *choses comme ça. J'étais dans un groupe de copains, mais j'étais aussi différent du fait que j'étais plus intellectualisé qu'eux. J'étais perçu comme l'intellectuel du lot. Je parlais souvent mieux français qu'eux, donc c'était quand même un truc bizarre.* [...]. *Et les filles, mes copines, m'ont apporté beaucoup. Je suis sorti avec l'une des plus belles. Elle m'a donné beaucoup de choses, d'abord sur le plan amoureux, sur le plan sentimental, mais elle a également assis mon autorité, ou, plutôt, elle m'a rassuré quelque part. À mes propres yeux, mais aux yeux de tous.*

Tout n'est donc pas joué dans la petite enfance. L'identité ne résulte pas seulement des processus affectifs attribués durant les premières années de la vie mais de l'ensemble des rencontres qu'un individu fait tout au long de sa vie, et qui pèsent sur ses orientations identitaires. Psychologues et sociologues en conviennent aujourd'hui assez largement. L'intuition initiale de la psychanalyse demeure ainsi parfaitement fondée : c'est bien la dimension à la fois affective et bienveillante qui permet d'étayer le sujet. Mais cet apport ne se réduit pas à celui de la « bonne mère » : il correspond à toutes sortes d'autres relations. Elles apportent au différent les ressources lui permettant de construire un autre rapport au monde.

Ces relations sont souvent entretenues par des personnes qui acceptent de se libérer de leur rôle pour accompagner un individu pas comme les autres, pas encore patron, pour lui indiquer un peu le chemin. On peut également formuler les choses autrement : ce sont toujours des personnes qui cherchent, avec l'autre, le moyen de trouver un autre chemin, une autre « offre identitaire » que celle qui leur est proposée. C'est par exemple l'ami, juif pratiquant, d'un entrepreneur musulman, non pratiquant, qui lui fait rencontrer des « gens qui comptent », et qui transforme ses propres représentations de l'étranger, du rapport à l'étranger. C'est l'épouse d'un entrepreneur qui, pour faire vivre le foyer pendant des années difficiles, accepte un emploi contraignant, mobilisateur, et qui invente ainsi sa liberté de femme. Le soutien se construit souvent selon ce registre bilatéral. Mais pas toujours. Il peut être plus gratuit – sauf si l'on considère que l'intérêt peut consister à amener l'autre à devenir ce qu'il est. C'est par exemple le cas de cette merveilleuse jeune femme. Son ami homosexuel n'ose ni lui faire part de sa différence, ni lui mentir à propos de relations hétérosexuelles qu'il n'a pas. Il demeure dans un non-dit qui repose sur la compréhension de son amie, à demi-mot, et sur la honte qu'il a d'« avouer ». Mais cette situation lui pèse, autant qu'elle gêne son amie, qui l'amène à verbaliser sa différence, et à la vivre plus sereinement :

> *C'est une amie que je connaissais depuis deux ou trois ans. Et je vois très bien où mon* coming *out vis-à-vis d'elle s'est passé. C'était dans sa petite cuisine, dans son petit appartement. Elle a joué le jeu du style « je ne comprends pas ce que tu me dis, je ne comprends pas », jusqu'à ce que je mette un mot, c'est-à-dire « homosexuel ».*
> *Q – Elle vous l'a fait nommer.*
> *– Elle m'a fait nommer la « chose ». Et ça a duré 20 minutes. Je disais : « Mais attends, mais tu ne comprends pas bien, enfin, je n'ai pas de copine ». Elle répondait : « Je ne comprends pas. » [...] Jusqu'à ce que j'utilise le terme. Elle m'a dit : « Mais c'est si dur à dire ? » Et c'est clair que les autres qui sont passés derrière ça, j'allais direct, quoi : « Je suis homosexuel ! »*

L'autre intervient également pour soutenir le processus de construction identitaire du patron atypique en représentant la « bonne institution ». L'institution est souvent confondue avec une machine à produire des conventions et à en contrôler l'application. Elle est alors conçue comme le moyen d'interdire la déviance, mais aussi la créativité, l'innovation, le libre arbitre, la différence, bref, tout ce qui rend la société vivante, imprévisible et qui permet de tordre le cou à l'ordre établi. L'institution se trouve donc souvent associée aux mécanismes de domination et de contrôle social. Il ne s'agit pas ici de vérifier ou d'infirmer ces idées. Mais acceptons quand même l'hypothèse que l'école, qui représente bien une institution, est parfois un moyen d'émancipation spectaculaire pour des enfants par ailleurs « dominés ». L'accès à l'émancipation passe toujours, dans ce type de circonstance, par le relais de représentants de l'institution. Encore faut-il bien comprendre que ces derniers se sont eux-mêmes émancipés d'une conception conventionnelle de leur devoir. C'est dans ce cadre précis que les représentants des institutions peuvent faire des « gestes » – le policier triche avec les règles en ne retirant pas son permis de conduire au jeune entrepreneur – qui ont une fonction absolument fondamentale dans la construction de l'identité des dirigeants atypiques : en les amenant à considérer que les représentants des institutions peuvent les reconnaître et les aider, ces gestes les rapprochent des normaux. Ils les amènent à devenir des négociateurs plus que des rebelles. Bien qu'étrangers, dans tous les sens que j'ai pu donner à ce terme, les patrons atypiques habitent ainsi les institutions parce que certains ont su les y inviter, les y reconnaître. Le professeur représente souvent cette fonction de « passeur ». Elle peut être symbolique ou concrète. Voici l'illustration qu'en donne un cadre supérieur sourd :

> *C'est assez mémorable. Ça m'a impressionné d'ailleurs. J'avais un professeur de littérature. J'avais parlé avec lui de mon handicap, et il avait la moustache.* [...] *Je ne lui ai jamais dit que c'était dur de lire sur les lèvres quand les gens ont une moustache. Mais la semaine suivante, il s'était rasé la moustache.*

Et voici l'illustration qu'en donne un entrepreneur issu de l'immigration :

> *Il y avait un professeur à l'époque, que je détestais, et j'avais l'impression qu'il me détestait, il me faisait une misère pas possible. Il en ratait pas une, il me massacrait, en termes de notes, en termes d'attentes. Et je me suis rendu compte, des années après, que c'était la seule personne qui voulait que je m'en sorte* [...]. *Il est allé au rectorat, il a pris rendez-vous avec le proviseur. Pour lui, c'était pas suffisant de se dire que j'allais m'en sortir, que j'étais bon. Il est vraiment monté au créneau, tout ça.* [...] *Et puis il a vraiment pas lâché du tout, c'est comme s'il me prenait par le colbac, et il m'a sorti de l'eau, quoi, c'est vraiment ça, c'est un sauvetage qu'il a fait !*

Ce professeur ne se comporte pas normalement : il n'a pas à traiter un élève de manière spécifique, et rien ne lui impose de devoir faire des démarches auprès du rectorat. Et, bien évidemment, un professeur n'a pas à se raser la moustache pour faciliter la vie d'un élève. Ce détachement des normes représente un rapprochement vers le différent, il opère un passage avec le monde des normaux, un « pont », écrirait Simmel. Pour que les différents parviennent à changer de place, les normaux doivent ainsi abandonner leur rôle conventionnel. Même symbolique, ce geste permet donc la construction d'un espace spécifique, dans lequel normal et différent se retrouvent.

De la même manière qu'on associe trop mécaniquement une institution à la défense des conventions et de l'ordre, une organisation ne représente pas seulement un lieu de rationalisation et de contrôle des activités. Une organisation peut aussi s'ouvrir à l'innovation et à la différence. J'ai largement montré que ce type de circonstance supposait des efforts considérables de la part des acteurs, et souvent beaucoup de ruse (Alter, 2000). Mais ces situations existent et méritent d'être présentées parce qu'elles donnent de la lumière – elles éclairent l'horizon et donnent du relief – à la représentation généralement terne et grise de la vie organisationnelle. Autrement dit, si les organisations recèlent des logiques d'exclusion évidentes, elles se trouvent également habitées par des actions inverses. Par exemple, une responsable de département intervient pour faire cesser des pratiques de discrimination et de harcèlement menées auprès d'une collaboratrice homosexuelle, qui retrace ainsi la situation :

> *Donc elle m'a confié un projet, et ça a créé des jalousies dans l'entité où j'étais. Et quelqu'un s'est attaqué justement à ma vie privée. Parce qu'à ce moment-là, j'ai commencé justement à vivre mon homosexualité* [...]. *Donc j'ai été attaquée en direct professionnellement, pour cause d'homosexualité. Elle* [la chef] *a reçu des lettres anonymes disant qu'on confiait des postes à des personnes qui ne devraient pas faire partie de notre planète, des choses assez difficiles... Et du coup, elle a su que j'étais homosexuelle via ces courriers-là. Et là où ça a été très fort, c'est qu'elle a entrepris une action vis-à-vis du comité de direction, sans donner mon nom, mais en disant qu'elle recevait ce type de lettre.*

Q – De dénonciation.
– De dénonciation. Donc elle m'a reçue en entretien pour me dire qu'elle avait lancé une démarche sur ce sujet-là. Et donc c'est l'entreprise qui a porté plainte contre X [...]. Du coup, ça m'a donné une confiance incroyable dans la situation dans laquelle j'étais. Et au moment où moi j'hésitais, ça m'a permis de le prendre [le projet] *et de me dire que maintenant j'avais du soutien. Bizarrement, ça a été un tremplin, alors que c'est quelque chose qui aurait pu complètement me déstabiliser.* (Dirigeante, homosexuelle)

De même, certains hommes parviennent à déconstruire la manipulation douce qui amène parfois les femmes à ne pas distinguer le plafond de verre, ou même à participer involontairement à sa réalisation. Ainsi, alors que beaucoup d'hommes, dans les états-majors, opèrent encore largement une discrimination négative à l'égard des femmes, certains militent pour transformer cette situation. Certains veillent à ce que les dirigeantes n'adoptent pas un « genre masculin » au travail. L'une d'entre elles m'explique par exemple qu'à l'occasion d'une réalisation technologique urgente, elle avait travaillé une partie du week-end pour transmettre les résultats de ses analyses à ses collaborateurs, de manière qu'ils prennent les mesures nécessaires. Elle n'avait pas transmis le document à son patron. Il en avait cependant pris connaissance et l'avait convoquée pour lui expliquer qu'il trouvait « irresponsable » qu'elle ne sache pas préserver son temps de repos pour elle et sa famille, qu'elle ne tenait pas de manière « correcte » sa position hiérarchique. Sa critique principale porte sur son zèle qui excède sa mission et sa responsabilité et qui, plus encore, indique qu'elle ne dispose pas encore des qualités d'autonomie de décision qui doivent caractériser sa position :

C'est toi qui dois mettre les limites aussi. Moi, j'aurais pu être quelqu'un à te harceler pour te demander un truc, ce n'est même pas le cas, tu n'as pas exercé ta responsabilité et ta capacité de décision.

Cette remontrance participe à l'évidence du soutien, de la volonté de limiter les dégâts des représentations dominantes (masculines) sur le rapport au travail. De ce point de vue, je classe de manière logique cette interaction dans la rubrique de la bienveillance. Mais elle révèle également une inégalité façonnée par l'histoire des relations sociales. En tenant les propos présentés, le membre de l'état-major signale qu'un homme a le droit de travailler tout le week-end, mais pas une femme. Celle-ci doit parvenir à atteindre les mêmes résultats qu'un homme, mais sans disconvenir à son rôle de mère (Maruani, 2011). Elle se doit d'être « complète » alors qu'un dirigeant masculin peut se permettre d'être « incomplet » et lâcher plus largement prise par rapport à son rôle de père.

Le rôle de l'être aimé revient souvent sous une forme particulière dans le récit des patrons atypiques : il protège des tourments de la vie quotidienne, sécurise le différent, lui offre le calme et la certitude de disposer d'un espace solide, indépendant des situations d'incertitude vécues par ailleurs. Plus centralement, l'être aimé, le fait d'être aimé, assure le différent que son stigmate ne le voue pas systématiquement à l'exclusion. Cette assurance provient bien évidemment de l'attachement affectif entre deux êtres. Mais elle repose également sur les échanges, innombrables, qui permettent dans ce cadre d'élaborer progressivement, en confiance, un autre rapport aux autres et à soi-même. L'amour, de ce point de vue, crée un espace relationnel bien particulier, dans lequel le différent raconte ce qui « lui arrive », en sachant que l'autre le protège de l'anxiété liée au fait de prendre des risques. Et en se racontant, il comprend mieux les autres et lui-même. Cette configuration vaut pour les relations qui associent un différent et un normal. Elle vaut également lorsque les mêmes sentiments unissent deux personnes différentes. Dans les deux cas, l'amour permet de construire une image de soi continue, cohérente, parce qu'il confère à la transformation identitaire de l'autre une place centrale. Il apporte une sorte de calme dans le mouvement et l'incertitude. À côté des parents, et du représentant de l'institution, l'être aimé occupe ainsi une place bien particulière, celle d'une parenthèse de sérénité.

L'expérience vécue par les patrons atypiques issus de milieux modestes et étant parvenus à faire des études supérieures illustre souvent bien cette situation. Il en va ainsi pour cet entrepreneur issu de l'immigration. Toute son enfance, son adolescence et le début de sa vie d'adulte ont été chahutés par les manifestations de violence entre ses parents, les déménagements erratiques, les dettes du père et parfois le manque de nourriture, la venue des huissiers, les sanctions scolaires puis judiciaires de comportements adaptés à ces circonstances. Aucun espace, à aucun moment, ne permet, dans ce type de tourmente, de faire le point aisément, de transformer ces échecs en apprentissage ou, plus simplement, d'exercer son métier d'élève puis d'étudiant. Apprendre ses « leçons » suppose en effet de disposer d'un espace domestique relativement tranquille. Encore faut-il bien comprendre que la tranquillité en question n'est pas seulement objective, mais également subjective : apprendre à tenir un rôle social suppose de disposer de suffisamment de confiance en les autres pour s'y projeter. L'être aimé peut apporter cela, m'indique l'entrepreneur en décrivant le calme que lui a apporté sa liaison avec une jeune femme issue de la petite bourgeoisie :

> *Qu'est-ce qu'elle m'a apporté ? Déjà, du calme, enfin du calme... Elle me posait... Déjà à cette époque, ça commençait à se tasser, mais ma vie n'a pas toujours été très calme.* [...]
> *Q – Elle vous a apporté du calme. Ça se traduisait par quoi ?*
> *– Quand j'étais avec elle à la maison, les sujets de discussion étaient posés... Je ne sais pas comment dire, je ne sais même pas comment l'expliquer. Juste la sensation qu'elle m'apportait du calme, je ne peux pas vous expliquer... Et puis il y a autre chose qui est vrai, c'est que j'ai été très bien intégré dans sa famille. J'étais très régulièrement chez elle, je pense qu'il y avait quelque chose de confortable dans le fait que la famille était plus stable que la mienne.*

Les patrons atypiques vivent ainsi des « collusions significatives » (Bessin, 1997), des rencontres qui ont une fonction de « révélation » (Negroni, 2010) : elles dévoilent à l'individu la réalité de ses ressources et de ses projets.

Dans tous les cas, l'existence de soutiens facilite la transformation identitaire car ce processus représente un risque majeur, celui de la situation anomique qui sépare ce que l'on était de ce que l'on souhaite devenir. Ces soutiens consistent, fondamentalement, à occuper la fonction de « passeur » (Negroni, *ibid.* ; Sékiné, 2010). Ils représentent, indique ainsi Dubar, des « relais structurants » (2010, p. 171). De même, Gaulejac (1987/1992 et 1999) ainsi que Camillieri (1990) expliquent que ces relais contribuent directement à renforcer les processus de transformation identitaire par la bienveillance du regard qu'ils apportent, par la reconnaissance et l'intérêt qu'ils manifestent. Les investigations présentées ici vérifient que l'on ne change pas sans « support social » et que ces mêmes supports sont toujours des affaires de personnes et jamais le résultat de politiques d'aide et de soutiens organisés. Et même lorsque les institutions se trouvent mobilisées, c'est toujours par le biais d'un acteur lui-même à distance des politiques menées de manière conventionnelle.

Il demeure que la fonction de passeur mérite d'être élargie. Elle correspond partiellement à la définition qu'en donne Négroni (2010) : il « fait passer d'une rive à l'autre », d'un monde à l'autre comme les piroguiers permettent de passer d'une île à une autre, et les interprètes des premiers ethnologues de mettre en relation les Noirs et les Blancs. Le passeur a en effet deux autres fonctions, que j'aborde maintenant :

– il donne naissance à des personnes qui deviennent elles-mêmes des passeurs ;

– il ne fait pas seulement passer d'une rive à une autre, il donne la liberté d'aller de l'une à l'autre ;

– l'identité structurante est donc celle de l'entre-deux.

2. Donner

Le fait d'avoir reçu le soutien d'un autre, ou de plusieurs autres, au cours d'une trajectoire difficile représente un don qui amène le donataire à donner à son tour, parce qu'il leur donne confiance en l'échange. Mais ce type de contre-don ne correspond pas seulement à des manifestations de pure générosité. Il consiste, plus largement, en l'art de créer des liens, autant qu'en celui de faire circuler des biens.

Ce type d'échange ne repose pas sur un équilibre de type « donnant-donnant », il suppose au contraire un constant déséquilibre qui amène les partenaires à se trouver mutuellement endettés. D'autre part ce type d'échange suppose la personnalisation des relations, et la capacité à dépasser les conventions qui définissent les rôles sociaux. Les qualités relationnelles des patrons atypiques leur permettent de s'inscrire aisément dans un schéma de ce type. Comprendre de manière plus générale l'économie de leur commerce avec les autres suppose de revenir un peu plus précisément sur les apports de Mauss.

La théorie du don et du contre-don appliquée au monde des organisations (Alter, 2009) explique parfaitement ce qui permet la coopération, entre collègues ou entre salariés et employeur. Il s'agit d'un système d'échange qui se caractérise par quatre dimensions. La première est celle de la circularité : donner quelque chose à un collègue l'oblige à recevoir (sauf à préférer entrer dans une situation de mésalliance), puis à rendre. Donner oblige ainsi l'autre à donner à son tour. La seconde dimension est connue sous le nom de « fait social total » : un don n'a pas une valeur strictement économique, symbolique, sociale ou affective. Il associe ces différentes valeurs dans un même geste. Par exemple, donner de son temps pour aider un collègue mobilise simultanément les quatre valeurs identifiées : le temps consacré à l'autre représente du temps de travail productif, économiquement défini ; il manifeste et symbolise la solidarité de métier ; il permet d'introduire du lien social dans la répartition des activités et de les rendre plus flexibles ; il crée une relation de proximité affective avec l'autre, une sorte de complicité. La troisième dimension correspond à l'ambiguïté qui caractérise ce type de geste : donner peut représenter le moyen de s'associer à l'autre et de l'aider, mais cela peut être également un moyen de manipuler le lien pour en tirer le maximum de bien, de profiter de la confiance de l'autre pour le trahir avantageusement. La quatrième de ces dimensions correspond au principe de « dépense » (Bataille, 1949) : pour qu'un don soit considéré comme tel, il doit représenter une volonté de créer un lien, et pas seulement de faire circuler un bien ; il suppose donc de consumer des richesses au bénéfice de la relation. On doit par exemple savoir perdre du temps avec les collègues, en bavardant, en buvant un café, en participant à des réunions inutiles pour créer les liens favorisant la coopération professionnelle.

En donnant, les patrons atypiques parviennent à mobiliser ces différentes dimensions dans bon nombre de leurs relations professionnelles. Ils parviennent à inverser leur destin en mobilisant les autres dans un système d'échange ouvert, « total », dans lequel on ne réduit pas un individu à sa seule prestation statutaire ou au stéréotype associé à ses qualités apparentes. La générosité leur permet d'amorcer ce système dans le monde du travail, parce qu'ils l'ont éprouvé antérieurement, dans le cadre de la bienveillance des parents, du représentant de l'institution ou de l'être aimé. Ils rendent en quelque sorte ici ce qu'ils ont reçu sur une autre scène. Dans le monde de l'entreprise, les différents se trouvent ainsi amenés à donner plus que les normaux, parce que donner endette l'autre et l'amène à sortir des conventions relationnelles. Ils prennent donc le risque d'être le premier à donner pour engager ce type de liens.

Cette dirigeante m'explique ainsi que sa carrière repose sur la capacité à donner du sens à l'activité de ses collaborateurs, et, surtout, à offrir les résultats de son engagement aux autres dirigeants. C'est en leur faisant des cadeaux de ce type qu'elle parvient à se faire reconnaître et à faire carrière. Mais c'est peut-être aussi parce qu'elle est une femme qu'elle doit manifester ce type de générosité pour faire en sorte que la « maison tourne », indépendamment d'une conception étroitement tactique de son intérêt.

> *Donc pour faire ça, c'est beaucoup de réflexion au fond de soi, ça n'est pas sur un tableau, tac tac tac...* [...]. *Je dirais donc* [que le management], *c'est d'avoir ces différentes briques de droite et de gauche, et puis d'essayer d'assembler et de diriger cette grande équipe vers une cible. Et*

bien sûr, il y a tout le côté motivation. La motivation, elle vient quand on donne des références, quand on donne un parcours, une tendance. Si on ne la donne pas, les gens ne savent pas où aller.
Q – Oui. Et donner, ce n'est pas obligatoire, ce n'est pas rémunéré.
– Non. Non. Je pourrais très bien faire juste de la gestion.
Q – Et en contrepartie vous obtenez quoi ?
– Beaucoup d'ennuis !
Q – Pourquoi beaucoup d'ennuis ?
– Parce que quand on est obtus, quand on a ses idées, on essaye de les pousser, et puis on joue avec les systèmes, les tendances, on n'a pas toujours tous les éléments, toutes les contraintes…
Q – Toutes les ressources.
– Voilà. Donc du coup, on a beaucoup d'ennuis, ce n'est peut-être pas le mot exact, si, quand même. […] *On ne peut pas être dans une société en désaccord avec ses dirigeants, c'est mal perçu. Aller à l'affrontement, ça ne sert à rien. Par contre les emmener… Et puis nos dirigeants aiment bien que les idées leur appartiennent.*
Q – Donc vous les leur donnez.
– Donc on leur donne. On les apporte là où on veut aller. Surtout quand ça vient d'une femme. Ça, c'est très caractéristique.
Q – Vous les leur donnez, pour qu'ils puissent aller là où vous souhaitez les voir arriver.
– Oui.

La générosité des patrons atypiques obéit de manière assez systématique à ce double registre, mêlant étroitement le désintéressement de l'action et l'intérêt tiré de ce désintéressement : la dirigeante donne ses idées, son labeur, ses ennuis supplémentaires pour faire avancer ses idées. La plupart du temps, l'intrication des deux logiques provient plus d'une sorte de pari altruiste que d'une manipulation du lien social. Les différents ne donnent pas pour recevoir une meilleure rétribution, ils donnent pour ouvrir l'espace des relations (leur nombre et leur qualité) sans savoir à l'avance s'ils vont en tirer un avantage supplémentaire. Les bénéfices éventuels qu'ils en tirent apparaissent ainsi comme une chance. Mais cette dernière ne leur sourirait pas s'ils ne créaient pas les circonstances de son émergence.

Un entrepreneur issu de l'immigration n'a ainsi eu le secours de personne pour parvenir à comprendre comment créer son entreprise. Il n'a bénéficié d'aucun soutien pour comprendre les règles du jeu social de l'entrepreneuriat, et il a dû financer les premières opérations de son entreprise avec les quelques économies du foyer. Pour « décoller », il a dû travailler souvent deux journées en une. On ne lui a donc pas « fait de cadeau ». Lui, en fait un grand : il recrute une bonne part de son effectif parmi d'anciens délinquants. Hormis la satisfaction morale de cet investissement citoyen, il y trouve le moyen de favoriser son accès à des réseaux de clients valorisant cette démarche. De même, cet entrepreneur homosexuel, rejeté par sa famille, a dû financer ses études seul. Il est parvenu à trouver des stages adaptés à sa compétence de géographe et il est progressivement parvenu à comprendre la logique des recruteurs, et à alimenter très largement le service des stages de son université. Il a ainsi bénéficié de la reconnaissance et de l'autonomie qui lui manquaient :

> *Donc j'avais plein de trucs, je pourrais vous en parler pendant vingt-quatre heures. C'était passionnant, je voyais plein de gens, je voyais plein de trucs, et puis surtout ça me rapportait de quoi payer mon année, la laverie, et tout ce qu'il faut, et mes études.*

Cette expérience représente bien une posture qui caractérise sa trajectoire : il s'investit là où tout est à faire, où il faut savoir donner sans compter, où les liens de confiance et de réciprocité comptent infiniment plus que le calcul. En s'adonnant à des missions engagées et généreuses, il trouve une place parmi les autres.

Les dirigeantes ont aujourd'hui souvent plus de cinquante ans. Elles ont connu, durant leur carrière, l'existence d'un plafond de verre plus bas et plus épais que celui qui existe encore. Souvent, elles associent de jeunes femmes à des missions et des projets dans lesquels elles leur transmettent leur savoir-faire professionnel, stratégique et culturel. Elles rendent ainsi ce qu'on ne leur a pas donné :

C'est important de pouvoir apporter un contrepoint. Je le fais par rapport aux femmes, parce que je pense que c'est quand même plus dur pour elles. Et parce que je pense qu'il y a un effet de miroir, elles me prennent un peu comme un point d'appui.

Mais en s'engageant ainsi pour les plus jeunes, elles rendent également plus visibles les inégalités entre hommes et femmes, qui les concernent aussi, et qui constituent l'un des paradoxes bien connus de cette situation : « Un homme qui a des états d'âme, il peut réussir quand même. Une femme qui a des états d'âme, on ne lui pardonnera pas. »

Les patrons atypiques savent donc donner, même si la faiblesse de leurs ressources initiales leur a appris à connaître la valeur des choses et des efforts. Mais ils savent également manifester leur gratitude, parce que celle-ci représente un plaisir : celui de sentir qu'on se trouve dans un lien profondément satisfaisant – la gratitude est un sentiment positif –, social – la gratitude associe les individus, elle fait société –, libre – il n'existe pas de convention pour manifester sa gratitude – et réciproque – le donataire peut devenir donateur. Le sentiment de gratitude se double ainsi souvent d'une émotion, celle du plaisir lié à sa perception. C'est sur cette base que repose la dimension associative et inflationniste du don et du contre-don. Associative, car la gratitude unit donateur et donataire bien plus durablement que la structure et le contenu de leur échange. Inflationniste, parce que la seule manière de manifester sa gratitude consiste à dépasser l'éventuel équilibre de l'échange. Du coup, c'est infiniment plus la nature de la relation qui mobilise les partenaires, que la nature de leurs échanges (Caillé, 2000 ; Chanial, 2007).

Une dirigeante m'a expliqué cela de manière limpide, sans que je lui parle de la question du don et de la réciprocité des échanges. Il est parfois étonnant, pour un chercheur en sciences humaines, d'entendre une personne mobiliser spontanément une compréhension explicitement et intuitivement anthropologique ou sociologique ; ce *verbatim* en est un exemple. Après l'avoir écoutée m'indiquer que ses anciens patrons (ses « maîtres », dit-elle avec ironie) lui avaient donné beaucoup de choses, en particulier la capacité à discriminer les situations et les acteurs en matière d'urgence, de risque, de conflit et d'influence, je lui demande comment elle donne à son tour :

> *Et alors la gratitude, ça marche comment ? Parce que vous recevez, mais je suppose que vous donnez à votre tour.*
> *– Je ne sais pas si j'ai tant de gratitude que ça. J'ai longtemps considéré que le fait d'apprendre, quand les leçons m'étaient données, et que je savais finalement mieux que mon maître, je donnais à mon maître.*
> *Q – Ah oui ?*
> *– C'est ce qu'ils me disaient, d'ailleurs, en général. C'était peut-être une version un peu égoïste du sujet. Ma gratitude, je pense que c'est « donner à mon tour ».* [...] *Mais vous donnez beaucoup quand vous recevez. Enfin moi, je suis absolument convaincue qu'on se sent valorisée quand quelqu'un vous écoute sur la façon dont vous faites les choses... Donner et recevoir, ce n'est pas quelque chose de bivoque. C'est bien dans les deux sens que les choses se passent.* [...] *Et du coup, vous vous enrichissez de tas de choses. Moi, ça a été une grande richesse. Et est-ce qu'ils l'ont fait plus parce que j'étais « différente » au sens de votre sujet ?* [...] *Comme j'étais différente, du coup... Cette émotion liée au fait de vouloir donner, de vouloir faire grandir, était beaucoup plus forte.*

La gratitude permet ainsi d'associer deux personnes relativement étrangères l'une à l'autre. Sans cette étrangeté, l'échange représente le résultat d'une convention entre personnes semblables : un don convenu qui est plus un rite qu'une manifestation de générosité. Cette étrangeté concerne souvent la culture de l'autre, sa différence : le don représente un pas vers lui. De ce point de vue, le don représente l'inverse de la stigmatisation : il inclut, alors qu'elle exclut. Il faut cependant nuancer cette affirmation : mon interlocutrice laisse entendre qu'au-delà du « charme » que peut représenter une femme pour un homme, la jeune dirigeante par rapport aux vieux dirigeants, il existe en effet souvent, pour le normal, une sorte d'attirance pour le différent qui réussit. Elle autorise une relation d'échange sans danger, elle excite la curiosité de connaître de près ces « gens-là ». Au-delà de la relation dirigeants/dirigeante, cette forme de relation vaut pour les entrepreneurs maghrébins, asiatiques ou africains, dont la capacité à saisir une assemblée de patrons « blancs » (natifs) est souvent frappante. Cela vaut également pour les entrepreneurs homosexuels ou handicapés, dont la force de caractère et l'autonomie de jugement intriguent et parfois fascinent. Et cela vaut pour les patrons autodidactes dont l'efficacité et souvent le charisme laissent les diplômés des meilleures écoles à la fois curieux et pantois.

Il demeure que la gratitude associe donateurs et donataires au-delà de la transaction qui les rapproche initialement. Elle correspond au sentiment que la dette, sous une forme affective et morale, perdure éternellement. Elle repose sur le fait que le donataire ne sait jamais sous quelle forme se libérer de sa dette. Et s'il y parvient, il endette alors à son tour le donateur initial, et ainsi de suite. Simmel analyse parfaitement ce résidu fondamental de l'échange (1908/1999), qui représente la base du lien social, plus que le don lui-même. Il n'est donc jamais simplement question d'argent ou de pure stratégie dans les échanges que les patrons atypiques entretiennent avec les autres, pas plus que ces échanges ne peuvent s'interpréter comme la seule volonté de faire du bien. Comme l'explique si bien Douglas (1986), le don n'est jamais gratuit parce que l'intérêt de donner est de créer des liens.

3. Prendre et perdre

Une fois que ces liens sont créés, tout peut circuler, généralement de manière confuse et hétérogène. L'art des patrons atypiques, parce qu'ils sont suffisamment étrangers aux conventions, consiste précisément à faire circuler des liens qui associent l'affectif et le stratégique, le symbolique et le cognitif, l'altruisme et l'égoïsme. Cet art les amène, comme les normaux, à savoir manipuler le lien au bénéfice des biens qu'ils peuvent en tirer, à manipuler la relation pour en tirer avantage. Mais si le don permet ainsi de prendre, il amène également à perdre : on peut donner sans recevoir, et parfois durablement. Dans tous les cas, le don représente un type de relation caractérisé par l'ambiguïté : chacun sait et doit parfois soumettre son intérêt aux liens, et faire d'autres fois l'inverse (Alter, 2009).

Les frontières, procédures et régulations instituées consistent à définir les places sociales et à en limiter le mieux possible la porosité. Les patrons atypiques mobilisent donc centralement les réseaux informels pour se défaire de l'étroitesse de la place que leur réservent les conventions. Mais ils ne disposent pas toujours de réseaux, ou des bons réseaux. Comment parviennent-ils à accéder à ces réseaux alors qu'ils disposent d'un capital social plus faible que les normaux ?

J'ai découvert l'élément de réponse le plus intéressant à l'occasion d'une réunion entre jeunes entrepreneurs issus des « cités ». Ils constataient qu'ils ne pouvaient pas réussir dans les affaires s'ils ne disposaient pas de réseaux, mais qu'ils étaient assez pauvres en réseaux. Ils vérifiaient ainsi les hypothèses de la sociologie classique, celle de la reproduction. Mais ils la dépassaient également, en s'invitant mutuellement à identifier les circonstances et les ressources qui permettaient d'échapper à cette situation. Et les savoir-faire qu'ils échangeaient partaient tous de la même question : « Comment créer des réseaux lorsqu'on sait qu'ils sont nécessaires à la capacité entrepreneuriale, et qu'on n'en dispose pas ? » Les trois principales réponses permettent de comprendre la manière dont le don permet d'accéder à ces réseaux.

La première réponse consiste à savoir tirer parti de la distance au rôle et de la capacité à prendre des risques pour oser entamer des échanges là où les autres demeurent paralysés par la différence de statut, de culture ou de reconnaissance, en sachant pertinemment qu'oser, c'est aussi « toucher » et que toucher, comme la théorie du don l'explique bien, permet de faire lien : ce qui lie n'est pas la valeur du don mais le fait qu'il touche (au « cœur ») le donataire. Manifester sa curiosité (la curiosité de l'étranger) représente par ailleurs souvent le cadre de cet échange. Voici la manière dont une dirigeante autodidacte présente son parcours selon cette logique :

> *Moi, j'ai toujours trouvé, dans n'importe quelle situation professionnelle, ou personnelle aussi d'ailleurs, quelqu'un à côté de moi, avec lequel, dans lequel, j'ai trouvé un soutien.* [...] *Mais sans doute parce que j'étais curieuse d'apprendre, et qu'ils avaient envie de transmettre, mais je pense qu'il y a beaucoup de gens qui ont envie de transmettre.*
> *Q – De donner.*
> *– De donner, et il faut savoir recevoir. Et moi, je dois savoir recevoir, parce que je peux vous en citer 5 ou 6 comme ça* [...]. *Donc du coup, des gens qui m'ont vraiment aidée au-delà* [de leurs obligations et des coutumes], *ça ne consistait pas à me donner un coup de main, c'était vraiment me transmettre des choses qui ont structuré après ma façon de faire les choses, de traiter des sujets.*
> *Q – Quand vous dites que vous savez recevoir, ça veut dire quoi ?*
> *– Je pense que c'est être curieux. C'est être curieux de ce que l'autre peut être, de la manière dont les autres font les choses, dont ils règlent un certain nombre de sujets. Être curieux de l'expérience que peuvent avoir les autres. Et dès lors que vous êtes curieux, et que vous vous intéressez forcément à l'autre, cet autre a envie de vous donner. Donc pour moi, savoir recevoir, c'est être curieux de ce que les autres peuvent vous donner.*

Et voici la manière dont un entrepreneur issu de l'immigration, qui a longtemps vécu à Grenoble, crée ce même type d'échange :

> *Donc j'étais au Club qui est un autre réseau, un réseau parisien. En fait, on se rencontre dans un bon restaurant et on échange. Ce ne sont pas du tout mes clients, mais bon, j'y vais parce que je connais le créateur du réseau* [Un personnage politique célèbre]. *J'ai su sauter sur l'opportunité de le rencontrer, quand j'ai entendu qu'il parlait de Grenoble, qu'apparemment il avait de la famille à Grenoble, donc on a échangé sur un thème de la ville, la politique, et j'ai osé lui dire, à un moment : « À Paris, pour l'instant, c'est assez flou pour moi, est-ce que vous acceptez de me rencontrer pour échanger avec moi, me donner des conseils, me dire ce que vous pensez de mon parcours aujourd'hui ? »*

La seconde réponse à l'absence de réseau consiste à savoir s'appuyer sur des relations privilégiées avec les normaux, à cultiver la « force des liens faibles », selon la formule de Granovetter (1973). Cela vaut bien évidemment pour la dirigeante autodidacte et l'entrepreneur issu de l'immigration que je viens de citer. Cela vaut également pour le banquier qui découvre qu'un entrepreneur africain sans diplôme ne présente pas plus de risque financier qu'un autre. Et l'entrepreneur en question découvre que les stéréotypes du banquier ne résistent pas à l'expérience de la relation. Dans ce cas, une forme de fidélité tout à fait originale apparaît entre les partenaires, fondée sur l'idée qu'ils savent partager un trésor que les autres n'ont pas vu, celui de la différence réciproque. Cette découverte crée des affinités qui soudent de manière solide et fondamentale. Les personnes m'indiquent que dans ces relations, il n'existe pas les normaux d'une part et les différents d'autre part. Il n'existe plus que des différents, de part et d'autre, parce que l'intérêt pour les personnes l'emporte sur le mécanisme des stéréotypes. Cette rencontre permet d'associer deux éléments généralement disjoints : regarder les choses autrement – l'attribut des différents – et connaître le modèle culturel – l'attribut des normaux. Cela vaut, logiquement, pour beaucoup de patrons atypiques : ils ne sont parvenus à inverser leur destin qu'en nouant des relations personnalisées avec ceux qui connaissent les règles du jeu. Ce type de relation est rare parce qu'il privilégie la qualité des partenaires à leur nombre. La manière dont ce cadre supérieur sourd présente cette idée est frappante : son handicap l'exclut de la majorité, mais, simultanément, il l'amène à distinguer des signaux que les autres ne perçoivent pas, et il l'associe solidement à quelques fidèles collègues :

> *Les bruits de couloir, oui, je vois très bien ce que vous voulez dire, tout ce qui se chuchote dans les couloirs, ça, ça m'échappe. Par contre deux managers qui discutent à 20 m, comme je sais lire sur les lèvres, je sais ce qu'ils se disent. Donc je perds d'un côté et gagne de l'autre. Sans tomber dans l'espionnage. Mais disons que je peux facilement entendre les bruits de couloir chez les clients de cette manière-là.* [...] *Il est clair que je suis connu comme quelqu'un qui produit, qui produit bien, de*

manière irréprochable. Ça, c'est mon point fort [...]. *Après, là où ça devient intéressant, c'est que je n'ai pas construit un réseau avec plein de monde, j'ai sélectionné les meilleures personnes, pour entretenir une relation amicale avec eux.* [...] *Ça n'est plus que quelques personnes, auxquelles je fais 100 % confiance, et sur qui je peux compter, en disant : « J'ai un problème, trouve-moi des ressources pour finir le projet. » Il va être dévoué complètement. Plutôt que d'envoyer un mail à plein de personnes, j'ai une chance sur cinq que cette personne m'aide.*

La troisième réponse au manque de réseau consiste à participer à des activités permettant de rencontrer des individus dont le capital social est élevé. Cette idée est classique en sociologie des réseaux. Elle explique par exemple l'intérêt qu'un dirigeant peut avoir à jouer au golf, plus qu'à la pétanque : il rencontrera sur le terrain de golf plus d'amis utiles que sur le terrain de boules. Les patrons atypiques m'indiquent cinq grandes activités permettant ce type de rencontre : la politique, le syndicalisme, la vie associative, les engagements dans le domaine de la culture et du sport. Ces activités sont explicitement citées comme l'occasion de créer des rencontres utiles. Mais elles représentent également le moyen de partager un plaisir ou une idée du monde avec d'autres, et ce partage suppose la conviction. On ne peut par exemple pas faire des rencontres intéressantes dans un club de football sans savoir tenir sa place sur un terrain ou comprendre précisément le déplacement des joueurs, et on ne peut frayer avec des politiques sans passer du temps à convaincre les citoyens, et à en rendre compte aux militants. C'est par exemple à l'occasion des rencontres faites dans un club de rugby que cet entrepreneur issu de l'immigration parvient à modifier la qualité de sa clientèle :

Si je veux être une entreprise, une PME, et avoir des chantiers conséquents, ce n'est pas en faisant « toc toc, bonjour, je voudrais travailler ». Ça le fait pas. Il faut avoir des compétences, des références. Et pour avoir des compétences et des références, il faut avoir de gros chantiers. C'est le chien qui se mord la queue, on n'arrive pas à les avoir. Donc ce qu'il faut, c'est monter petit à petit, avoir l'ambition. [...] *Sinon vous êtes trop tributaire des petits chantiers, des petites bricoles, et vous n'évoluez pas. Et pour ça, il faut avoir des réseaux, des contacts. Donc comment j'ai réussi, moi, par exemple, à rentrer chez* [grandes entreprises], *c'est par les réseaux. Moi, c'est le rugby qui m'a permis d'avoir ces réseaux-là* [...]. *Et mes anciens copains de rugby ont pris des postes à responsabilité. Et à un moment, ils vous donnent votre chance, ou ils permettent de faire le lien avec le responsable des travaux qui vous donne votre chance. À vous après de montrer ce que vous savez faire.*

Les passions et engagements communs permettent ainsi de rencontrer des personnes, de dépasser partiellement les clivages sociaux et de se créer de bons réseaux. S'engager dans des liens d'échange réciproques, tisser des relations de proximité ou participer à une même passion, toutes ces actions représentent des moyens de créer et d'alimenter des relations qui permettent de faire des affaires ou de faire carrière.

4. Donner pour obtenir

Renverser son destin suppose ainsi de déconstruire le contenu des relations qui associent aux autres selon des conventions et des désirs plus ou moins conscients, et de le reconstruire de manière à pouvoir s'associer aux autres de manière délibérée. L'extériorité et l'objectivité qui fondent la position d'étranger permettent cela. Elles permettent de jouer de l'ambiguïté, de la superposition de la logique de l'intérêt et du détachement, du calcul et de l'amitié. Le caractère hybride de ce type d'échange permet d'obtenir bien plus qu'en négociant ou en espérant la charité.

Un dirigeant autodidacte ne cesse ainsi de trouver, au cours de sa carrière, des ressources que les autres ne distinguent pas, ou n'osent pas saisir. Il m'indique que cette compétence est apparue dès son service militaire, qu'il réalise comme soldat, avec une solde qui ne lui permet pas de s'« amuser », dans un département où se trouvent principalement des officiers de carrière. Il est chargé de gérer les stocks d'alimentation et de cigarettes pour tout l'effectif. Plutôt que de demander à chacun s'il souhaite acheter des cigarettes, il en achète le maximum théorique (si chaque individu fume le maximum de cigarettes au prix de l'armée). Cela facilite grandement la gestion de ce type de stocks. Cela confère également une bonne image du jeune soldat auprès de son supérieur, qui le voit à la fois motivé et efficace. Mais surtout, la mise en œuvre de ce principe de gestion avantage par ailleurs le jeune soldat : il redistribue les cartouches de *Caporal* non consommées selon son « idée des choses ». Il se fait ainsi des amis et parvient, en acquérant progressivement une image de « débrouillard », à multiplier les arrangements ou « petits boulots » et à disposer de revenus comparables à ceux des jeunes officiers : « Comme j'étais apprécié du colonel, il avait bien compris que j'étais un bosseur, donc il me faisait faire des petits travaux chez lui, qu'il me payait aussi. »

Un dirigeant handicapé, qui a besoin de l'aide des autres pour réaliser certaines activités de la vie quotidienne, m'explique la nécessité d'entretenir des relations « mixtes », fondées à la fois sur le plaisir et la nécessité de disposer de relations conviviales. Il confirme, de manière spectaculairement précise, qu'une relation « s'entretient » parce qu'elle permet d'échanger des biens autant que de tirer plaisir du lien, qu'elle n'est donc jamais stabilisée. À un moment de l'entretien, il prend l'exemple des relations de voisinage :

> *C'est un mélange des deux. Il y a certains jours où j'ai envie d'aller voir le voisin, j'y vais et je vais toquer chez lui. Et il y a d'autres jours où je n'ai pas envie et je me force parce que je sais que j'aurai peut-être besoin de lui. Et donc grâce à ce côté intéressé, ça m'amène à y aller régulièrement. Si je n'y allais que par plaisir, ça s'étiolerait dans le temps.* [...] *Et donc grâce à cette composante d'intérêt* [...], *je vais entretenir le lien. Si ça n'est pas par plaisir, ça sera par intérêt, et donc ça me permet de tenir la distance. Dans l'année, je vais le voir douze fois, bon, il y aura peut-être eu six fois par plaisir, six fois par intérêt. C'est comme ça qu'il devient un copain, parce que si je n'y avais été que par intérêt, je n'y aurais été que six fois, et puis on n'aurait pas tenu la distance.*

Un dirigeant autodidacte érige en principe de gestion cette intrication de l'économique et du social, du calcul et du désintéressement, de son passé et de son présent, du stratégique et de l'affectif. Il favorise le recrutement de seniors dans son entreprise pour toutes ces raisons, dont l'intrication semble bien, à l'écouter, mille fois plus sérieuse, du point de vue de la capacité entrepreneuriale, que la seule froide raison technocratique :

> *Qu'est-ce que je risque ? Et si demain je me retrouve au chômage, je serai peut-être content que quelqu'un me tende la main. Donc je dois tendre la main, et peut-être qu'un jour on me tendra aussi la main.* [...] *Et ça, c'est de la responsabilité des dirigeants, mais pas que des dirigeants, de tout responsable. Quand j'entends, moi, ça m'agace, vous savez : « Vous vous rendez compte, il commence à être âgé, il n'est pas adaptable. » Je dis : « Mais arrêtez, vous aurez un jour 50 ans, ou 55 ans, vous serez content, quand même, si vous vous retrouvez dans la même position que lui, qu'on vous tende la main. » Moi, je vais vous dire l'inverse, je préfère avoir quelqu'un de 50 ans dans mes services, notamment pour les horaires décalés, par exemple. Parce qu'au moins, je suis sûr qu'il n'aura pas fait la fête le dimanche et que le lundi il va être là à l'heure. En plus de ça, on lui aura filé un job, parce qu'il aura galéré au chômage pendant plusieurs mois, ou plusieurs années peut-être, il sera content d'avoir recollé au marché. Il acceptera des conditions salariales qui ne sont pas non plus celles qu'il a eues auparavant, pourquoi, parce que ses 25 meilleures années il les a faites auparavant* [...]. *Il veut simplement son nombre de trimestres.*

Donner, apparemment sans compter, savoir être ou savoir faire le généreux représentent ainsi le moyen souvent mobilisé pour montrer à l'autre que l'on est proche, humainement, même si les rôles sociaux séparent, économiquement. L'idée correspond très précisément aux « gestes » que sait faire le commercial : pour commercer – pour vendre ses marchandises –, il doit être d'un bon commerce – d'une relation agréable – sous forme de déjeuners, de discussions inutiles et, plus généralement, de toutes ces situations dans lesquelles le fait de perdre du temps permet de se rapprocher de l'autre. Cette même idée correspond également à un extraordinaire savoir-faire, et à une étonnante lucidité, parfois teintée d'un peu de cynisme. Voici quelques extraits d'un entretien avec un entrepreneur autodidacte. Ils ne pourraient pas faire partie d'un manuel de management (ils sont « incorrects ») mais ils correspondent aux fondements d'une relation commerciale : connaître ce qui mobilise l'autre ; savoir donner pour prendre ; et savoir donner apparemment librement, sans engager explicitement l'autre dans un système d'échange intéressé. La très subtile (et drôle) manipulation du lien permet ainsi d'obtenir davantage de biens :

> [Les clients sont d'importants acheteurs] *Il y en avait un autre qui était un grand décideur, il vendait des tableaux, ses tableaux étaient moches comme tout, mais je lui en achetais deux ou trois* [...]. *On ne va pas aller à contre-courant, quoi. C'est sa femme qui les faisait. Moyennant quoi, moi, il fallait que je trouve mon compte.*
> *Q – C'est marrant, votre histoire de tableau. Parce que je vois bien ce qui se passe dans votre tête à ce moment-là.*
> – [...] *Moi, je n'aimais pas du tout ses tableaux, mais ça ne fait rien, j'en avais mis dans mon bureau, quand il venait là, il était content, il voyait les tableaux de sa femme.* [Puis mon interlocuteur explique ce qu'il demande à son client :] *« Tu t'arranges, pendant que tout le monde est autour de la table, subitement tu es pris d'une envie d'aller faire pipi, et pendant que tu fais pipi, tu m'appelles, et tu me donnes les prix des autres. »* [...] *Et puis le soir il m'appelait et me disait : « Ça y est, c'est toi qui as enlevé le marché ! »*

Puis il m'explique que le « relationnel » consiste à savoir ce qui « se passe dans la tête des gens », et à connaître leurs goûts :

> *Il y en a qui ne mangent pas au restaurant, qui ne mangent que des haricots verts ou quelque chose comme ça. Ceux-là, ce n'est pas la peine de leur proposer un gueuleton au restaurant, ou une bonne bouteille, ils ne vont pas apprécier. Au contraire, ils vont dire : « S'il est capable de mettre cent euros dans un repas, c'est qu'il doit bien me baiser sur autre chose. »*
> *Q – Alors comment vous faites avec eux ?*

– Oh, il faut connaître le péché mignon ! Ça peut être un voyage, par exemple. « J'avais réservé un voyage, et puis la mère de ma femme n'est pas en bonne santé, j'ai payé, tu veux pas y aller à ma place ? » Même si ce n'est pas vrai [...]. La mère est souvent malade...
Q – Oui, vous ne pouvez pas leur dire : « Je t'achète, je te paye un voyage », ça n'est pas possible.
– Ah non ! Il faut dire : « Autrement le voyage va être perdu, tu fais comme tu veux. » Je dis au client : « Je te le propose parce que tu es mon meilleur copain, mais, autrement, je vais être obligé de le proposer à un autre, je vais pas le laisser perdre quand même ! »

Si la création de liens permet ainsi de faire circuler des biens à l'avantage du différent, elle peut tout autant fonctionner dans l'autre sens : la création de liens suppose que le différent accepte de donner plus de biens, ou plus de lui-même, que les autres. Le fort investissement au travail, que j'ai présenté dans le chapitre II comme un moyen mobilisé par les patrons atypiques pour se défaire des stéréotypes, prend alors la forme d'un sacrifice, au sens usuel du terme : donner ce que l'on a de plus cher, et en souffrir. Une dirigeante a une conscience claire et même imagée de ce sacrifice qu'elle consent à réaliser pour atteindre les objectifs qui lui sont alloués : elle prend sur son temps de sommeil pour remplir sa mission tout en préservant sa vie familiale et son intimité :

Le sacrifice concerne certaines choses qu'on doit limiter. Par exemple, le sommeil. À un moment donné, il ne reste plus qu'une solution, c'est de dormir moins. Et comme le samedi, de toute façon, c'est aussi une journée de marathon, finalement, il ne reste que le dimanche, et à peine, pour récupérer un peu. Ça, c'est un sacrifice : physiquement parlant, j'ai dû complètement réhabituer mon corps à dormir peu tout en gardant le niveau de pêche qu'il faut.

S'adonner à sa tâche peut ainsi amener à puiser sur sa santé. La situation est devenue banale. Mais si on écoute bien cette interlocutrice, le terme de sacrifice correspond aussi à son acception anthropologique : se défaire de ce qu'on a de plus cher pour plaire à une instance supérieure – les dieux chez les anciens, l'entreprise chez beaucoup de modernes et dans le cas précis –, parce que celle-ci confère sens et reconnaissance. Le sacrifice correspond donc bien à un échange avec un tiers qui sait donner en retour. Et c'est bien ce retour qui fidélise la relation entre la dirigeante et l'entreprise. Cette dernière lui offre la possibilité de travailler à distance comme elle l'entend et de pouvoir être ainsi auprès de ceux qui lui sont chers, même si, du coup, elle se trouve amenée à travailler la nuit, quand tout est calme. Peu importe, elle considère que son investissement professionnel représente une manifestation de la gratitude qu'elle doit à son entreprise.

Le même type de discours est tenu par une cadre supérieure handicapée, avec une tonalité critique. Elle se sacrifie, mais les instances supérieures ne le reconnaissent pas. Elle donne pour obtenir la reconnaissance de sa hiérarchie, mais celle-ci refuse de recevoir explicitement ce don, parce que cela l'amènerait à devoir rendre, à rentrer dans un échange social.

> *Je donne, j'écoute, etc., mais c'est vrai que je n'ai jamais ou très rarement… par exemple la question « ça va ? ». C'est une question, je crois, qu'on ne me pose jamais. C'est une question qui ne m'a jamais été posée. Vous savez, on vous regarde dans les yeux on dit : « comment ça va aujourd'hui ? » ou « comment ça va ? ». Vous savez, ici au travail j'ai fait don de moi. Mon patron est convaincu que je vais trop loin. Je n'ai aucune limite dans l'investissement.*

La générosité des patrons atypiques est donc patente. Mais elle poursuit des finalités hybrides : le don peut être mobilisé pour des raisons utilitaires et/ou pour créer un lien. Il existe cependant une caractéristique commune à ces deux finalités : l'excès. Les patrons atypiques « en font trop », et c'est pour cette raison que leurs relations reposent fondamentalement sur la logique du don. Pour qu'un don soit bien reçu comme tel, pour qu'il ne soit pas confondu avec une obligation ou une coutume, il doit en effet dépasser les conventions présidant aux échanges traditionnels. Et le dépassement de ces conventions suppose de savoir d'une part dépenser sans compter et d'autre part parvenir à toucher l'autre. La formule habituellement mobilisée pour décrire ce type de circonstance, « c'est le geste qui compte », explique bien ce type de relation. Pour que ce geste l'emporte sur la convention et la valeur économique, il suppose trois conditions : savoir sacrifier une partie de ses richesses ; s'adresser à l'autre en tant qu'individu singulier ; être capable d'analyser ses désirs pour mobiliser son affect. C'est tout ce que j'ai tenté de montrer jusqu'ici.

5. Des passeurs

Ces dispositions mènent souvent les patrons atypiques à occuper une position de « passeur » : parce qu'ils doivent créer des liens et qu'ils ont du goût pour cela, ils représentent eux-mêmes le lien entre des univers distincts et indépendants l'un de l'autre. « Passeurs », « portiers », « traducteurs », « cosmopolites », « pionniers », « déviants créatifs », ou « marginaux sécants », tous ces termes utilisés par les sciences sociales proposent la même idée : l'articulation entre l'ancien et le nouveau, l'intérieur et l'extérieur ou entre deux univers repose toujours sur l'existence d'individus ou de groupes sociaux qui n'occupent pas de place centrale, qui se trouvent dans l'entre-deux. La place des étrangers dans le développement des sociétés est donc marginale spatialement et numériquement, mais centrale économiquement et socialement.

Cette considération repose tout d'abord sur une analyse de simple logique, parfaitement formulée par Simmel. Les sociétés, explique-t-il, doivent échanger pour mettre toujours plus de richesses en commun – l'auteur écrit au tout début du XXe siècle. Mais les différents groupes sociaux se trouvent spatialement et culturellement distants. Une appartenance sociale et culturelle parfaite des individus, c'est-à-dire limitée à un et seulement un territoire et un type de coutumes, ne permet pas l'échange : chaque individu demeurant strictement intégré dans son espace, il ne peut rencontrer les autres. L'échange ne peut donc être réalisé qu'à la condition que certains parviennent à se détacher de leur appartenance sociale : c'est la position des étrangers, qui assurent la circulation des biens, des informations, des alliances et des coutumes entre groupes spatialement distants. La seconde perspective d'analyse mobilisée par Simmel est historique : il indique que les étrangers ont toujours permis le transit des marchandises entre groupes restreints et distants. Leur fonction consiste ainsi à rendre les sociétés « intelligentes » :

> « Seul le commerce rend possibles ces combinaisons illimitées par lesquelles l'intelligence trouve des prolongements toujours plus importants et de nouveaux territoires, chose rarement possible pour le producteur primitif dont la mobilité est moindre. » (Digressions sur l'étranger, p. 54-55)

L'étranger est ainsi celui qui occupe une position de « double présence » (ici et là-bas) alors que l'immigré, selon la belle formule de Sayad (1999), se trouve amené à vivre une situation de « double absence » – oublié dans son pays d'origine et ignoré dans son pays d'accueil.

Le terme le plus clair pour décrire la position d'étranger est celui de « marginal sécant » forgé par Jamous (1969) : se trouvant à la frontière de leur univers d'appartenance (« marginaux »), ils croisent (« sécants ») les représentants d'autres univers. Formulée avec les termes de la sociologie des réseaux, cette idée est tout aussi claire. En représentant graphiquement le nombre de relations réciproques entretenues par les membres de plusieurs réseaux, on constate que certaines relations sont rares : ce sont celles qui unissent les membres d'ensembles humains qui échangent peu. Elles créent un « trou structural » (un relatif vide dans la structure d'échanges). Ces relations représentent donc une fonction particulière : celle de traverser l'espace pour associer deux univers indépendants, étrangers l'un à l'autre. Elles y font circuler des biens, des coutumes aussi bien que des croyances et des contrats. Elles organisent le commerce, au sens le plus général du terme, et produisent ainsi une société élargie. Elles sont le propre des « étrangers de l'intérieur » (Missaoui, 1997).

Les patrons atypiques occupent souvent une place de ce type dans les organisations ou le monde des affaires. Étant relativement indépendants des places que la société assigne généralement à ses membres – Noirs, femmes, autodidactes, etc. – parce qu'ils ont échappé à leur destin, ils disposent de la possibilité de rencontrer et de coopérer avec des catégories (Blancs, hommes, diplômés, etc.) qui sont souvent étrangères les unes aux autres. En reprenant simplement quelques exemples tirés des pages précédentes, l'idée est évidente.

La dirigeante autodidacte, qui, lorsqu'elle était ouvrière, frappait directement à la porte des patrons, permettait à ces derniers de comprendre ce qui se passait dans les ateliers, et de ne plus se trouver désinformés par l'« édredon hiérarchique » que représentaient leurs collaborateurs immédiats. Dans l'autre sens, elle transmettait à ses collègues et au syndicat des morceaux de connaissance de la politique du siège, des révolutions de palais à venir, des alliances imaginables. De même, la dirigeante qui refuse de masquer sa féminité et sait brutalement tourner en ridicule les stéréotypes de ses collègues hommes réalise un travail considérable pour réduire les inégalités de genre. Elle fait prendre conscience de la compétence et de l'autonomie des femmes par des moyens infiniment plus pédagogiques que la meilleure des campagnes de communication en la matière : elle ne demande pas à ses homologues masculins de la respecter, elle se fait respecter. Elle leur fait comprendre que le monde du management se trouve habité par des femmes compétentes et pugnaces, qu'il faut donc « jouer » avec elles, pas s'en amuser. Dans l'autre sens, dans ses propres services, elle représente la manifestation concrète et simple qu'on peut diriger des équipes et participer aux réunions de l'état-major indépendamment des clichés que propose habituellement la division sexuelle du travail. Elle aide aussi celles, plus que ceux, qui disposent de compétences particulières pour trouver une place de *manager*, en tenant compte de sa propre expérience.

Cette position de passeur représente un tel avantage stratégique qu'elle est explicitement utilisée pour des raisons intéressant directement la logique économique d'une entreprise. Ainsi, cet entrepreneur issu de l'immigration a longtemps été utilisé, lorsqu'il était salarié, par des entreprises dont l'activité supposait d'articuler des intérêts français et ceux de pays d'Afrique. Représentant parfaitement, par son expérience sociale et la couleur de sa peau, l'intégration de ces deux mondes, disposant des deux codes culturels, il se trouvait mobilisé dans toutes les circonstances urgentes, lorsque les affaires supposaient un passeur. Elles concernaient aussi bien la connaissance des règles de loi, que la manière de faire avec, elles concernaient autant les façons de respecter les rangs sociaux que d'imposer son autorité.

> *Donc il s'agissait de ne pas perdre de temps. Il s'agissait aussi systématiquement, à chaque problématique, de trouver la solution appropriée* [...]. *Mais du fait de ma spécificité africaine, tout le monde m'appréciait, j'étais bien vu par tout le monde, donc j'avais des informations que des Blancs ne pouvaient pas avoir.*

Les entreprises savent ainsi, à l'occasion, utiliser les différents pour en faire des passeurs, elles y trouvent intérêt. Savoir mobiliser régulièrement des réseaux d'individus qui ne se connaissent pas, comme le fait d'articuler des cultures et des systèmes de représentations étrangers l'un à l'autre, représente une compétence sociale, valorisée en tant que telle. Cette compétence contribue très directement à la reconnaissance et à la légitimité des parcours ou des identités atypiques. Mais être passeur représente bien évidemment un intérêt considérable pour les différents eux-mêmes. Ils en ont d'ailleurs très souvent une conscience claire. Ils savent qu'ils doivent commercer, mettre en relation pour être mis en relation. Voici la façon dont l'explique cet entrepreneur issu de l'immigration :

> *Les premières expériences commerciales ont commencé à créer du lien, parce que le président m'a mis en relation.* [...] *Et au fur et à mesure, j'ai commencé à apprendre des trucs, je suis devenu responsable. Enfin tout ça pour vous expliquer que j'ai fait du réseau, du réseau, et donc je me suis retrouvé à être aussi président.* [...] *Moi, au début, j'étais simplement un importateur d'affaires « plus-plus », je faisais de la mise en relation. Tout simplement.*

Plus que les autres, les entrepreneurs issus de l'immigration associent à leur position de passeurs une dimension sociale, et sur plusieurs plans. Tout d'abord, les réunions d'entrepreneurs des quartiers défavorisés font ainsi éprouver, autant que comprendre, ce que Pollak nomme un « groupe moral » : ses membres ont vécu des choses suffisamment violentes et rares pour créer une conscience commune et créer un « mur invisible entre ceux qui leur sont physiquement les plus proches mais qui n'ont pas partagé cette expérience extrême » (1993, p. 156). Sans se connaître, ils communiquent aisément parce qu'ils savent partager une expérience rare, et cette expérience les unit. Ces réunions contribuent bien évidemment à favoriser des échanges qui mêlent solidarité émotionnelle, amitié et intérêt, comme dans n'importe quelle communauté ethnique d'entrepreneurs (Madoui, 2008). Ils élaborent dans ces échanges une vision alternative du social : ils n'attendent généralement pas les directives de l'État pour reconnaître les populations stigmatisées, exclues ou mal aimées. Ils savent par eux-mêmes identifier ces situations et les traiter. Mais cet engagement n'est pas charitable, et pour deux raisons. Tout d'abord, il n'obéit pas au principe du don unilatéral : ceux qu'ils aident doivent parvenir, grâce au soutien qui leur est proposé, à contribuer au bon fonctionnement de l'entreprise. Par ailleurs, cet engagement social consiste à rendre, parfois trente ans plus tard, et sur une autre scène, ce qui avait été donné par un Autre bienveillant.

Le principe de base consiste à opérer une médiation, une traduction, entre les univers d'origine et ceux d'accueil. Les notions de risque, d'empathie et de distance au rôle, présentées plus haut comme les sources du succès des patrons atypiques, se trouvent également mobilisées pour faire passer les autres différents de l'exclusion à l'inclusion. Voici la manière dont un entrepreneur issu de l'immigration, qui a décidé d'embaucher un certain nombre de jeunes « cas sociaux », explique sa démarche :

> *Moi, je les embauche avec deux mains gauches. Après, on les forme aux métiers* [industriels]. *C'est un manque à gagner, concrètement. Ensuite il*

y a aussi beaucoup de temps de régulation. C'est chronophage, pour discuter, prendre le temps. [...] *Donc je leur explique qu'il faut avoir la tête sur les épaules, et qu'en même temps ils doivent respecter une discipline et une organisation. Donc je dois faire médiateur, tempérer, en disant que ça n'est pas acceptable, que ça n'est pas possible. En même temps, à la différence de l'entreprise traditionnelle, on ne va pas les mettre à la porte du jour au lendemain. Donc il faut trouver le bon équilibre entre le possible, l'acceptation de l'autre, et permettre que le jeune saisisse qu'il ne faut pas faire tout et n'importe quoi, et qu'il y a un minimum de respect à avoir les uns vis-à-vis des autres. Ça fait partie de mes missions.*

Ces pratiques à la fois simples et sensées sont très explicitement présentées comme les moyens mobilisés par un passeur pour favoriser l'intégration des différents, des exclus :

Je suis derrière beaucoup d'associations, des associations de quartier, des associations culturelles, des associations de soutien scolaire, je suis dans différents clubs d'entrepreneurs. Pourquoi ? Parce qu'aujourd'hui ces gens me voient comme un entrepreneur comme eux [...] *Donc j'acquiers une crédibilité vis-à-vis de nombreux chefs d'entreprise, et j'en profite pour leur dire, dès que le moment est là : « Vous voyez, moi, à dix-huit ans, à dix-sept ans, j'étais dans ces quartiers-là, et on ne me laissait pas bosser. Et des mecs comme moi, il y en a plein, et je ne viens pas d'une autre planète. Donc j'essaye de faire que les chefs d'entreprise qui sont dans des territoires mais qui discriminent, voient les jeunes des quartiers comme ils me voient moi aujourd'hui, parce que je suis le même.* [...] *Je suis l'interface idéale.* » (Entrepreneur issu de l'immigration, autodidacte)

Cette conception sociale de l'activité économique est un peu contre-intuitive : elle ne correspond pas à l'idée que l'on se fait d'un patron, à l'idée qu'ils en donnent généralement. En même temps, elle semble être au cœur du métier de patron, qui consiste finalement à mobiliser le plus de gens possible pour participer à une activité économique rentable. Cette situation tient au fait que les patrons atypiques fédèrent parce qu'ils sont des passeurs. Ou bien ils sont des passeurs parce qu'ils fédèrent, peu importe. Occupant des positions avantageuses provenant d'un engagement extraordinaire, ils attirent souvent la sympathie de collègues, de clients ou de collaborateurs. En d'autres termes, ayant réussi malgré leurs handicaps, ils représentent souvent des modèles, des références morales. Ils séduisent par leur capacité à toucher directement les personnes, à mépriser les conventions, à faire des bons mots, à s'amuser des règles sociales autant que d'en être les gardiens. Leur goût pour la sociabilité, autant que leur préoccupation d'efficacité, en fait des patrons différents, des patrons qui agissent autrement.

Il n'est bien évidemment pas question de considérer que l'atypisme produit systématiquement charisme et bonheur collectif. Il existe des patrons différents qui se comportent « normalement ». Il existe aussi des patrons typiques qui savent associer et produire le sentiment d'appartenir à un collectif. Il s'agit seulement de souligner que des trajectoires étrangères aux modèles convenus, parce qu'elles ne dissocient pas bien le travail et les rôles, l'engagement et le contrat, portent souvent à briser une partie des conventions et à faciliter le lien social.

L'exemple le plus frappant de cette configuration relationnelle est certainement l'accueil que les patrons atypiques ont fait à ma proposition d'enquête. Demander deux ou trois heures de son temps à un dirigeant, pour participer à une enquête sociologique dont il ne voit jamais clairement les perspectives – pas plus que le sociologue, en tout cas s'il est dans une réelle démarche de recherche –, et dans laquelle il peut toujours se dévoiler un peu trop, représente rarement une démarche assurée de succès. Le sociologue, s'il tient absolument à rencontrer le dirigeant, doit alors souvent multiplier les démarches pour parvenir à obtenir un moment d'entretien, souvent assez prudemment investi. Avec les patrons atypiques, les choses se sont passées très différemment. Ils m'ont dit assez simplement et directement « oui » ou « non », et plus souvent « oui » que « non ». Et surtout, lorsqu'ils m'ont accueilli, ils ont assez peu hésité à se dévoiler et à prendre le temps de perdre du temps avec moi. Par curiosité intellectuelle ? Par souci de se comprendre ? Par narcissisme ? Par volonté militante ? Pour la connaissance scientifique ? Un peu pour tout cela. Mais tout cela devrait intéresser autant les autres patrons et dirigeants, les typiques. La différence de comportement entre ces deux logiques repose sur une donnée simple et fondamentale, qui participe de l'identité des patrons atypiques : ils ont pris l'habitude de donner, parce que ce type de relation a été et continue à être pour eux le moyen principal d'accès aux autres. Pour cette raison, ils semblent souvent donner l'exemple en matière de socialisation. C'est justement parce qu'ils sont dans une situation de socialisation déficitaire qu'ils investissent autant les liens.

Les patrons atypiques sont ainsi des passeurs parce qu'ils se trouvent à la marge des organisations, des marchés ou des systèmes sociaux. L'anthropologie ne dit pas autre chose en expliquant que ce sont toujours les individus aux marges d'une population donnée qui ouvrent leur tribu à l'extérieur et y font pénétrer d'autres conceptions du monde. La marge en question peut être spatiale – se trouver à la frontière de la tribu – ou culturelle – faire partie d'une minorité –, mais elle occupe bien une position centrale dans le fonctionnement de la tribu. Toute l'analyse des processus de changement, d'innovation ou de métamorphose indique que les transformations commencent toujours, physiquement et socialement, par les marges et par des marginaux, qui se retrouvent, progressivement, au cœur des dispositifs d'un sous-ensemble de la société ou d'une organisation (Alter, 2000). Il n'existe, en effet, pas de transformation sociale sans association nouvelle de groupes humains, et sans transgression des frontières établies, qu'elles soient hiérarchiques, culturelles ou spatiales.

CHAPITRE 6

Être soi

J'ai indiqué jusqu'ici qu'inverser son destin supposait de modifier son rapport aux autres. Il faut maintenant ajouter que cette inversion suppose également de modifier le rapport à soi-même. Et, de même que la transformation du rapport aux autres mobilise efforts, engagement et prise de risque, la transformation du rapport à soi-même suppose un intense travail de réflexion amenant à articuler les valeurs et les projets, la fidélité à l'égard des origines et la capacité à s'en défaire : investir le présent suppose ainsi d'interpréter le passé. Et supporter son passé suppose souvent de le restaurer.

Changer de rapport à soi ne peut en effet se résumer à abandonner ce que l'on est pour devenir ce que l'on souhaite. Ce changement suppose de savoir associer les registres du passé et du présent, des identités « héritées » et des identités « visées ». Les patrons atypiques ne renoncent ainsi jamais à ce qu'ils furent, sans pour autant demeurer figés dans leur identité initiale. Apparemment ils se transforment, en réalité, ils parviennent surtout à enrichir le noyau identitaire qui les fonde par l'expérience troublante de la réflexivité. Celle-ci les mène à se mettre à distance de leur expérience sociale pour l'objectiver et pour expliquer les choix qu'ils ont faits, qu'ils vont faire. Cette même distance amène également à « réinventer » ses parents, son milieu, son histoire pour rendre le noyau identitaire consistant. Lorsque les positions sociales ne sont pas données, qu'elles doivent donc être inventées, il faut aussi en concevoir l'histoire.

Et, à force de réfléchir à ce qu'on est, on finit par soumettre ses choix au résultat de cette analyse, autant qu'à la prise en compte des contraintes et des rôles que la société propose de tenir. L'engagement dans l'effort ainsi que l'opiniâtreté dans les affaires correspondent alors à une activité de sublimation. Et le déficit de socialisation, décrit dans les chapitres précédents comme le résultat d'une position particulière dans le monde, et d'un goût pour cette position, provient ainsi, tout autant, de l'élaboration d'un rapport à soi-même cohérent et valorisant.

1. Réflexivité et action

Les travaux actuels en sciences humaines analysent l'identité comme le résultat d'une tension entre la place sociale, celle de l'acteur, et la distance par rapport à cette place, celle du sujet. Ils constatent en effet que la crise sociale des sociétés contemporaines, c'est-à-dire l'impossibilité de pouvoir tenir une place stable, légitime, permettant de s'associer aux autres et à sa propre histoire de manière évidente et harmonieuse, questionne les identités. Et tous indiquent que cette conjoncture conduit à la réflexivité, laquelle représente une triple activité : se distancier de son rôle pour agir de manière autonome ; tirer les leçons de sa trajectoire ; mieux comprendre la nature de relations aux autres ; identifier les positions sociales adaptées à ce que l'on est ou à ce que l'on souhaite devenir.

De tous ces points de vue, les patrons dont il est ici question représentent certainement l'archétype des identités professionnelles contemporaines. Imparfaitement socialisés, les patrons atypiques doivent leur salut à leur engagement, mais, tout autant, à leur capacité réflexive. Celle-ci leur permet en effet de trouver des modalités de rapport à eux-mêmes indépendantes des stéréotypes, mais aussi d'inventer leur place et de construire leur cohérence identitaire. Elle représente en quelque sorte le regard intérieur de l'étranger. De la même manière que les patrons atypiques regardent vers l'extérieur, avec une grande curiosité et une grande vigilance, ils mobilisent activement l'introspection pour prêter attention et intérêt à ce qu'ils sont, à ce qu'ils peuvent être, à ce qu'ils deviennent, et souvent à chérir cette introspection.

Ce regard intérieur, qui naît de la perception puis de l'analyse de la différence, se transforme ainsi en une sorte de compagnon de route qui éclaire leur trajectoire, et auquel ils se trouvent affectivement attachés. La réflexivité, l'analyse de son rapport aux autres et à soi-même, précède ainsi l'accès à une position et préserve des identités attribuées par les normes dominantes. Elle amène à construire une route là où les autres ne voient qu'un marécage ou qu'un vide. La force de cette logique l'emporte très largement sur la spécificité des stigmates. Elle vaut par exemple aussi bien pour un dirigeant issu de l'immigration et autodidacte que pour un entrepreneur homosexuel « cultivé », issu d'un milieu favorisé :

> *J'ai, depuis mon adolescence, ce côté-là, analyser les gens, comprendre à qui j'ai affaire, à quoi j'ai affaire. Ça m'a beaucoup interrogé sur la vie, sur le comportement, soit des gens, soit des situations, ça m'a remis en question à plusieurs reprises. Je pense que ça m'a aidé, quelque part, à me développer. C'est marrant, parce que je ne pense pas m'être dit à un moment donné, « parce que j'ai des origines, je dois réussir ». Non, c'est plus une histoire de la manière dont je me suis formaté pendant mon adolescence. Cette fameuse analyse dont je parle souvent. C'est sûr que ça, ça m'a beaucoup apporté.* [...] *Nous, quand on avait un vélo, c'était un vélo pour deux ou pour trois. Et je voyais les copains autour de moi, ils avaient un vélo, c'était un tout neuf, et nous, on avait plutôt un vélo pas cher, voilà.* [...] *Et quand on parle d'adolescence, on parle aussi d'une période pendant laquelle vous vous « formez » entre guillemets, vous vous formez en tant qu'individu, en tant que personne. Dans cette forme de société, ça a été très difficile, en tout cas c'est comme ça que je l'ai vécu, et j'ai donc beaucoup vécu dans l'analyse.* (Dirigeant, issu de l'immigration, autodidacte)

> *Oui, tout à l'heure, je vous parlais des fondations d'un individu, cette difficulté à ne pas savoir réellement qui nous sommes. Et à qui, dans quelle société, de quel système nous faisons partie réellement.* [...] *À*

chaque fois que j'ai essayé d'être, on va dire « moi-même », on m'a toujours, on m'a souvent fait remarquer que j'étais différent, et donc cette différence, il faut bien que je m'y rattache à un moment donné, puisqu'on parle de fondation. [...] *Tout individu a besoin de savoir qui il est, a besoin de savoir d'où il vient, a besoin de savoir où il se situe, comment il se place. Il a besoin de savoir pourquoi on travaille, pourquoi on cherche à évoluer à un moment donné, pourquoi on parle de classe sociale* [...]. *Parce que tant qu'on me montrera, qu'on n'arrêtera pas de me montrer de temps en temps que je suis différent, il va bien falloir que je me rattache à quelque chose.* (Entrepreneur, homosexuel)

Le thème récurrent de cette activité réflexive concerne le processus d'intériorisation et de valorisation de la différence. Vivre avec sa différence de manière digne consiste d'abord à la reconnaître, puis à l'accepter et à la valoriser, et parfois à la revendiquer. C'est ce processus que décrivent toujours, d'une manière ou d'une autre, les patrons atypiques. La différence, de ce point de vue, ne correspond pas à une qualité objective, mais à la construction d'un rapport subjectif et positif à cette qualité.

J'ai entendu, dans cette perspective, des récits poignants et émouvants. Ils mobilisent la compassion, laquelle n'est pas seulement le sentiment que l'on éprouve pour l'autre, une sorte d'altruisme affectif, mais le sentiment que l'on éprouve pour l'ensemble des autres, y compris soi-même. Dans ces circonstances, l'émotion du locuteur « nous » (me) concerne tout autant. Quelle que soit la nature de la différence, son analyse est émouvante parce qu'elle distille avec une infinie précision le rapport souvent cruel et toujours délicat entre ce que nous sommes et ce que les autres nous conduisent à être, entre ce que nous sommes et ce que nous souhaitons devenir. Un dirigeant homosexuel me raconte ainsi que sa différence s'est longtemps associée à la volonté de la taire. Il a su progressivement construire des défenses, croire en leur solidité, mais il a dû en même temps les mettre à l'épreuve, sans jamais être certain de leur pérennité. La discrétion, le secret et l'anxiété ont ainsi accompagné son parcours, alors qu'un parcours normal laisse mille fois plus de place à la certitude de connaître les autres et son propre rapport aux autres. Progressivement, il est parvenu à construire une idée du monde dans laquelle il a su se convaincre qu'un certain nombre de comportements, de valeurs et de représentations permettaient de s'associer aux autres sans trop de dommages. Mais il a une claire conscience que cette construction n'a pas le même type de consistance que celles des normaux : elle mobilise plus la subjectivité, elle implique plus et doit donc être plus « contrôlée », un peu comme si le ciment de l'identité du sujet n'avait jamais totalement pris, et qu'il associait imparfaitement les pierres de l'identité sociale. Rien, me dit-il, n'est évident dans son rapport aux autres, parce que son rapport à lui-même suppose d'être constamment travaillé et questionné. Cette activité réflexive fonde clairement, m'explique-t-il encore, la distance qui le sépare de ses collaborateurs et collègues, tout autant que son extrême proximité à leur égard, l'attention qu'il doit leur porter. Cette perspective subjective explique la position d'étranger analysée plus haut (l'association de la distance et de la proximité) comme un effet de la place objectivement occupée. Il est donc de peu d'importance de savoir si le différent se trouve étranger pour des raisons plutôt subjectives – c'est le cas du dirigeant homosexuel dont je viens d'évoquer le propos – ou plutôt pour des raisons objectives – c'est le cas du dirigeant autodidacte, et issu de l'immigration, évoqué avant : en effet, dans les deux cas, le processus ayant permis de réussir une carrière brillante a supposé une activité réflexive conséquente. Cette activité concerne les identités des différents de manière parfaitement comparable.

Elle se manifeste très souvent par le récit de décisions progressivement élaborées, qui indiquent à la fois l'idée d'une orientation volontaire de la trajectoire, la prise de distance par rapport aux conventions et la compréhension de ce qui fait identité. Cela vaut par exemple pour la découverte du goût de l'entrepreneuriat qui habite une dirigeante. Après avoir beaucoup investi son activité professionnelle, elle choisit de prendre un poste plus « tranquille » pour se consacrer plus largement à l'éducation de ses jeunes enfants. Elle décide en quelque sorte de rentrer dans le rang, de tenir une place sociale normale. Mais cette existence lui est insupportable, ou, plus exactement, ne pas pouvoir s'investir plus complètement dans ses missions professionnelles ne convient pas à l'idée qu'elle se fait d'elle-même, et du plaisir qu'elle souhaite tirer de son travail. Elle décide alors de choisir un poste plus engagé, malgré les nombreux déplacements et les contraintes familiales de deux carrières fortement mobilisatrices : la sienne et celle de son mari. Elle décide donc de vivre finalement sa « passion », mais après réflexion :

> *Donc j'ai fait ça pendant trois ans* [être souvent à la maison pour s'occuper des enfants], *c'était super, j'ai réfléchi* [...] *et puis finalement je me suis dit : « Mais j'ai l'impression que ça me redémange, le business, mais sous une forme différente. »* [...] *Et là en fait, j'ai compris que ce qui comptait, c'était vraiment d'être en phase avec mes aspirations.*

Le désir (l'« aspiration ») de l'engagement l'emporte ainsi sur la prégnance du rôle social traditionnel, mais après réflexion, et donc après avoir expérimenté ce rôle. Le même processus caractérise la trajectoire de cet entrepreneur guyanais qui accepte, pendant les premières années de sa vie active, de soumettre ses ambitions aux formes de socialisation locales, qu'il présente comme celles de la soumission à la domination et à l'assistanat par les gens de la métropole. Cette situation lui apparaît progressivement comme intolérable, parce qu'elle ne correspond ni à ses valeurs, ni à l'idée qu'il se fait de l'autonomie. Il décide alors de mener à bien une entreprise dans laquelle il se reconnaît. Ceci suppose de devenir un « étranger », de s'implanter en métropole :

> *Et je me suis dit, c'est bizarre, quand ils* [les habitants originaires des départements d'outre-mer] *s'éloignent de leur milieu d'origine, ils créent quelque chose. Quand ils sont dans leur milieu, ils ont des rêves, mais ils ne créent pas, ils restent dans leur métier de fonctionnaire, de salarié... Dès qu'ils sortent, ils construisent, ils créent quelque chose. Alors je ne sais pas trop comment expliquer ça encore... Après l'esclavage, notre terre n'était pas vraiment à nous...*

Choisir de partir pour créer son entreprise n'est ainsi ni le résultat d'un choix fondé stratégiquement – « je choisis la meilleure opportunité pour développer une activité, et un lieu d'exercice économiquement rentable » –, ni le résultat d'une tradition. Faire ce choix résulte d'une interrogation sur les propositions d'intégration habituellement proposées, celle de la dépendance, et d'une réflexion sur l'histoire même de la colonisation, de ses effets sur l'autonomie. Cette réflexion n'est pas terminée, l'entrepreneur ne sait pas encore bien « comment expliquer ça », parce que sa réflexion cohabite, de manière inséparable, avec son déplacement social et spatial. Le choix d'entreprendre, s'il a bien des effets économiques, repose ainsi sur une analyse critique des dimensions politiques et culturelles de la socialisation. Au-delà de la spécificité de cette expérience, tous les patrons atypiques racontent une histoire du même type, qui les amène à se mettre à distance des formes conventionnelles de l'intégration sociale, de l'identité que la société leur propose, pour devenir ce qu'ils sont. La clé de la logique de l'étranger a donc beaucoup à voir avec l'introspection et l'analyse (Misrahi, 1963).

Mais la réflexivité explique également l'humour et la dérision dont savent faire preuve les patrons atypiques. Elle suppose en effet le détachement, et celui-ci permet d'identifier des formes de sociabilités qui peuvent prêter à sourire. Lorsque ce détachement par rapport à un rôle social absurde rencontre la volonté tactique, explicite et réfléchie, de tenir ce rôle parce qu'il représente des avantages, il en résulte un phénomène comparable à la compassion, mais le partage du sentiment concerne ici la gaieté. La mise en scène de soi que réalise le locuteur évoque une scène sociale infiniment plus large, qui « nous » concerne, et qui amène à partager son sentiment, son point de vue, et à en rire avec lui. Ce type de partage repose donc, comme la compassion, sur le caractère extrêmement général d'un rapport à la fois subjectif et distancié par rapport aux normes sociales. La réflexivité permet de le dire et d'en jouer. Voici la manière dont une dirigeante me fait partager son rire :

Franchement, la première fois qu'on m'a donné une grosse voiture, je peux vous assurer je ne savais pas quoi en faire, parce que je n'avais conduit que des petites voitures. J'étais terrorisée devant cette voiture, mais terrorisée, quoi, et pourtant je l'ai fait, parce que je me suis dit : « On me donne une voiture, il faut que je l'utilise, quoi. » [...] C'est pas un truc pour lequel j'aurais couru, quoi, alors que les hommes, oui. Et perdre la voiture, ou perdre le beau paillasson, ou perdre le grand bureau, pour eux, c'est catastrophique. Moi, je me suis fait virer une fois, je me suis retrouvée dans un petit bureau avec quelqu'un d'autre, etc. Je me suis dit : « Faut que tu t'en sortes, c'est pas grave. » Et je n'ai pas considéré que mon ego ou que mon aura étaient détruits.

Toutes ces observations convergent avec les recherches actuelles en sciences humaines : l'identité ne résulte pas seulement d'une position dans l'espace social, mais d'une capacité à interroger, à comprendre et à modifier cette position. Ainsi, Dubar utilise le terme de « transaction » pour nommer l'effort réflexif qui consiste à articuler l'identité « héritée », celle de la famille et du milieu social, avec l'identité « visée », celle que propose la société ou le milieu professionnel, et qui est souhaitée (*ibid.*, 1991). Camillieri mobilise le terme de « stratégie identitaire » pour rendre compte des comportements de différenciation permettant de correspondre à une identité valorisée et souhaitée (1990). Et Gaulejac articule explicitement les perspectives de la psychologie clinique et de la sociologie pour rendre compte de la tension qui existe entre ce que nous lègue notre histoire et ce que nous souhaitons en faire : « L'individu est le produit d'une histoire dont il cherche à devenir le sujet » (1999, p. 11).

Ces fonctions de la réflexivité et de la narration s'apparentent au travail d'« élaboration » en psychanalyse : la grande majorité des personnes interviewées ne font pas que décrire leur vécu, elles l'interprètent en l'associant plus ou moins explicitement à leur imaginaire et aux dimensions symboliques de leurs représentations. Elles établissent des liens forts, explicatifs, entre leur vécu et leur histoire, dont je ne peux pas rendre totalement compte ici, parce que ces éléments de discours représentent des confidences qui, même rendues anonymes, demeurent trop personnelles. Tous les patrons atypiques ont ainsi réalisé un détour réflexif qui consiste à prendre de la distance par rapport à soi-même pour s'analyser, pour associer son comportement à des dimensions psychiques, symboliques et sociales. Le plus intéressant, du point de vue sociologique, demeure que ces personnes ont découvert que l'identité représentait autant une construction qu'un héritage, qu'elles parviennent à analyser leur parcours en ces termes, à l'expliquer et donc à le verbaliser. La reconnaissance de sa propre différence prend ainsi place dans l'espace d'élaboration de soi que représente la réflexivité. Plus largement, elle permet de décider de ses engagements, mais, tout autant, de les rendre cohérents, légitimes et estimables aux yeux du sujet.

2. L'espace et le temps de la réflexivité

Cette transformation identitaire suppose de pouvoir disposer d'un temps et d'un espace suffisamment protégés des contraintes immédiates de l'action. Apprendre à être autrement ne peut en effet se confondre avec une décision simple et rationnelle – « je décide de changer d'identité pour être plus en accord avec mes projets, et pour cela je mobilise telles ressources » – car une décision de ce type correspond très précisément à un processus d'apprentissage au cours duquel différentes ressources et solutions sont expérimentées, rejetées et retenues. Cela vaut aussi bien sur le plan de l'identité – « j'en suis où, finalement ? » – que sur le plan des relations aux autres – « finalement, c'est un chic type ». Le « finalement » en question n'a par ailleurs rien d'un bilan définitif, car la transformation identitaire des patrons atypiques correspond à un processus non fini. Il correspond à un bilan intermédiaire répété, à une posture, et non à une sorte de nouveau contrat avec soi-même, oubliant le passé et arrêtant le processus.

Les parcours décrits ici peuvent ainsi être compris comme une suite de réorientations corrigeant constamment les errements de la trajectoire. Chacune de ces réorientations permet de se défaire toujours un peu plus de l'exclusion initiale, de saisir des opportunités de carrière ou d'affaires, et d'accéder à une identité pour soi et une identité sociale plus satisfaisante. Mais aucune de ces réorientations ne correspond à ce que les sociologues (Hugues, 1950) nomment des *turning points*, des événements amenant les individus à « tourner la page ». Les patrons atypiques ne tournent en effet jamais complètement une page de leur vie. Ils passent leur temps à l'écrire. Cette page est donc interminable mais riche en aventures, métamorphoses, tours et détours, plus riche qu'un livre dont le destin tourne les pages.

Autant pour les patrons atypiques que pour d'autres individus, l'« engagement dans une reconversion professionnelle volontaire nécessite une pacification de la situation vécue » (Bessin, 1997, p. 329). Changer suppose en effet de parvenir à stabiliser provisoirement des positions sociales, de disposer de « phases de latence » pour parvenir à éviter la paralysie issue de trop d'incertitude et de mouvement. Analyser l'histoire des individus dont il est ici question suppose donc de considérer leur trajectoire comme un apprentissage permanent – de positions, de représentations, de rapport à soi-même et aux autres –, et d'identifier les espaces de protection qui leur permettent de faire le point, de se repérer dans leur propre parcours.

Cette perspective diachronique permet de comprendre le caractère « inoxydable » des patrons atypiques. Cette formule fait généralement référence à une extraordinaire capacité à résister aux agressions extérieures, comme l'inox résiste à la rouille. Un cadre supérieur handicapé, ingénieur de formation, m'a expliqué les choses de manière infiniment plus intéressante : la propriété de l'inox n'est pas à proprement parler la capacité à repousser la formation de la rouille, mais à transformer les éléments agressifs extérieurs pour se renforcer. Le processus de construction identitaire des patrons atypiques, et plus particulièrement leur résilience, correspond assez bien à cette image :

Plus on vieillit, plus la carapace est dure, donc c'est plus dur... Mais le fait d'être inoxydable... si on regarde le zinc... plus on avance dans le temps, plus on est inoxydable [...] *Plus le métal avance dans le temps, et plus il est inoxydable.* [...]. *Le principe du zinc, c'est que ça construit une couche qui est de l'oxyde, qui le rend inoxydable, qui le rend étanche.* [...] *Ça, c'est amusant, ça le rend étanche à l'air. Donc finalement, c'est une belle image pour dire que quelqu'un de différent, toutes les petites attaques qu'il a, c'est rien, quoi, au contraire. Ça le renforce.*

La résistance de ce métal ne correspond donc pas à une propriété initiale, pas plus qu'elle ne résulte d'une propriété acquise à un moment donné. L'inox n'est pas « fort », pas plus qu'il ne change brutalement de consistance. Il se renforce progressivement. De même, les patrons atypiques ne sont pas nés particulièrement robustes ou résilients, pas plus qu'ils n'ont « tourné une page », mais ils parviennent à devenir robustes et résilients, par apprentissage.

Le problème est que l'apprentissage suppose de disposer d'un espace et d'un temps protégés de la sanction immédiate de l'erreur et de la sollicitation normative des interactions. Un enfant ou un adulte doivent disposer de lieux dans lesquels les expériences sont analysées et discutées de manière ouverte et bienveillante pour améliorer un comportement, un rapport à l'environnement ou aux autres. Les parents le savent bien, et les *managers* qui dirigent les organisations devraient le savoir un peu plus. On n'apprend pas sans disposer d'un espace de parole et d'interaction spécifique. Plus encore, il faut perdre du temps pour gagner de la force : il faut consacrer une partie des ressources mobilisables à essayer différentes solutions et à en discuter avec les autres pour parvenir à apprendre la robustesse. Les parents le savent bien mais ne parviennent pas à en tenir toujours compte, et les *managers* l'oublient trop souvent : l'apprentissage résulte d'un processus dans lequel on doit savoir s'arrêter pour comprendre ce qui fonde le mouvement, et l'apprentissage suppose parfois de savoir reculer pour corriger une trajectoire. Pour cette raison, individus et organisations ne parviennent pas toujours à apprendre

(Alter, 1996). Il demeure que, plus ou moins aisément, les patrons atypiques sont parvenus à disposer de ce cadre relativement protégé ou protecteur, qui ne résulte pas de politiques managériales, mais de réalisations informelles, changeantes et spontanément élaborées. Ces réalisations sont ainsi extrêmement variées dans leurs manifestations.

Un dirigeant handicapé a ainsi fait des « breaks », à plusieurs reprises au long de sa vie professionnelle pour se « poser », pour prendre le temps de fixer des repères dans une trajectoire tumultueuse. Après m'avoir indiqué qu'il a passé une période de quelques années à tenir un poste peu mobilisateur, à la fois « tranquille » et désespérant d'ennui, il analyse cette situation comme propice à la réflexivité, comme un moyen d'élaborer progressivement, par le détour de l'analyse, un rapport plus actif au monde :

> *Donc voilà, je dirais que c'est dans cette période-là que j'ai probablement fait le break. Je suis passé au stade du dessus, mon côté professionnel a dépassé le combat quotidien contre le handicap, quoi. Après, j'étais reconnu comme un acteur plein et entier sur ce marché, on me demandait d'être un bon pro, et de gagner de l'argent. Donc finalement, c'est là que j'ai franchi un cap important.*
> *Q – C'est-à-dire que l'accès à cette image de personne sur laquelle on peut compter, vous l'avez ressenti, identifié, plus tard que les autres ?*
> *– Je pense que vous avez raison, et moi finalement, quand on y réfléchit, ma carrière s'est faite de longues périodes, de silences, et de...*
> *Q – De construction.*
> *– De construction.*
> *Q – Je comprends très bien.*
> *– Et après d'émergence.*

Si le « break » représente ainsi le moyen de regarder l'horizon et de préparer l'avenir, il peut également représenter un moyen de revenir en arrière, pour comprendre les raisons d'être d'un parcours. Un entrepreneur issu de l'immigration prend ainsi régulièrement le temps de partir dans une capitale du Moyen-Orient, de monter dans la grande tour qui domine la ville et d'y observer le monde. Un dirigeant autodidacte, pour chacune des trois grandes décisions professionnelles qu'il a prises, a distrait plusieurs mois de travail pour « ne rien faire », pour goûter la sensation de vide et de liberté que procure cette situation, mais également pour penser autrement son rapport au monde et aux affaires. Dans tous les cas, ces moments de réflexivité sont pris sur le temps de travail et inscrits dans un lieu permettant l'isolement, le recueillement. Il s'agit d'une pratique que dénoncerait la grande majorité des spécialistes du management ordinaire : « un patron n'a pas de temps à perdre » et doit « savoir où il va ». Pour les patrons atypiques, qui ont certainement beaucoup d'enseignements à transmettre au management ordinaire, ces moments sont constitutifs de la capacité à entreprendre et à s'entreprendre.

L'espace particulier du cabinet du psychanalyste ou du psychothérapeute entre également dans ce cadre : il s'agit bien d'un temps et d'un espace permettant d'identifier, de dire et d'expliciter ce qui a été vécu et ressenti, sans risque de sanction. Cette circonstance permet à la fois un travail réflexif sur ce qui a été éprouvé et un travail de recomposition de ce qui a été vécu. Un entrepreneur homosexuel m'indique ainsi qu'après une dizaine d'années de psychanalyse, il s'est senti être « un homme libre », libre des névroses accumulées depuis l'adolescence, et libre d'exprimer son idée du monde et de son rapport au monde : « Petit à petit, j'ai senti que j'étais de plus en plus libre, que ma pensée était de plus en plus libre, que je pouvais penser comme je pensais, que je ne commettais pas un crime. » Il m'indique que ce travail a représenté une dépense de temps considérable, disproportionnée par rapport au rythme habituel des affaires, mais infiniment salutaire et « efficace » : cette démarche lui permet de considérer qu'être patron et différent, cela va de soi.

Une minorité de patrons atypiques a réalisé ce type de démarche, mais une majorité a adopté ce type de distance par rapport à soi-même et de capacité à accepter sa différence grâce à un tiers, souvent représenté par quelques collègues. L'effet de ce type de relation est considérable : non seulement il résout les problèmes ponctuels et ordinaires de la vie professionnelle d'un différent, mais, en plus, il associe affectivement le différent au groupe, il lui permet de dire sa différence et de trouver plus de sérénité au quotidien. Plusieurs patrons atypiques m'ont fait part de ce sentiment de liberté et de « légèreté de l'être » qui s'accepte et se trouve, qui correspond précisément aux moments où l'articulation entre l'identité pour soi et pour autrui coïncide parfaitement. Ces moments permettent à un individu de se libérer du fardeau du passé, pour n'en retenir que les éléments amenant au sentiment d'exister de manière cohérente. Plus encore, ce type de circonstance amène les différents à ressentir le caractère « inoxydable » de leur identité : « Une fois qu'on a dominé ce problème, il ne peut plus rien nous arriver. » Voici comment un dirigeant homosexuel raconte la manière dont il est parvenu, grâce à quelques collègues, à manifester sereinement sa différence :

> *Q : Est-ce que vous pouvez me décrire la sensation, l'émotion ?*
> *– Déjà, quand vous vous levez le matin, vous n'avez plus d'appréhension de type « il va falloir que j'esquive, ou que je sorte une espèce d'alibi ». À partir du moment où vous utilisez des alibis, il faut quand même avoir une capacité logique, et une certaine dose de mémoire pour ne jamais se contredire.* [...] *Donc c'est quelque part un peu une prouesse. Il y a des gens que je connais qui vont encore plus loin, avec la meilleure amie qui sert de compagne dans les dîners où on vous explique que les conjoints sont les bienvenus, et qu'il vaut mieux arriver avec un conjoint, parce que de toute façon arriver seul, ça fait poser beaucoup de questions.* [...] *Et moi le jour où j'ai effectivement senti cette liberté, c'est d'arriver au bureau le matin, et de se dire : « Les seuls soucis que je dois avoir, ou les seules concentrations sur lesquelles je dois poser mon esprit, c'est mon job. » Si le téléphone sonne et que c'est mon ami, je vais décrocher sans devenir rouge pivoine parce que j'ai un collègue à côté* [...]*. Et tout ça vous n'avez plus à le gérer, c'est un bonheur.* [...] *C'est le contrecoup de l'effet ressort qui fait que vous vous sentez presque indestructible. Je pense qu'il y a un peu de ça, ça génère une énergie positive.*

Mon interlocuteur ajoute cependant que cette transformation demeure limitée, pour une raison simple : lorsqu'il se rend dans des services, ou chez des clients pour des opérations de longue durée, il se trouve amené à taire à nouveau sa différence, à la cacher, puis à trouver progressivement le moyen de la faire connaître et admettre. Tous les patrons atypiques, quelles que soient leur différence et les modalités d'apprentissage qu'ils mobilisent, indiquent ce même phénomène : le processus de transformation identitaire n'est jamais à proprement parler fini, parce qu'il représente autant un rapport au monde que le moyen de modifier un rapport au monde, et autant un rapport à soi-même qu'aux autres. Ils se trouvent ainsi amenés à vivre une situation paradoxale, dans laquelle ils doivent justifier de la qualité de leur travail et de leur capacité d'intégration plus souvent que les autres, tout en devant mobiliser plus d'espace, d'énergie et de temps pour se construire de manière cohérente et satisfaisante. Ce cadre supérieur handicapé fait part d'une tension entre deux nécessités : un fort engagement dans le travail, qui permet d'accéder à la reconnaissance, mais également des moments de tranquillité pour accéder à une certaine sérénité. La première phase de sa carrière correspond au traitement de la première nécessité, mais son exigence finit par l'exclure. La seconde phase de sa carrière correspond au traitement de la seconde nécessité, à l'accès à la « sérénité » dont il a déjà été question. Et le passage de l'une à l'autre suppose de savoir tirer parti des moments de la vie professionnelle durant lesquels les contraintes sont faibles ou vécues de manière détachée.

> *Avant, pour revenir à mon propos, pendant une longue période, je me dépassais, j'étais complètement dédié à mon travail. Et puis il y a eu une période un peu chahutée, où j'étais dans un poste assez inconfortable, qui ne correspondait pas à mon tempérament un peu rigide* [...]. *Donc quand vous mélangez un peu tout ça, ça m'a un peu, ça a dû probablement me secouer. Je ne sais pas très bien* [...]. *Donc je me laissais un peu ballotter. Entre-temps, j'ai fait un peu ma révolution culturelle, j'ai mûri, et donc je suis dans un mode plus serein. Donc j'arrive un peu mieux à connaître mes projets.*

Les transformations identitaires supposent ainsi de petits moratoires, des moments de paix et de distanciation que les patrons atypiques ne cessent de mobiliser, même s'ils sont coûteux. Ces observations rappellent la très belle analyse de Strauss (reprise par Dubar) concernant les années de retraite professionnelle, relationnelle et même sociale que Shaw s'était octroyées pour changer d'identité, pour devenir écrivain après avoir été homme politique. Tout l'intérêt de cette analyse tient à la généralisation des conclusions pour les individus qui modifient radicalement leur parcours social et identitaire :

> « Ils s'accordent également du temps pour consolider des acquis psychologiques, se reposer sur leurs lauriers après un succès, se remettre en question ou s'éprouver, expier leurs péchés, s'absorber dans la contemplation, ou effectuer de longues recherches personnelles. » (Strauss, cité par Dubar, 2000, p. 135)

3. Donner sens à sa vie

À l'évidence, l'identité des patrons atypiques n'est donc pas mécaniquement héritée mais fait l'objet de réflexions, de décisions et d'appropriations permettant la cohérence globale du sujet. Principalement, cette cohérence repose sur l'articulation de deux types de registres associés. Le premier consiste à tirer parti des éléments nouveaux (qu'ils soient d'ordre économique, professionnel, affectif ou idéologique) pour améliorer son rapport aux autres. Le second consiste à intégrer ces éléments nouveaux dans les fondements du passé, dans les valeurs qui l'organisent. Trouver sens à sa vie suppose ainsi d'agir en fonction de ses valeurs et de manière cohérente par rapport au passé, sans pour autant abandonner la capacité et le désir de changer, d'introduire du nouveau dans le passé et de se libérer de certains de ses dogmes. La « niaque » qu'évoquent si souvent les patrons atypiques provient de ce processus : ils ne luttent pas seulement pour faire carrière, obtenir des contrats ou gagner beaucoup d'argent, ils s'engagent tout autant pour donner raison à ce qu'ils sont, et à ce qu'ils furent, tout en respectant de nouvelles règles du jeu.

Ce double registre alimente constamment l'histoire des patrons atypiques. Ils racontent des événements extraordinaires, anormaux, inattendus, tout en indiquant ce qui persiste, reste identique, comme un paysage est bien le même, en été puis en hiver, même si son aspect diffère. La permanence fonde en effet l'identité même si elle ne s'y réduit pas.

Ricœur (1990) explique ainsi que la continuité d'un sujet (la mêmeté) repose ainsi sur le « caractère » (les traits de caractère), les invariants définissant une personne : habitudes, croyances, engagements, valeurs. Le second modèle de permanence (l'ipséité) est celui de la fidélité à la « parole donnée », qu'elle concerne l'amitié, l'engagement, le partage de valeurs, l'inscription dans une cause commune ou le respect de soi. La belle et intuitive idée de Ricœur consiste ainsi à expliquer la manière dont on parvient à changer tout en restant le même.

Les parents et le milieu d'origine représentent le creuset de cette permanence, de l'attachement au passé. Cette référence associe des dimensions affectives – l'amour ou l'absence d'amour entre les membres de la famille – et des dimensions sociales – la culture du milieu d'origine. Comme l'indiquent Dubar (2000) et Gaulejac (1992), le milieu familial, même s'il ne conditionne pas mécaniquement la trajectoire des sujets, demeure ainsi le point d'origine à partir duquel se fonde l'activité réflexive. Même si la société, ses acteurs et ses institutions interviennent en effet très directement dans la production identitaire d'un individu, l'attachement originel aux parents et au milieu d'origine, plus ou moins bien vécu, est systématiquement mobilisé comme fil conducteur pour raconter son histoire. Ce que chérissent le plus les hommes est en effet la capacité à agir de manière cohérente par rapport à leurs valeurs, celles qui les associent à leur passé, autant que le fait d'accéder à la reconnaissance sociale.

Ainsi, lorsqu'une dirigeante parvient à transmettre aux membres de son équipe le type de soutien que ses propres parents lui avaient apporté, elle éprouve le sentiment d'exister de manière cohérente, de *manager* de manière sensée et morale : elle parvient en effet à intégrer les valeurs tirées de son histoire familiale avec celles son activité professionnelle. Elle m'indique d'abord que ses parents ont mobilisé leurs maigres richesses et toute leur attention pour l'aider à sortir d'un milieu social modeste, en associant bienveillance et exigence. Elle m'indique ensuite agir de la même manière auprès des membres de son équipe : elle consacre beaucoup de temps pour les aider à trouver un emploi dans la réorganisation de la firme, alors que ses homologues se préoccupent plutôt de leur propre carrière. Je lui demande les raisons de ce comportement « anormal » et coûteux. Voici la suite de notre échange :

> *Je voulais toujours me regarder droit dans la glace en n'ayant pas honte de ce que j'ai fait.*
> *Q – C'est une contrainte morale, en fait. Oui, je comprends bien ce que vous dites. Mais c'est assez rare chez les managers. On est d'accord, non ?*
> *– Je ne sais pas. Donc j'ai fait ça, je les ai accompagnés. Je suis toujours en contact avec ces individus-là, maintenant. Ils ont vécu des moments difficiles. Il y a même eu des gens qui ont pleuré. Tout ça, c'est dur. Alors il faut rester froid, parce que quand on est un peu femme, on est un peu maman aussi, donc il ne faut pas non plus être trop maman.*

La construction de la cohérence et de la loyauté à l'égard du milieu familial ou de la culture d'origine suppose ainsi souvent un effort considérable, qui se distille, plus ou moins consciemment et volontairement, tout au long de la vie. Cette construction représente la chose la plus précieuse du parcours, même lorsque celui-ci est auréolé d'innombrables manifestations de reconnaissance et de richesse. Il en va ainsi pour l'affection de cette entrepreneure pour sa mère, qui l'a élevée seule, dans des conditions matérielles difficiles, et qui était méprisée par sa famille (« fille-mère ! »). Elle doit travailler très jeune, pour des raisons souvent évoquées dans ses entretiens : un mauvais résultat scolaire, associé à une circonstance familiale complexe et à de faibles ressources économiques, conduit directement à la vie active, sans formation aboutie. Jeune, elle travaille donc beaucoup, sort peu, sauf de manière empressée mais ponctuelle, parce qu'elle a peu de temps et peu le désir de participer aux rôles convenus dans les soirées entre amis. Puis elle commence à bien gagner sa vie et cumule les responsabilités. Mais elle passe voir régulièrement celle qui lui a donné le jour. Elle lui montre progressivement, par sa réussite sociale, que son péché originel – être une « fille mère » – a finalement donné naissance à un miracle social : la faute a produit une fortune (la chance et la richesse). Elle lui donne, et de manière ostentatoire, tous les moyens matériels et affectifs, toute la fierté d'exister qu'une patronne puissante peut donner à une mère vieillissante et longtemps honteuse de sa faute. Elle me raconte, avec un plaisir communicatif, la satisfaction qu'elle a tirée de la manifestation de cet amour, du pied de nez qu'elle a eu le sentiment de faire au destin ou, plutôt, à ceux qui le construisent.

Cette relation indique bien que les parents et le milieu social d'origine représentent, selon les termes de Ricœur, les fondements de l'ipséité des patrons atypiques – leur « fidélité à la parole donnée » – et de leur mêmeté – leur « caractère ». Elle produit ainsi la cohérence identitaire. Et celle-ci « fait sens » : elle correspond aux situations dans lesquelles les individus ont le sentiment d'agir en fonction de leurs valeurs. Donner du sens à sa vie correspond ainsi à l'effort mis en œuvre pour exister de manière cohérente par rapport à ses valeurs. Dans la production du sens se joue ainsi un rapport à soi qui suscite satisfaction et jouissance, qui dépasse donc largement la seule question de l'équilibre, d'un accord logique entre le passé et le présent. Rhéaume le montre bien en indiquant que le sens, du point de vue sociologique et psychologique, représente une quête intégrant cinq dimensions (2007, p. 30) que l'on retrouve bien dans l'exemple que je viens de présenter : l'accès au sensible, au vivant – l'entrepreneure va voir régulièrement sa mère – ; l'engagement dans une relation d'amour – c'est la personne qu'elle a le plus aimée – ; la compréhension, la symbolisation et la théorisation – cet amour lui a permis de grandir – ; le partage du sens commun, des normes de représentation – il est normal d'être un « bon fils » – ; le choix de l'engagement éthique – contrairement à celles qui caractérisent la vie des affaires, cette relation est « limpide ».

Le même type de logique caractérise la vie de cette femme handicapée, cadre supérieure. Elle est parvenue à bénéficier d'une reconnaissance sociale forte, à gagner son autonomie financière et finalement à pouvoir se glisser, comme une autre, dans les dédales de la vie très active que proposent les entreprises contemporaines. Elle est satisfaite de cette situation, elle en est même assez fière. Mais un autre sentiment s'associe à son expression, la satisfaction d'avoir pu « réconforter » des parents qui, durant toute son enfance, étaient très culpabilisés d'avoir mis au monde une enfant handicapée, et qui lui faisaient part de ce sentiment.

> *C'est pour ça que j'avais fait finalement* [de très bonnes études supérieures], *je sentais que c'était une angoisse pour mes parents, l'angoisse de se dire « elle est handicapée, ce sera plus difficile pour elle ».* [...] *Et puis je pense qu'il y a aussi la culpabilité, en tant que parent, de se dire « on a fait un enfant handicapé ». Je pense que c'est aussi pour les rassurer, et les dédouaner, que j'ai fait de belles études, c'était pour les rassurer : « Vous voyez, je fais des études, j'assure mes arrières. »*

Il demeure que donner sens à sa vie ne consiste donc pas à être fidèle à son passé ou aux rôles occupés dans la sphère familiale. La « reproduction » n'est pas productrice de sens parce que, dans ce cadre, le sujet n'a pas la certitude d'avoir choisi sa vie. Donner sens à sa vie consiste à agir de manière à pouvoir construire et raconter la façon dont, en tant que sujet, on est parvenu à devenir soi-même en construisant sa place sur terre.

Une dirigeante autodidacte décrit parfaitement cette articulation. Elle a réalisé un chemin social radicalement inverse de celui de ses parents, ouvriers. Mais elle est parvenue, dans son entreprise, à préserver ce qu'elle considère comme l'une des grandes caractéristiques de son éducation : le courage, la capacité à vivre en accord avec ses valeurs et le sens de la justice sociale. Elle m'indique ainsi qu'elle a su s'opposer à ses collègues dirigeants pour qu'ils acceptent son engagement syndical. Elle tient son rôle de dirigeante, mais elle en reste à distance parce qu'elle ne renie pas son passé. Au contraire, cette distance au rôle fonde une identité professionnelle qui attache deux types d'expériences sociales et deux milieux culturellement étrangers l'un à l'autre. Elle est fière de parvenir à réaliser cette association, et les mots qu'elle emploie pour me décrire son intervention au cours d'une grève traduisent cette satisfaction : ils lui permettent de la vivre en la décrivant. Plutôt que d'utiliser un vocabulaire technique et froidement stratégique, plutôt que de mobiliser une analyse plus ou moins tirée de la logique de la théorie des jeux, comme l'auraient certainement fait beaucoup de ses collègues, elle mobilise les termes de la vie quotidienne du milieu populaire :

– Lors de son arrivée sur le terrain : « *Donc je débarque chez mon pote, je l'embarque avec moi, je vais sur le site, et j'arrive en disant : "Qu'est-ce que vous faites, qu'est-ce qui se passe, comment ça se fait que tout le monde est en grève ?"* »

– Lors des premières démarches de la négociation : « *Donc je suis restée avec eux l'après-midi, j'ai bouffé une merguez, un peu tout ça. Et j'ai dit : "Mais il fait quoi là-bas ?" En parlant d'un directeur. "Il nous surveille, mais on en a rien à péter !"* »

– Pour indiquer la capacité opérationnelle d'arguments sensés pour les grévistes comme pour la direction générale : « *J'ai dit : "Vous voulez pas tourner autour du pot et moi non plus, donc on va mettre cartes sur table." Il* [le directeur général] *a senti qu'il y avait quelque chose à jouer, et qu'il était pas forcément pour des relations sociales un peu tendues.* »

Cette intégration entre le passé et le présent, entre l'attachement aux origines et le goût de la réussite leur confère sens et cohérence. Cette même intégration leur apporte également la force de se défaire des contraintes, et la pugnacité que suppose la rencontre avec les normes. On ne comprendrait pas, sans cela, la répétition des comportements conquérants des patrons atypiques. Plus sociologiquement, ces paragraphes indiquent que tenir sa place suppose de l'investir, ce qui suppose un certain accord entre l'opérateur, le sujet et l'acteur. De ce point de vue, on doit plaider pour une épistémologie ouverte du rapport entre individus et travail : ce rapport ne peut être compris qu'en y associant l'effort consenti par l'individu en tant qu'opérateur, la capacité stratégique mobilisée par l'individu en tant qu'acteur, et la capacité d'analyse de l'individu en tant que sujet. Ce qui permet d'agir n'est ni l'effort, ni la capacité stratégique, ni l'introspection, mais bien plus l'articulation raisonnée entre ces trois dimensions. Ce qui permet de comprendre un patron atypique, et, plus généralement, un individu au travail, n'est ni l'ethnologie, ni la sociologie, ni la psychologie, mais bien plus, l'intrication de ces trois perspectives.

4. Continuité et résilience

De tous ces points de vue, le récit proposé par les patrons atypiques pour accéder à l'identité procède presque systématiquement du même schéma : retrouver, malgré le stigmate, une continuité par rapport à leurs origines affectives et sociales. Cette continuité suppose de créer un présent supportable et de réinterpréter positivement le passé, qui ne peut être simplement assumé, hérité. De ce point de vue, les patrons atypiques « rebondissent ». Ils sont résilients, pourrait-on dire, parce qu'ils parviennent à reconstruire une cohérence identitaire en s'investissant activement dans des projets extraordinaires, en transférant la violence des traumatismes en énergie créatrice, mais aussi en réinventant souvent, plus ou moins complètement, leurs parents. La résilience apparaît ainsi comme le moyen de créer continuité et cohérence là où le sort n'a pas souri.

Encore faut-il s'entendre sur le terme de « résilience », que le succès, au cours des dix dernières années, a amené à perdre sa rigueur originelle et à masquer largement sa signification. Chacun aime en effet se vivre comme un « vilain petit canard » (titre de l'ouvrage de Cyrulnik qui a très largement contribué à assurer le succès du terme de résilience ; 2001), comme celui qui est rejeté parce qu'il n'est pas de la même couleur que les autres, mais qui deviendra finalement plus beau qu'eux. La résilience, indique Cyrulnik, provient d'un traumatisme – « Un événement brutal qui détourne le sujet de son développement sain et prévisible » (*ibid.*, p. 135) –, finalement surmonté et permettant au sujet de reprendre son chemin, sa forme. L'auteur précise que le traumatisme prend place dans une narration subjective : un autre ne vivra pas la même chose dans la même situation. Et il revient à plusieurs reprises sur le fait que le traumatisme ne provient pas d'un choc (qui peut être analysé comme un accident) mais de la répétition d'un choc, de la répétition d'un rapport au monde vécu comme humiliant, blessant, déstructurant.

Le premier aspect de son analyse indique que le traumatisme peut déboucher sur des troubles psychiques durables, ou, au contraire, sur du détachement, de l'humour par rapport à la vie, de la créativité ou une « compensation combative ». La représentation du malheur sous sa forme créative, artistique, transforme en effet « une souffrance en un bel événement, utile à la société ». Cyrulnik précise bien que le malheur ne devient pas pour autant un plaisir : « Le plaisir est tiré de la manifestation de la maîtrise du malheur » (*ibid.*, p. 141). J'ai largement indiqué que le positionnement particulier des patrons atypiques les menait à mobiliser ces qualités de détachement, d'humour, de créativité et de « compensation combative ». Et, bien évidemment, même si la différence demeure parfois cruelle, la réussite sociale se traduit par une satisfaction manifeste, et parfois même une sorte de plaisir, de jouissance tirée de la capacité à créer des ressources, à développer des comportements alternatifs, à tourner en dérision le destin. Il existe donc bien un plaisir lié à la capacité à réussir « malgré tout ». Encore faut-il accepter de considérer que l'invention d'une position sociale suppose de savoir se défaire des critères de réussite normatifs. Voici la manière dont une dirigeante exprime bien ce sentiment :

Quand je suis dans une situation difficile, d'abord, je sais remonter à la surface, et, deuxièmement, je me dis qu'il faut toujours rester conscient de la différence entre la valeur professionnelle et la valeur en tant que personne. Ce qui n'a rien à voir. Et j'ai besoin régulièrement de m'y référer. [...] *Je m'équilibre énormément par le plaisir. Je me suis rendu compte finalement que des tas de choses que je faisais instinctivement, c'était en utilisant le plaisir comme une variable d'ajustement pour moi, et d'équilibre. Ça part du principe que le plaisir existe sous plein de formes différentes.* [...] *Et je me rends compte que je suis toujours en train d'imaginer à quel moment je vais avoir un effort encore plus difficile que la normale* [pour éprouver ce plaisir].

Le second aspect du raisonnement de Cyrulnik indique que, généralement, les enfants qui ont vécu une tragédie demeurent enfermés dans leur passé et produisent des névroses. Certains deviennent cependant des créateurs capables d'autonomie, de perspicacité et d'originalité. Ils savent prendre le risque de se trouver à la marge de la société pour parvenir à créer car ils connaissent déjà la marginalité, laquelle n'est donc plus vécue comme une sanction. Si leur expression artistique devient possible, ils trouvent alors plus facilement que d'autres des positions de « marginaux créateurs », car ils ont déjà vécu la marginalité. La résilience commence ainsi par un « dérangement » qui se trouve suivi d'une action d'équilibrage. Ces idées conviennent bien pour expliquer la démarche des patrons atypiques. Leur créativité, si elle ne se manifeste pas par la production d'œuvres d'art, se traduit bien par la création d'entreprise ou la production de parcours professionnels, inattendus, valorisés et observés. Enfin, les patrons atypiques s'intègrent parfaitement dans le profil des « *marginaux créateurs* » définis par Cyrulnik : ils sont des « *marginaux sécants* » (Jamous, 1969), des étrangers qui associent des mondes distincts, et cette position leur permet de devenir créateurs. Mais les patrons atypiques décrivent également leur trajectoire comme la suite d'une histoire sociale plurigénérationnelle. Ils se trouvent parfois contraints au succès pour racheter la faute de leurs parents, cette « faute » étant de nature variable (marginalité, manque d'intégration, faillite, fragilité psychique). Et d'autres fois ils se trouvent au contraire amenés à parachever l'œuvre d'inversion du destin commencée par leurs parents. La position d'étranger créateur, sur ces bases, participe d'une construction identitaire délibérée et élaborée, qui se justifie en prenant appui sur l'histoire familiale.

Voici ce qu'en dit un entrepreneur autodidacte issu de l'immigration, en soulignant le caractère exceptionnel de son parcours :

> *On a été récompensés sur pas mal de choses, forcément, avec un parcours comme ça. Mais je ne laisse surtout pas dire : « Puisqu'il s'en est sorti, lui, ça veut dire qu'on peut s'en sortir, que les autres peuvent s'en sortir. » Je ne veux surtout pas entendre ce genre de choses.* [...] *Peut-être que moi, dans mes gènes, j'avais cette « force de », mais on ne peut pas reprocher aux gens de ne pas avoir la « force de », sinon il faut aussi reprocher aux handicapés d'être handicapés. J'estime que j'ai eu la chance de pouvoir puiser au fond de moi, mais il y en a qui ne peuvent puiser au fond d'eux, parce qu'il n y a rien, il n'y a pas ce qu'il faut.* [...]
> *Q – Oui, mais votre père, quand même, lui-même était un petit entrepreneur, il n'était pas salarié.*
> *– Tout à fait, très important.*
> *Q – Donc il vous a donné le goût de l'autonomie, de l'indépendance.*
> *– Oui. Forcément.* [...] *Pour essayer de comprendre le monde et puis d'y faire sa place, comme je continue à le faire aujourd'hui. En écoutant, bien sûr. Hier, j'étais encore en train de regarder une émission politique, bien sûr, je chope toutes les émissions politiques que je peux, pour comprendre, me faire mon avis, ne pas être manipulable, pour ne pas être le mouton qu'on a voulu qu'on soit.*

Le troisième aspect du raisonnement de Cyrulnik consiste à mettre en évidence que les créateurs (artistes, intellectuels) ont souvent une histoire personnelle caractérisée par l'absence, la violence ou la folie des parents. Ces personnes, indique-t-il, se trouvent dans une situation assez binaire : se laisser écraser ou trouver un nouvel équilibre. Les enfants qui prennent en charge leurs parents en difficulté psychique doivent ainsi, comme Gulliver, devenir « énormes », « bien plus gros que leur parents » (*ibid.* ; p. 207). Les patrons atypiques ont parfois souffert de la violence de leurs parents, et cela explique certainement leur trajectoire. Mais, plus souvent, ils ont souffert de la violence que la société faisait à leurs parents, et cela explique également leur trajectoire. L'idée n'est pas contradictoire : elle ne fait qu'indiquer que devenir « bien plus gros que ses parents » permet de réduire la force du stigmate, quelles qu'en soient l'origine et la cible.

Cet entrepreneur autodidacte parvient ainsi à inverser le destin que lui promettait son père maltraitant, en transformant la cruauté paternelle en force d'entreprendre : « Il m'avait dit : "De toute façon, ça ne marchera jamais, tu n'y arriveras pas. T'es nul, t'y arriveras pas." Donc ça a été un moteur pour moi. Pour avancer. » Partir très jeune de la maison, de la région, représente la seule façon de se mettre à l'abri de relations destructrices et de prendre le risque de provoquer le destin dessiné par le père. Cette décision représente ainsi le moyen de faire la preuve de ses capacités à « y arriver », mais cela suppose aussi de trouver les moyens de le faire. Le travail, l'engagement, la volonté de s'associer à tous les projets que ses patrons, puis ses clients proposent au jeune homme, deviennent la base de cette reconstruction. Il donne beaucoup plus que ce qui lui est contractuellement demandé parce qu'il obtient ainsi la reconnaissance de ses chefs et de ses clients. Il ne cesse également de capitaliser et d'analyser ses expériences, pour les transformer en une sorte d'intuition du métier que seuls les professionnels de terrain peuvent mobiliser. Et lorsqu'il parvient à créer une petite, puis une moyenne entreprise, cette trajectoire devient une extraordinaire ressource : il est un patron qui « connaît le boulot » aussi bien que les techniciens et ses clients. Mais ce qui touche le plus (le locuteur et celui qui écoute), dans cette histoire, est bien évidement le moment où le père, une trentaine d'années plus tard, reconnaît enfin la valeur de l'« enfant » et qu'il lui donne ainsi rétrospectivement raison et sens.

Plus généralement, la trajectoire des patrons atypiques consiste plutôt à aider la famille à accomplir son développement, en remplaçant, pour partie, les parents. Ce dirigeant autodidacte issu de l'immigration l'explique de manière touchante :

> *Moi, j'ai essayé de tenir. De par mon parcours professionnel, au sein de la famille, j'avais déjà une sorte d'autorité sur les plus jeunes. Et je pense qu'ils m'ont tous perçu alors comme un parent, plus qu'un frère. Je voyais peut-être qu'ils étaient un peu débordés* [mes parents], *je ne sais*

pas, ça s'est peut-être fait inconsciemment. Mais j'avais un souci de suivre mes frères et sœurs du mieux que je pouvais, de faire en sorte qu'ils ne dérivent pas, qu'ils tiennent un peu la route. J'avais ce souci-là.

Prendre la place des parents peut aussi consister à refaire l'histoire, ou à lui donner une suite positive. Cet entrepreneur issu de l'immigration reprend ainsi, par des chemins extrêmement détournés, la suite de l'histoire sociale, en la restaurant. Il me décrit tout d'abord la trajectoire de son père, entrepreneur dans le domaine de l'électricité. Diplômé d'une université étrangère, il décide de rejoindre la France pour valoriser ses études dans une grande entreprise. Puis le goût de l'entrepreneuriat l'amène à créer sa propre entreprise, en Amérique latine et ensuite en France, mais sans grand succès. La faillite retentit alors cruellement sur la vie de la famille, tant sur le plan affectif que matériel. Plus rien ne semble tenir solidement : ni les rôles sociaux, ni les projets, ni les liens. Le projet du père se trouve alors dans une sorte d'abandon : il ne peut ni revenir à son état antérieur (cadre), ni continuer le chemin qu'il s'était défini (entrepreneur). Le fils – le dirigeant avec lequel je m'entretiens – fait malgré tout de très bonnes études. Puis il passe plusieurs années à mener une activité financière au plan international. Il m'explique à ce moment de notre entretien que cela n'avait cependant « pas de sens ». Il décide alors de créer sa propre entreprise dans la production de matériels électriques, comme son père. Il y perd matériellement beaucoup, et multiplie les risques. Mais il retrouve dans cette activité toute une série de questions techniques, d'objets, de rapport à l'industrie et aux clients, que son père avait connus, une quarantaine d'années plus tôt. À la différence de ce dernier, il bénéficie du respect de ses partenaires parce qu'il réussit. Et il fabrique, il ne vend pas. Le fils semble avoir ainsi restauré l'image sociale de son père, et celle de son enfance, par ce long processus. Et le fils est infiniment « plus gros » que le père.

Le quatrième aspect du raisonnement de Cyrulnik concerne la « sublimation », définie comme un comportement à la fois exigeant et créatif caractérisant l'engagement dans une œuvre. Cet engagement permet de dépasser le traumatisme, en déplaçant sur un objet socialement acceptable, valorisé, la force qui l'a engendré. Après un choc, indique Cyrulnik, apparaît une période de rumination de l'image et d'effondrement, qui peut ultérieurement se transformer en volonté de comprendre et d'expliquer, en engagement altruiste, en nouveau projet qui dépasse la blessure : « Le blessé reprend en main ce qui lui est arrivé pour en faire un nouveau projet d'existence, parfois même dans un contexte adverse » (2001, p. 52). La capacité d'analyse des patrons atypiques s'inscrit bien dans cette logique de reconstruction. Mais c'est surtout la deuxième partie du raisonnement de Cyrulnik qui explique le mieux l'extraordinaire capacité à expliquer et à communiquer, à « commercer », des patrons atypiques. L'arrêt de la maltraitance ne résout en effet pas, en tant que tel, le problème, explique Cyrulnik : « Ce n'est pas parce que le vilain petit canard trouve une famille cygne que tout est liquidé » (*ibid.*, p. 16). Car un traumatisme se fonde sur deux moments : le coup et la souffrance, puis le sentiment d'humiliation, de violence. Il faut donc, pour traiter le traumatisme, un travail de cicatrisation pour panser le premier coup. Et il faut modifier la représentation du deuxième coup et celle que les autres en ont. « Mais la cicatrisation n'est jamais sûre » (*ibid.*, p. 16). Pour cette raison, les patrons atypiques créent une trajectoire à succès, sans autre horizon que celui de ne jamais échouer, parce qu'ils ne sont « jamais sûrs » de ne pas retomber dans les difficultés d'hier ou de parvenir à oublier ce qui les a fait souffrir. Et ils font valoir cette trajectoire pour transformer leur identité : en accumulant les marques de robustesse et de prestige, ils renforcent leur différence. Ils entretiennent également cette solidité en transformant leurs représentations, en les ouvrant aux « autres » et en devenant eux-mêmes des passeurs.

Pour toutes ces raisons, le cadre d'analyse de la résilience convient assez bien pour décrire la logique subjective des patrons atypiques. Mais ce cadre indique mal que la résilience procède également de l'effort permettant de réinventer les interactions, pour construire un rapport supportable à soi-même et aux autres.

5. Sublimation et résilience

Tisseron (2007) indique ainsi que la reconstruction d'une personne ne suppose pas seulement un environnement humain structurant, mais également de créer un nouveau rapport actif, transformateur à cet environnement. L'analyse de la trajectoire des patrons atypiques vérifie pleinement cet argument : ils sont soutenus par les autres bienveillants autant qu'ils les soutiennent, ils donnent autant qu'on leur donne. En un mot, le milieu social standard les détruit. Et c'est en parvenant à modifier les interactions entretenues avec ce milieu qu'ils parviennent à se reconstruire. Ils s'entreprennent autant qu'ils entreprennent, c'est en entreprenant qu'ils parviennent à conjurer le sort, à se réinventer. La question de la sublimation articule ainsi le sujet et l'acteur, la personne et le patron.

Pour accéder à eux-mêmes et restaurer leur histoire, les patrons atypiques doivent agir concrètement, pas seulement raconter leur histoire. La présentation qu'ils font de leur trajectoire correspond ainsi toujours, à un moment donné de l'entretien, à l'intrication de ces deux dimensions, celle du rapport à soi et celle du rapport à l'environnement. Voici la manière dont un entrepreneur issu de l'immigration décrit ce processus :

> *On vivait bien, en harmonie. Bon, on avait quelques chaussures usées, des affaires un peu limées. Je n'ai pas vraiment souffert. Mais par contre, j'avais l'envie de revenir à un standing qui paraissait plus légitime. C'est-à-dire que consciemment ou inconsciemment, je savais qu'on pouvait vivre mieux. Mon grand-père faisait partie de la petite bourgeoisie. Donc j'estimais que notre place était légitimement celle-ci, et que pour y arriver il fallait travailler.*
> *Q – C'était votre place.*
> *– C'était ma place. Et je vous dis que ça me paraissait légitime. Et je ne voulais plus être sans argent à la fin du mois. J'ai connu ça, vous ne savez pas comment... Mais à un moment je savais que par le travail et la volonté on pouvait réussir.*

La critique de Tisseron porte également sur le fait que la capacité de résilience se construit tout au long de la vie, pas seulement durant l'enfance, alors que selon la théorie de l'« attachement », mobilisée par Cyrulnik, la capacité à gérer le traumatisme serait fonction des modèles affectifs intériorisés durant la petite enfance. Cette perspective sous-estime largement les autres facteurs de résilience, explique Tisseron, toutes les occasions de la vie où le sujet peut modifier son identité en rencontrant un environnement humain structurant. Cet argument se vérifie également dans les trajectoires des patrons atypiques : sans avoir accès à la connaissance de leur attachement infantile, on parvient à comprendre la manière dont, au fur et à mesure qu'ils rencontrent des personnes avec lesquelles ils peuvent échanger de manière empathique et sympathique, ils parviennent à développer cette capacité à rebondir. Le débat qui oppose ces deux conceptions de la résilience se rapproche finalement de deux conceptions radicalement contradictoires à propos de ce qui permet de « tenir » – de ne pas mourir le plus vite possible et quelques rares fois de survivre – dans des conditions inhumaines, celles des camps de concentration nazis. Pour Bettelheim (1972), l'explication tient à la personnalité héroïque et unique de la personne, pour Pollak l'explication tient à la capacité d'apprentissage et de communication du prisonnier (1993). La plupart des témoins et des analystes s'associent aujourd'hui à cette dernière thèse. On ne naît pas résilient, pas plus qu'on est résilient. On parvient à produire sa résilience.

J'ai largement indiqué que la force des patrons atypiques ne correspondait pas précisément à un trait de personnalité, mais à des compétences rares en matière d'apprentissage et de communication. Les patrons atypiques ne sont pas des individus extraordinaires mais des êtres extraordinairement sociaux, capables d'échanger et d'apprendre. Encore faut-il préciser que les apprentissages ne sont jamais terminés, ils ne font qu'accompagner, plus ou moins bien, mais jamais de manière parfaitement synchrone, la trajectoire sociale. Les discours les plus significatifs, souvent drôles ou émouvants, de cette mise en cohérence, évoquent une unité encore imparfaite du sujet, ou, plutôt, une unité construite sur une dualité du système de valeur :

> *Je suis complètement athée. Mais figurez-vous que je ne mange pas de porc et je ne bois pas d'alcool, encore aujourd'hui. J'appelle ça une « séquelle ». Comment expliquez-vous, pour quelqu'un de complètement athée, le fait, aujourd'hui encore, de ne pas toucher un verre de vin ou d'alcool pour faire bonne chère pendant un repas, ou de ne pas manger de porc ? Il y a bien un problème quelque part.* [...] *J'ai tellement été imprégné par une éducation, chez mes parents, sur cet aspect-là, sur le fait que l'alcool était interdit à la maison, et que le porc était une viande aussi interdite, que ça en est devenu, pour moi, un tabou, quoi, une interdiction. C'est un blocage, voilà, c'est un blocage.* (Dirigeant, issu de l'immigration, autodidacte)

> *C'est une femme* [la mère] *qui était d'une très grande droiture, le genre de personnage qui considérait que toutes les vérités devaient être dites. Elle allait un peu trop à l'extrême, sa franchise à elle, ça pouvait être vexant pour les gens. Mais j'ai appris, j'ai appris énormément d'elle. J'essaye de ne pas me mettre l'estomac à l'envers : quand j'ai une Valda à cracher, je la crache immédiatement. Mais ceci dit, j'essaye de plus en plus, en prenant de l'âge, de le faire de manière à ne pas vexer inutilement. Il ne s'agit pas de rabaisser les gens.* (Dirigeante, autodidacte)

Le débat le plus intéressant, en matière de résilience, concerne cependant la définition de la sublimation. Tisseron indique qu'on oublie généralement les fondements sexuels du concept :

> « Il s'agit de représentations sexuelles inacceptables, qui, au lieu d'être refoulées, sont détournées vers des tâches qui ne visent pas de façon manifeste un but sexuel, et qui sont socialement valorisées comme telles, par exemple, l'activité artistique. » (2007, p. 32)

Cette critique est bien évidement fondée, d'un point de vue strictement académique : les résilients ne sont jamais définis par leurs refoulements sexuels mais par leur traumatisme. Il reste que l'utilisation du terme de sublimation, en remplaçant « sexuelles » par

« affectives », a permis – en particulier dans le domaine de la sociologie et de la philosophie de l'art – de produire des analyses d'une grande richesse qui, en ouvrant un peu le concept, ont permis de l'opérationnaliser autrement.

Elias (1991), à propos de la carrière de Mozart, en donne un bel exemple, qui permet de comprendre de manière originale et bien adaptée à mon propos, le rapport entre sublimation et résilience. L'auteur explique que la musique permet de traiter les fantasmes des hommes en les « dépouillant de leur animalité », tout en préservant les fondements mêmes du fantasme, articulant « une violence et une douceur » exceptionnelles. Le propre du génie est de parvenir à opérer ce déplacement et cette association. Et le génie suppose de mobiliser la sublimation pour créer. Mais pourquoi certains parviennent-ils à opérer cette alchimie et d'autres pas, s'interroge Elias ? Il répond que cette capacité n'a rien d'inné et démontre, à propos de Mozart, qu'elle est sociale.

Dans ses premières compositions, le musicien respectait les modes en vigueur dans les cours européennes, le génie de l'enfant consistant alors à soumettre sa sensibilité, avec une extrême efficacité, aux critères de jugement dominants, aux conventions. Tous les artistes commencent par soumettre leur créativité aux cadres qui la tolèrent. Et, si par la suite, Mozart est parvenu à « faire du Mozart », on comprend mal ce qui lui a permis de devenir le musicien célèbre, de même que l'on connaît mal « les raisons pour lesquelles, dans le développement de la personnalité d'un individu donné, certains mécanismes comme la projection, le refoulement, l'identification ou même, précisément, la sublimation, sont utilisés de préférence à d'autres » (*ibid.*, p. 91). Selon Elias, ce sont des modèles familiaux qui permettent la sublimation. Elias rappelle que le père de Mozart, fils d'artisan, était devenu chef de l'orchestre de Salzbourg mais considérait cette ascension sociale comme insuffisante, ne lui permettant pas d'exprimer sa conception de la musique. Homme à la fois cultivé et très bon analyste de la vie politique et sociale, il était en même temps rejeté par les cours, dépressif et déclassé. Il transféra alors son ambition sur son fils, en l'instruisant, en lui consacrant plus de temps qu'à sa propre carrière, et c'est « les larmes aux yeux » qu'il écouta ses premières compositions. Son fils fondait tous ses espoirs. Ainsi, Mozart recevait une « prime d'amour supplémentaire pour chacune de ses performances musicales » (*ibid.*, p. 93). Cette circonstance produisit son génie, sa capacité à laisser libre cours à son imagination, en respectant les canons mais en les assemblant et en y investissant un contenu affectif inconnu jusque-là.

Dans la sublimation se niche ainsi une capacité rare, qui consiste à savoir faire partager par un grand nombre d'individus une œuvre tirée de rêveries, de fantasmes et d'intuition. Elias ne le dit pas ainsi mais l'idée est présente : la sublimation consiste à savoir socialiser les éléments les plus affectifs et les plus irrationnels de l'identité. « En un mot, il faut qu'il leur donne [aux fantasmes], outre une référence au moi, une référence au tu, il, nous, vous, eux » (*ibid.*, p. 95). Cela suppose de maîtriser suffisamment la technique musicale pour ne plus avoir à penser qu'à cette interaction avec les autres, sans soumettre pour autant cette interaction aux catégorie de l'entendement, en y privilégiant toujours la volonté de faire partager « la flamme des fantasmes du rêve ». Et cela suppose aussi que quelqu'un, père, amour ou être respecté, instille dans l'esprit du créateur la certitude d'être aimé. Pas seulement pour ce qu'il est mais pour ce qu'il peut, et souvent doit devenir.

La continuité intergénérationnelle des trajectoires des patrons atypiques est rarement aussi caractéristique que pour Mozart. Même s'il obéit bien à une logique identique, héritée d'une histoire familiale (Gaulejac, 1992), cet héritage correspond mille fois plus à savoir construire un rapport au monde qu'à le reproduire.

L'origine de la trajectoire peut par exemple être conçue et inventée comme une action en l'honneur d'un parent et de sa mémoire. Une dirigeante autodidacte entre ainsi, encore jeune, dans une entreprise de bâtiments pour trouver un emploi, parce que sa famille ne peut lui permettre de continuer ses études. Son emploi est une « bonne place » mais l'ennuie. Elle a du mal à accepter le poids de la ritualisation des relations, des horaires et des procédures, autant que des perspectives trop prévisibles ou que l'autorité étroitement réglementaire de son supérieur hiérarchique. Elle tient cependant son rôle, jusqu'au jour où le chef en question fait une réflexion critique sur son peu de motivation, et associe ce comportement au « sens moral » limité du père de la jeune femme, qu'il avait connu par ailleurs. Ce père avait pris des positions politiques courageuses, qui l'avaient amené à devenir, pendant la guerre, un héros. Et un héros n'est jamais conventionnel. Pas plus qu'il n'est consensuel. Un héros ne respecte pas les normes, ou, plutôt, il les respecte avec une telle ferveur, un tel engagement, que son comportement fait de lui quelqu'un de différent. Le père de la jeune femme militait par ailleurs pour que les hommes s'associent de manière libre, et puissent éviter de soumettre leur sort aux autorités établies. On comprend ainsi pourquoi, au cours de l'altercation qui l'oppose à son chef, la jeune femme jette un outil de travail à la tête de celui-ci, qui représente l'autorité. Comme son père, elle refuse de soumettre son comportement à des jugements qu'elle estime être illégitimes. Comme lui, elle gardera un engagement indépendant et éclairé, ni conventionnel, ni consensuel. La forme de l'engagement entre le père et la fille est donc similaire, mais aucunement son contenu : le père militait, la fille devient chef d'entreprise.

Le même type de continuité peut être présenté dans un milieu social différent. Par exemple, cette femme, issue de la haute bourgeoisie cultivée, a fait des études supérieures de grande qualité. Elle a trois enfants. Elle est « bien mariée » et n'habite pas dans une « banlieue difficile ». De ces différents points de vue, la reproduction sociale semble assurée : elle tient la place qu'elle « mérite ». Mais elle fait partie de l'état-major d'une grande entreprise. Elle est devenue une « vraie patronne », alors que ses amies, munies d'un capital comparable, se trouvent beaucoup moins investies professionnellement, bénévoles ou sans emploi. Au fur et à mesure du déroulement de l'entretien, elle m'explique que plusieurs femmes, des deux côtés de sa famille, et depuis trois générations, ont choisi des engagements professionnels forts. Elles ont fait partie des premières à occuper un emploi très valorisé socialement (recherche, médecine, art) tout en respectant le cadre domestique de la division sexuelle du travail.

Mon interlocutrice a ainsi été principalement élevée par sa mère, pas par son père, alors qu'elle le « valait bien » sur le plan professionnel. Les femmes, dans sa famille, sont ainsi parvenues, non pas à échapper à leur rôle social, mais à l'ouvrir, à le réinventer en y introduisant une activité professionnelle rémunérée et socialement valorisée pour les hommes. La génération de femmes suivante, leurs filles, a pu donc aisément obtenir le droit, et même parfois l'obligation de réussir leurs études pour travailler et pour gagner leur autonomie, pas seulement pour le plaisir de trouver un époux au bal de la grande école. Elles étaient déjà la deuxième génération de femmes cadres. Et leur petite fille, celle avec laquelle je m'entretiens, poursuit cette trajectoire, ce qui ne signifie pas qu'elle reproduit leur place sociale : elle reproduit plutôt leur déplacement en devenant l'une des premières femmes à tenir un poste de si haut niveau dans son entreprise.

La résilience des patrons atypiques repose souvent sur des constructions identitaires de ce type. Leur engagement et leur créativité procèdent de la nécessité de réussir dans l'« art des affaires » pour approfondir et fertiliser les sillons tracés par ceux qui les ont précédés. Encore faut-il être prudent à propos de la nature des liens qui unissent les parents ou les grands-parents aux descendants qui deviennent les patrons atypiques. Il s'agit souvent de bienveillance, d'amour et de respect. Mais il peut également s'agir de haine, de honte ou de déni (« Tu n'existes pas ! »). Plus encore, l'image des parents est souvent reconstruite, comme leur place sociale, pour les rendre « attachants » ou pour être plus « gros » qu'eux. Ce qui détermine la transmission est ainsi bien plus une obligation morale – continuer à tracer le sillon – associée à un sentiment fort – haine ou amour, respect ou mépris – qu'à la seule nature de la relation affective ou de la position sociale. Les patrons atypiques n'héritent donc pas d'un modèle de socialisation mais l'interprètent pour le rendre structurant et mobilisateur. Ils le réfléchissent. C'est précisément ce travail qui produit la sublimation. Il suppose en effet de disposer d'un « *modèle* » – une affaire de famille transgénérationnelle –, d'une capacité à s'investir sans compter dans son œuvre – la

« compensation combative » –, et d'un souci de rendre celle-ci transmissible, acceptable par les autres – la capacité « commerciale ». Mal intégrés à la société, ou étrangers à une partie de ses normes, les parents ont ainsi engagé les enfants, ou les petits-enfants, à écrire la suite en l'inventant. En acceptant cet héritage, les patrons atypiques ont ainsi le sentiment légitime d'accéder à une position sociale qui « devait être la leur ». Il s'agit bien de résilience.

Associer la question de la continuité du sujet et de la résilience amène ainsi à comprendre que le capital originel des patrons atypiques n'est ni l'argent, ni les réseaux d'influence, ni la culture d'origine. Ils héritent principalement, de leur milieu familial, de l'obligation de mobiliser un regard ouvert sur le monde, sur le rapport à l'action et sur les autres. L'idée que le monde n'est pas fini et qu'il est nécessaire de le transformer représente ainsi leur principal héritage. Et ils ressentent l'obligation d'accepter cet héritage. La force de cette logique suppose souvent de réinventer son passé ou d'inventer son présent, de restaurer des images familiales ou de les traduire, d'accepter un milieu social « indigne » ou de s'en faire le héraut. Les patrons reconstruisent en quelque sorte leur passé pour pouvoir en hériter. Pour reprendre la distinction célèbre de Simmel (1908/1999), ça n'est pas le contenu d'une richesse qui leur est transmis, mais une forme de rapport au monde. Cette forme les incite à enrichir et à s'enrichir, dans tous les sens de ce terme.

6. Estime de soi et maîtrise de la stigmatisation

Ces analyses retrouvent largement les principes de la philosophie de Ricœur, déjà évoqués, et plus précisément la question de l'« estime de soi ». L'identité, explique-t-il, est une « promesse qui nous lie », à nous-mêmes et aux autres, indépendamment de la variation de nos désirs ou de la transformation de notre position sociale. L'identité repose ainsi sur une dimension éthique qui borne les choix et dicte les engagements. En respectant cette contrainte éthique, les patrons atypiques parviennent à estimer positivement ce qu'ils font et ce qu'ils sont. Ils sont devenus fiers.

L'estime de soi, explique en effet Ricœur, s'accorde avec la satisfaction d'être soi. En se racontant, une personne parvient ainsi à se mettre à distance d'elle-même pour expliquer les bonnes raisons (sur le plan des valeurs, pas de la logique) qui fondent son action : « Au plan éthique, l'interprétation de soi devient estime de soi » (Ricœur, cité par Thomasset, *ibid.*, p. 196). Les récits dont il est ici question rentrent parfaitement dans ce cadre. Ils représentent toujours une épopée dans laquelle les patrons atypiques estiment positivement leur rapport au monde, sur deux plans distincts. D'une part, ils parviennent à choisir, à « agir intentionnellement » et sont donc responsables de leurs actes ; d'autre part, ils sont capables d'introduire des « changements dans le cours des choses, de commencer quelque chose dans le monde, bref, [de mobiliser] la capacité d'initiative » (Ricœur, *Lectures 1*, 1990). L'analyse de cette dimension met en évidence que les patrons parviennent, non pas à « inverser le stigmate », selon la formule de Goffman, mais à le maîtriser.

La première forme d'estime de soi concerne le rapport à soi-même : les patrons atypiques sont parvenus à produire une cohérence identitaire satisfaisante, et même plaisante à décrire et à vivre. La deuxième forme concerne leur position par rapport aux normaux : ils sont parvenus à vivre avec eux librement, indépendamment du destin qui leur était – qu'ils leur avaient – attribué. La troisième forme concerne le rapport à l'entreprise : ils ont réussi là où les autres échouaient, en mobilisant des ressources invisibles pour la majorité.

De manière assez systématique, les patrons atypiques indiquent ainsi que leur cohérence identitaire représente une construction dont ils ont été les artisans et dont ils jugent positivement le résultat. Ils sont souvent satisfaits d'être parvenus à occuper une position à la fois différente et légitime, parce qu'ils ont littéralement inventé cette position et qu'elle correspond à leur identité. Mais leur fierté réside dans le fait d'être restés fidèles à eux-mêmes. Ce dirigeant homosexuel a ainsi supporté des moments cruels, avant d'être considéré, non pas « comme un autre », mais comme un différent aussi compétent qu'un autre. Sa différence ne tient plus, aujourd'hui, précisément à son orientation sexuelle, mais à l'apprentissage tiré de cette différence : le besoin impérieux de tenir sa parole pour accéder à lui-même.

> *Il y a des trucs que je peux pas accepter, parce que sinon ça me met en danger dans ma relation aux autres. Je tiens à cette notion d'intégrité de la démarche, du « il faut tenir sa parole, il faut tenir ses engagement », cette espèce de base est peut-être plus importante* [que pour un normal]. *À la fois plus structurante, et en même temps plus crispée, peut-être, que chez d'autres* [...]. *On m'a beaucoup reproché d'avoir été un menteur* [durant l'adolescence] *: « Comment as-tu pu te taire aussi longtemps ? Tu n'es pas ce que tu dis être ! Et tu ne nous as rien dit, tu aurais quand même pu nous en parler plus tôt. »*

La différence peut également devenir une véritable source de reconnaissance et parfois de bien-être, un peu comme si elle faisait partie de l'« actif » de la personne, et non de son « passif ».

> *Q : Si vous n'aviez pas été différente, vous auriez été moins libre par rapport à votre famille. De ce point de vue-là, c'était une ressource considérable.*
> *– Complètement, complètement. Et puis je ne suis pas sûre que je serais partie en plus. Et je n'en serais pas là professionnellement, aujourd'hui, si j'étais restée dans mon coin. Je ne sais pas ce que j'aurais fait. Avec les gens qui avaient le même diplôme que moi et qui sont restés dans la région, il y en a qui travaillent à Auchan à remplir des rayons.* (Dirigeante, homosexuelle)

La satisfaction d'être soi repose aussi sur la capacité à investir lourdement la sphère professionnelle sans pour autant abandonner ce qui fonde l'identité, en dehors du travail (l'amour de l'autre, l'action militante ou l'éducation des enfants). À l'inverse, les patrons typiques se spécialisent souvent sur la première de ces dimensions, le travail. Le détour réflexif décrit plus haut amène en effet à comprendre que la personne que l'on est ne peut se réduire à l'appartenance à un statut professionnel, aussi prestigieux soit-il. Voici la manière dont une dirigeante l'exprime, alors que je lui laisse entendre, que, même chez elle, elle ne peut oublier ses responsabilités professionnelles :

> *Q : Contrairement à pas mal de mères de familles, quand vous rentrez chez vous à l'heure qui permet de voir vos enfants, vous...*
> *– Je suis avec eux.*
> *Q – Mais vous vous le dites que vous serez avec eux ? Vous sortez de votre esprit tous les tourments de la vie professionnelle pour être avec eux, c'est ça ?*
> *– C'est ma bouffée d'oxygène, c'est le point d'équilibre.*
> *Q – Ça suppose quand même de réfléchir plus à ce qu'on vit.*
> *– Oui, on a des fondamentaux.*
> *Q – C'est quoi les fondamentaux pour vous ?*
> *– C'est la famille, c'est un équilibre pour moi, pour moi le fondamental, c'est ma famille, c'est mes enfants, c'est la prunelle de ma prunelle...*
> *Q – C'est-à-dire que vous seriez prête à lever le pied professionnellement pour vous occuper plus de vos enfants.*
> *– Ah si mes enfants sont en difficulté, oui. Certainement. Très certainement.*

L'estime de soi provient ainsi d'une cohérence identitaire qui amène les patrons atypiques à ne jamais renoncer à ce qu'ils sont, en tant que sujet, sans pour autant rompre avec les conventions qui leur permettent d'être acteur. Elle repose également sur le fait de parvenir à exister en tant que différent, aux yeux des autres. L'estime de soi, dans cette perspective, correspond bien à l'idée de Ricœur : les patrons atypiques portent un jugement positif sur ce qu'ils sont, parce qu'ils ont choisi « intentionnellement » de devenir des étrangers légitimes, et qu'ils ont dû pour ce faire prendre l'« initiative » de reconfigurer le cours des choses. Ils sont devenus acteurs de leur identité sociale, de ce qui les amène à vivre avec les autres. Et souvent, cette position les amène à transformer leur handicap en ressource, parce que le long détour analytique qu'ils ont réalisé les a rendus solides et perspicaces, plus souvent que les normaux. Ils en ont une conscience claire et en tirent satisfaction.

> *Oui, c'est ce sentiment d'être reconnu comme un tout et un seul, quoi. Aujourd'hui, je suis* [poste très élevé dans l'organisation], *c'est quand même pas donné à tout le monde. Et si je pousse le truc, malgré le fait que je sois pédé, quoi. Par rapport à tout ce que j'ai vécu, ce serait presque un sentiment, pas de revanche, mais voilà, je suis reconnu pour tout ce que je suis. Un des patrons avait l'habitude de vouloir absolument mon feedback quand il faisait des présentations, parce qu'il considérait que j'avais une capacité à cerner les gens superrapide, et toujours de bon conseil. Et il me disait : « Mais je sais d'où tu tiens ça* [...] *avec ce que tu as vécu, je suis persuadé que tu as une capacité à tester les gens, et d'analyse... »* (Dirigeant, homosexuel)

De la même manière, ce cadre supérieur m'explique la manière qu'il a de compenser son handicap par un traitement plus précis des dossiers que ses collègues normaux. Cette compétence, et sa capacité à la donner à voir lui confèrent une aura ou au moins une forme de respect liée non pas à sa différence, mais à sa capacité à la surmonter :

> *Et donc c'est grâce à mon handicap. Ça m'autorise à laisser libre cours à ce que je suis, parce que j'essaye de travailler mes défauts et de les améliorer, et à les rendre supportables.*
> *Q – Est-ce qu'il n'y a pas une forme de respect de la part des gens ?*
> *– Oui, c'est là que je veux en venir.*
> *Q – On respecte ce que vous avez réussi à devenir.*
> *– Oui. C'est grâce au handicap, justement. Ce que j'ai réussi à devenir, je suis un cadre sup, mais il y en a beaucoup comme moi. Si on respecte ce que j'ai fait, c'est grâce au handicap.*

Les patrons atypiques tirent également satisfaction des récompenses, des formes de reconnaissance que les entreprises ou la société peuvent attribuer à ceux qui les honorent. Ces manifestations symbolisent en effet un parcours qui s'est finalement « bien terminé » sur le plan économique et social, mais, plus encore, sur le plan éthique : le mal aimé, le rejeté, devient, comme par une sorte de pied de nez au destin, celui qui fait l'objet de louanges. Mais sa satisfaction ne repose pas seulement sur la satisfaction immédiate et pleine de ces manifestations d'estime. Elle repose encore plus, comme l'indique ce dirigeant homosexuel, sur le fait d'avoir obligé à les attribuer :

> *Ce sont des éléments qui sont assez, avec du recul, assez drôles à regarder. À un moment donné, tout finit par rentrer dans l'ordre, et je pense aujourd'hui à ces mêmes personnes* [celles qui mobilisaient des comportements ou des discours homophobes] *avec un certain plaisir. Je suis reconnu pour mes compétences, puisque j'ai même su que l'un d'entre eux avait dit à un de mes collègues : « Je dois dire quand même qu'il m'a montré que les pédés savaient bosser comme nous. »*

Un dirigeant autodidacte, issu de l'immigration, tient le même type de discours, celui du pied de nez au destin, qui procure une satisfaction aussi grande que celle d'être honoré de la manière la plus manifeste qui soit :

> *Et depuis, j'ai été fait chevalier de la Légion d'honneur...*
> *Q – J'allais vous poser la question.* [...] *Oui, et puis c'est légitime, parce que ce qu'on récompense, c'est votre participation au bien collectif.* [...]
> *– Oui. Ça me fait une belle jambe.*
> *Q – Ça vous fait plaisir ?*
> *– Oui. Et puis ça fait chier tellement de gens. Tous les mecs qui ont fait Polytechnique, qui ont fait ceci ou cela.*

Les patrons atypiques sont ainsi parvenus à aimer leur position d'étranger, ou de passeur, pour en faire leur honneur. Encore faut-il revenir un peu sur ce concept. On peut le définir simplement comme le respect accordé aux valeurs et aux règles considérées comme bonnes par une société. Il faut également ajouter que l'honneur conduit par ailleurs le comportement de celui qui s'y réfère : il s'agit d'un code contraignant. Cette définition vaut pour toute une série de situations socialement normales : on comprend bien ce que signifie l'honneur du soldat, du mari, du salarié, du sportif ou de l'homme politique, en tout cas, tant que les circonstances ne bousculent pas trop les codes. Mais cette définition ne convient pas pour les différents, parce que leur différence, d'une manière ou d'une autre, a fondamentalement été conçue comme déshonorante.

Tous les patrons atypiques ont donc eu pour souci, au cours de leur ascension sociale, de gommer les traces du déshonneur partiel, de l'honneur mal compris ou de l'impossibilité de se conduire de manière honorable. Lorsqu'on leur fait des honneurs, on ne récompense donc pas seulement leur participation au bien collectif, mais leur capacité à y participer, malgré tout. Le paradoxe est que cette capacité suppose de prendre le risque de commettre des actes anormaux, scandaleux, transgressifs par rapport à un type de code de l'honneur dominant, écrasant l'initiative individuelle et le courage d'être soi. Cette capacité suppose ainsi de prendre le risque de privilégier ce qui « doit être fait » au détriment de ce qu'il est convenu de faire. Elle indique que l'éthique, et que le sentiment de mobiliser un comportement éthique, suppose de prendre ces risques, de s'écarter de la morale « canonique ». Pollak ne dit pas autre chose lorsqu'il analyse le comportement des homosexuels des années 1990, qui sont parvenus à « transformer la honte en fierté » (*ibid.*, p. 225). Cette fierté est associée au fait d'avoir transgressé les normes puis d'être parvenu à faire reconnaître cette transgression comme légitime. À travers les histoires des patrons atypiques circule ainsi le même désir : celui d'associer aux stigmates – aux marques de l'exclusion – les marques – rubans, médailles, manifestations et célébrations de toutes sortes – qui assurent simultanément de l'honneur. Toutes ces histoires racontent finalement la même chose : celle de devenir honorable malgré sa différence, celle d'être honoré grâce à sa différence.

L'estime de soi caractérise ainsi le sentiment que les patrons atypiques éprouvent lorsqu'ils racontent leur histoire : elle ne se serait pas tramée de la même manière sans leur constante intervention, sur les situations, les autres et eux-mêmes. Un différent, lorsqu'il est accepté par les autres, fait accepter une part de son être plus grande qu'un normal, parce que son intégration repose largement sur son action, et moins sur sa position. Du même coup, les différents qui réussissent à être acceptés disposent d'une liberté dans leur rapport aux conventions, qu'elles concernent le langage, les dispositifs de gestion ou les références culturelles, infiniment plus grande que les autres. Je l'ai largement indiqué dans les chapitres précédents. Les normaux se trouvent, eux, « normalement acceptés », mais d'une certaine manière ils ne le sont jamais complètement, parce qu'ils n'associent pas de manière aussi étroite leur identité pour soi et leur identité sociale dans leur rapport aux autres.

Cette analyse amène à reconsidérer la notion d'« inversion du stigmate » formulée par Goffman. J'ai indiqué au tout début de ce livre que l'auteur distingue l'identité pour soi (« sentie », écrit-il) de l'identité sociale, et qu'il faisait le constat d'un désaccord entre ces deux formes de l'identité pour les personnes différentes : la manière dont elles se perçoivent n'est pas celle dont les autres les perçoivent. Goffman analyse par la suite la construction du stigmate et son intériorisation. Il distingue trois phases :

– le différent accède à la compréhension du point de vue des normaux sur leur différence – les critères qui fondent et « justifient » son exclusion ;

– puis il accède à la conscience de l'incapacité à correspondre au point de vue normatif – on ne se défait pas d'un stéréotype, même en tenant un comportement qui le contredit ;

– enfin, il élabore un comportement adapté, composé de discrétion et de faux-semblants – on masque et neutralise sa différence pour être accepté.

Goffman considère, à partir de ce dernier critère, qu'il existe deux « carrières » possibles pour les différents : celle qui consiste à épouser de manière effective les conventions et à accepter le regard des normaux sur sa différence, et celle qui consiste, au contraire, à appartenir à un groupe minoritaire partageant le même handicap. Mais, dans les deux cas, les différents se trouvent « déchirés » entre ces deux sentiments d'appartenance. Qu'ils acceptent de s'intégrer en suivant les propositions des « conseillers » (principalement des travailleurs sociaux), ou qu'ils soumettent leur jugement à leurs

« compagnons d'infortune » (les communautés de différents refusant l'intégration), ils ne parviennent pas à harmoniser leur identité pour soi et leur identité sociale. Tout semble être fait pour maintenir les différents dans une situation objective dans laquelle ils se trouvent éternellement « mineurs », explique subtilement Goffman :

> « On demande à l'individu stigmatisé de nier le poids de son fardeau et de ne laisser jamais croire qu'à le porter il ait pu devenir différent de nous ; en même temps, on exige qu'il se tienne à une distance telle que nous puissions entretenir sans peine l'image que nous nous faisons de lui » (*Ibid.*, p. 145)

Il existe donc, dans l'analyse de Goffman, peu de voies de sortie, pour les différents, l'« inversion du stigmate » ne correspondant qu'à une inversion symbolique : le stigmatisé affiche sa différence de manière ostentatoire – signe religieux pour les religions minoritaires, prothèses visibles pour les handicapés, tenues vestimentaires et coiffures caractéristiques pour les minorités ethniques, langage cru pour les déclassés... – pour passer volontairement du statut de « discréditable » au statut de « discrédité ».

L'inversion du stigmate assure ainsi la pérennité des fondements du stéréotype qui marque la différence : le stigmate. En le manifestant de manière outrancière, en donnant à voir son existence, l'inversion donne une valeur positive au stigmate, le reconnaît, et d'une certaine façon elle l'intègre mieux à l'identité pour soi. Mais elle ne s'en dégage pas. Au contraire, elle consiste à prendre au sérieux les stéréotypes, comme si les minorités religieuses se caractérisaient d'abord par la spécificité de leur coiffure, les homosexuels par un comportement efféminé, les Noirs par la négritude et ceux qui viennent d'un milieu modeste par leur culture populaire. L'affichage inversé, en valeur et en intensité, du stigmate, demeure ainsi une façon de le reconnaître, de se l'approprier, d'en faire un moyen de lutte. Mais cela consiste toujours à prendre au sérieux les fondements mêmes du stéréotype.

Ce que j'ai analysé jusqu'ici permet d'envisager qu'il existe une autre possibilité : celle de maîtriser le stigmate. L'analyse de la trajectoire des patrons atypiques montre que le stigmate n'est pas « inversé » de manière symbolique, pas plus qu'il n'est totalement dépassé. Mais le différent en connaît les méfaits, les acteurs, les arguments et le processus de diffusion, et il n'en souffre plus directement car sa réussite sociale détruit largement l'efficacité du stéréotype. Elle associe de manière relativement harmonieuse l'identité pour soi et l'identité sociale. Le stigmate est alors maîtrisé, et le différent devient lui-même : il n'est ni comme ses semblables, ni comme les normaux. Le différent ne s'intègre en effet jamais « comme les autres », au moins parce que les autres ne le souhaitent jamais complètement. À ses propres yeux et à ceux des autres, il ne peut en effet que parvenir à rendre solide, supportable, désirable autant que haïssable, sa place d'étranger. D'étranger qui a réussi. Ne correspondant plus au stéréotype du différent, n'abandonnant pas la reconnaissance de sa différence, n'acceptant pas plus de justifier le comportement des normaux que celui de la communauté des différents, il examine et définit son rapport au monde de manière autonome.

Conclusion

Les itinéraires des patrons atypiques déroutent et rassurent. Ils déroutent parce qu'ils correspondent mal à l'idée généralement admise, selon laquelle chacun dispose d'une place, d'un rang, d'un espace dans la société : ils indiquent qu'il existe, entre les places, un espace social rarement identifié comme tel. Mais ces itinéraires rassurent parce qu'ils amènent à comprendre que les destins sociaux peuvent être inversés, réinventés, qu'il est possible d'échapper aux mécanismes de reproduction et de discrimination : ceci suppose de disposer d'un rapport distancié au monde et de renoncer à tenir un rôle pour faire émerger la personne qui s'y cache. Sous certaines conditions, la différence représente ainsi une force.

Bien évidemment, la différence ne peut se réduire à une marque objective (la couleur de la peau), à un type de pratique (l'homosexualité), ou à un capital (le cursus scolaire). Beaucoup plus largement, la différence correspond aux qualités et aux comportements considérés comme « anormaux », par la majorité. Elle occupe une place croissante dans les sociétés contemporaines, la socialisation n'y faisant plus mécaniquement son œuvre : les termes d'individualisme, de « société fluide », de logique sociétaire par opposition à communautaire, d'autonomie par rapport à tradition, de « crise de la société », ou d'« anomie », tous ces termes indiquent que de plus en plus d'individus échappent à un destin et à un groupe social solide, prévisible et homogène. Imparfaitement socialisés, tiraillés entre la nécessité de soumettre leurs comportements à des normes et le désir d'accéder à eux-mêmes, ils multiplient les occasions de se comporter de manière différente, de manifester leur différence. Ils doivent en effet inventer leur place plus que la trouver ou s'y tenir. Beaucoup n'y parviennent pas. D'autres apprennent à vivre dans ce cadre. De ce dernier point de vue, les patrons atypiques sont typiques d'une situation historique des sociétés contemporaines : ils en sont les archétypes positifs. C'est aussi dans cette perspective que l'on peut lire et écouter leur histoire, celle de la capacité à vivre autrement dans le monde du travail.

La réussite professionnelle des différents ne correspond pas au résultat de la seule volonté d'individus qui, pour des raisons de personnalité, de volonté ou de sagacité, réussissent là où les autres échouent. Elle repose sur une articulation entre les chances que donnent les parents, les amis, les collègues, les êtres aimés et parfois les institutions, et la capacité à s'engager pour saisir ces chances, à prendre le risque d'exister. Encore faut-il disposer d'un signe et d'un étai qui permettent de se repérer et de faire tenir l'édifice fragile de ce type d'identité : il existe ainsi toujours, dans l'histoire des différents, un message qui doit être trouvé. Il peut être concrètement vécu ou progressivement reconstruit, chaleureusement ou cruellement formulé. Mais il dit toujours : « Regarde, tu n'es pas comme les autres et tu ne le seras jamais. Et c'est aussi bien comme ça. Fais avec. »

Cet impératif conduit à regarder attentivement le monde pour trouver un mode de relation supportable – et progressivement satisfaisant – aux autres, sans jamais tenir fermement et simplement une place. La curiosité, l'insatiable curiosité de ceux qui « viennent d'ailleurs », conduit ainsi à connaître plus objectivement et plus complétement ce qui constitue un échange ou les circonstances d'un échange : c'est la distanciation qui permet de comprendre la nature d'une amitié ou la composition d'un paysage, bien plus que la proximité. Et en comprenant mieux le contenu d'une amitié ou d'un paysage, on peut choisir de s'y engager selon des formes indépendantes des conventions ou des habitudes. C'est là le paradoxe de l'étranger. À la fois « plus proche et plus lointain », il sait tourner en dérision les principes qui gouvernent les entreprises, parce qu'il s'intéresse plus à leur efficacité concrète qu'à leurs vertus abstraites. Il ne respecte pas toujours les normes mais sait les rendre respectables. Cette distance, ainsi que la faiblesse de son capital social, le conduit du même coup à s'engager plus complètement que les autres, de manière anormale, dans l'activité professionnelle. Il finit ainsi par trouver des passages et du jeu là où les autres ne voient que des places et des frontières. Il sait donc passer.

Par conviction et sens moral, les différents rendent à d'autres ce qu'on leur a donné un jour : aide, amitié ou amour. Mais tout le monde reçoit un jour de l'aide, de l'amitié ou de l'amour. Les différents font plus largement que les autres circuler ces liens parce qu'ils se nourrissent d'interactions plus que de statut : ils ont besoin des autres. Ces mêmes interactions amènent en effet à prendre et à donner plus que les conventions n'y obligent parce qu'elles supposent de regarder les partenaires directement, humainement, et : « On ne peut prendre par le regard sans se donner aussi soi-même » (Simmel, 1912/1991, p. 232). Les différents deviennent ainsi des fabricants de liens qui unissent des univers disjoints, comme les commerçants d'autrefois associaient des régions séparées par la distance. Et, comme les ponts qui permettent de transiter d'un territoire à un autre, ils ne font partie d'aucun de ces deux territoires. Leur place est celle de l'entre-deux.

Ils valorisent l'aventure, qui permet de desserrer les liens du destin et de la prévision, et ils provoquent la chance pour ressentir ce qui les constitue : l'incertitude de leur destin. Ce type d'engagement repose sur une sorte de bricolage identitaire consistant à adapter la culture et les émois du milieu d'origine avec le projet qu'ils ont d'eux-mêmes et de leur rapport aux autres. Cette logique les amène à reconstruire le passé, à le réinterpréter, à y demeurer loyal tout en tordant le cou aux formes de loyauté associées à la place, à la classe, au genre ou au stéréotype. L'activité réflexive trouve ici sa place : elle consiste à tirer les leçons de l'expérience sociale pour parvenir à inventer un avenir subjectif et objectif.

La force de la différence consiste ainsi à pouvoir transformer une position marginale en position de passeur et la distance au monde en capacité à associer. Cela signifie que les phénomènes de la marge d'une société ne sont pas que des phénomènes « marginaux », sans grande importance pour le fonctionnement de l'ensemble. Une société n'existe pas seulement en définissant des places pour les uns et les autres. Elle suppose également de disposer d'individus qui connectent ces places. La marge, au sens spatial du terme, doit donc être prise au sérieux, et considérée avec intérêt : on sait bien que les systèmes ne parviennent à se transformer que par leur capacité à s'ouvrir à l'environnement, et que cette ouverture passe par les marges, par les frontières ou les limites, par ce qui est – ou ceux qui sont – le plus directement en contact avec l'extérieur.

Je ne fais ici que reprendre les propos de mes interlocuteurs. Je n'ai pas trouvé la clé d'une énigme sociologique. Elle m'a été donnée par eux. Je n'ai finalement eu qu'à faire tourner cette clé dans la serrure que représente une organisation sociale pour regarder ce qui se passe derrière la porte, derrière les prénotions et les stéréotypes, et pour en rendre compte. La sociologie sert à cela : faire tourner des clés qui nous sont données. Pour voir derrière des portes.

Annexe méthodologique

L'enquête sur laquelle reposent les résultats présentés dans ce livre a été réalisée entre 2009 et 2011, en France, auprès d'une soixantaine de personnes.

La plus grande difficulté a été de trouver des personnes occupant des postes de direction ou ayant créé leur entreprise, et acceptant de parler de leur différence. Plusieurs raisons expliquent cette difficulté :

– peu de personnes différentes occupent des postes de ce niveau ;

– lorsqu'elles les occupent, leur position, relativement visible et publique, ne les conduit pas à aborder aisément la question de leur différence ;

– certains patrons atypiques préfèrent oublier les efforts consentis pour atteindre ces postes ;

– les représentants institués des minorités, les plus faciles d'accès, ont peu été interviewés, l'objectif étant d'accéder à des descriptions de situations et donc d'éviter des discours trop construits ;

– les entretiens supposaient d'être d'une durée d'au moins deux heures.

Deux méthodes ont d'abord été utilisées, avec peu de succès. Dans un premier temps, une approche via les réseaux Internet a été peu productive, une discussion sur un forum et un entretien en face-à-face ne représentant pas le même type d'engagement et d'interaction. Dans un deuxième temps, une approche indirecte des personnes, via les associations qui les réunissent et les représentent, a donné de meilleurs résultats, sans pour autant répondre suffisamment aux contraintes de recueil du matériau. Après quatre mois de démarches de ce type, j'ai donc dû imaginer une autre solution.

Une méthode extrêmement simple s'est avérée très efficace : pendant une année, à l'occasion de chaque réunion publique ou privée, de chaque conférence ou de nouveau cours, j'ai exposé rapidement ma recherche, puis ma demande de rencontre de « patrons atypiques » pour réaliser un entretien. Je précisais aux personnes présentes qu'elles pouvaient me contacter elles-mêmes, me mettre en contact avec des personnes correspondant au « profil », ou avec des personnes qui pourraient le faire. De fil en aiguille, au bout d'une année, j'ai pu réaliser un nombre d'entretiens suffisant.

Le caractère « atypique » des patrons repose sur une définition pragmatique. Elle reprend des critères utilisés par les entreprises pour définir la « diversité » – appartenance à une minorité ethnique visible, homosexualité, handicap. Deux critères ont été ajoutés, parce qu'ils s'associent rarement à des positions dirigeantes, hors petites entreprises : l'autodidaxie et le sexe féminin. Les patrons auprès desquels l'enquête a été réalisée disposent donc tous d'au moins une de ces différences.

Aucune d'entre elles ne fait l'objet d'une définition très rigoureuse, l'objectif de ce travail n'étant pas d'analyser précisément une différence et le rapport aux carrières dirigeantes ou patronales, mais la différence en général et le rapport à ces mêmes carrières. De manière plus précise, les catégories mobilisées recouvrent les réalités suivantes :

– les minorités ethniques représentées sont maghrébines, africaines et asiatiques. La plupart des personnes interviewées sont nées en France. Au moins l'un des deux parents de la personne interviewée est issu de la minorité. Très généralement, les deux le sont ;

– les homosexuels sont de sexe féminin ou masculin. Aucune information sur la bisexualité n'a été mobilisée. Aucun transsexuel n'a été interviewé ;

– les handicaps sont de type moteur (paraplégie, hémiplégie, tétraplégie). Ils sont également de type sensoriel (non-voyants, non-entendants). La cause du handicap n'est pas prise en compte ;

– compte tenu du très haut niveau de qualification analysé dans cette enquête, la définition de l'autodidaxie est parfaitement relative. Les personnes sont considérées comme autodidactes si elles ne disposent pas du baccalauréat. Les formations réalisées en cours d'emploi ne sont pas prises en compte, pour respecter la logique de la trajectoire plus que celle du diplôme ;

– le terme de « patron » recouvre plusieurs positions sociales ;

– dans certains cas, il s'agit d'entrepreneurs qui ont créé ou acheté leur entreprise. La plus grande de ces entreprises représente plusieurs milliers de salariés, et la plus petite une dizaine ;

– dans d'autres cas, il s'agit de dirigeants de grandes entreprises, publiques ou privées ;

– la distinction entre dirigeant et cadre supérieur n'est pas toujours aisée à réaliser, en particulier dans les entreprises fonctionnant en mode projet. Dans le doute, le terme de « cadre supérieur » est utilisé pour définir la fonction de la personne. Le choix de cet échelon hiérarchique correspond également au fait que les fonctions dirigeantes résistent encore beaucoup au recrutement de personnes différentes.

Les entretiens réalisés ne correspondent pas à un échantillon représentatif de la population des patrons atypiques, mais à une population dont la qualité de l'expression permet de comprendre le phénomène qui m'intéresse. Globalement, chaque différence est cependant représentée de manière à peu près équilibrée.

Plus des trois quarts de ces entretiens sont d'une durée comprise entre deux et trois heures. Les trois quarts ont été enregistrés puis intégralement retranscrits. Les *verbatim* présentés dans le texte ne reprennent cependant pas intégralement les propos tenus par mes interlocuteurs, pour trois raisons :

– de manière conventionnelle, j'ai retiré les éléments de phrase ne correspondant pas au thème analysé ;

– à la demande de mes interlocuteurs, j'ai corrigé quelques erreurs de syntaxe propres au langage parlé et j'ai supprimé quelques répétitions ;

– pour respecter l'anonymat, j'ai également modifié ou supprimé tous les termes, références, situations et noms permettant de reconnaître les entreprises et les personnes dont il est question. Pour la même raison, j'ai décidé d'utiliser la formule « issu de l'immigration » plutôt que de nommer l'origine, et j'ai évité de citer la nature du handicap.

Hormis le respect de l'anonymat, le principal dessein méthodologique de ce texte a été de donner la parole à mes interlocuteurs. Ce souci obéit à deux raisons :

– la première tient au fait que les patrons atypiques mobilisent très souvent une capacité d'analyse des situations relationnelles et professionnelles qui en disent autant que l'analyse du sociologue, mais avec infiniment plus de force et de nuance ;

– la seconde est que j'ai souhaité rendre la parole à mes interlocuteurs en indiquant ainsi clairement leur contribution et en tentant de leur manifester ma gratitude par ce livre.

Bibliographie

Alter Norbert, *La Bureautique dans l'entreprise* (1985), Paris, Les Éditions Ouvrières, 2006.

—, *Sociologie de l'entreprise et de l'innovation*, Paris, Presses Universitaires de France, 1996.

—, *L'Innovation ordinaire*, Paris, Presses Universitaires de France, 2000.

—, *Donner et prendre. La coopération en entreprise*, Paris, La Découverte, 2009.

Anderson Nels, *Le Hobo : Sociologie du sans-abri* (1923), Paris, Nathan, 1993.

Bataille Georges, *La Part maudite*, Paris, Les Éditions de Minuit, 1949.

Becker Howard, *Outsiders. Études de sociologie de la déviance*, Paris, Métailié, 1985.

Berger Peter, Luckmann Thomas, *La Construction sociale de la réalité* (1966), Paris, Armand Colin, 2006.

Berthe Bénédicte, *L'Effort au travail*, Rennes, Presses Universitaires de Rennes, 2001.

Bessin Marc, « Le *kaïros* dans l'analyse temporelle », *Cahiers lillois d'économie et de sociologie,* n° 32, 2e semestre 1998.

Bettelheim Bruno, *Le Cœur conscient* (1960), Paris, Robert Laffont, 1972.

Boudon Raymond, *Le Juste et le Vrai : études sur l'objectivité des valeurs et de la connaissance*, Paris, Fayard, 1995.

—, *Raison, bonnes raisons*, Paris, Presses Universitaires de France, 2003.

Bourdieu Pierre, Passeron Jean-Claude, *Les Héritiers. Les étudiants et la culture*, Paris, Les Éditions de Minuit, 1964.

Bronner Gérald, *L'Empire des croyances*, Paris, Presses Universitaires de France, 2003.

Caillé Alain, *Anthropologie du don. Le tiers paradigme*, Paris, Desclée de Brouwer, 2000.
Camilleri Carmel *et al.*, *Stratégies identitaires*, Paris, Presses Universitaires de France, 1990.
Chanial Philippe, *La Société vue du don. Manuel de sociologie anti-utilitariste*, Paris, La Découverte, 2007.
Crozier Michel, Friedberg Erhard, *L'Acteur et le Système*, Paris, Le Seuil, 1977.
Cyrulnik Boris, *Les Vilains Petits Canards*, Paris, Odile Jacob, 2004.
Douglas Mary, Wildavsky Aaron, *Risk and Culture. An Essay on the Selection of Technical and Environmental Dangers*, Berkeley, University of California Press, 1982.
—, *Comment pensent les institutions ?* (1986), Paris, La Découverte - MAUSS, 1989.
—, *De la souillure*, Paris, La Découverte, 2001.
Dubar Claude, *La Socialisation : construction des identités sociales et professionnelles*, Paris, Armand Colin, 1991.
—, *La Crise des identités*, Paris, Presses Universitaires de France, 2007.
Elias Norbert, *Mozart. Sociologie d'un génie*, Paris, Le Seuil, 1991.
Falcoz Christophe, « Virilité et accès au pouvoir dans les organisations », dans *Travail, Genre et Société*, n° 12, 2004.
Foucault Michel, *Surveiller et punir*, Paris, Gallimard, 1998.
Gaulejac Vincent de, *L'Histoire en héritage*, Paris, Desclée de Brouwer, 1999.
—, *La Névrose de classe* (1987), Paris, Éd. Hommes et Groupes, 1992.
Goffman Erving, *Stigmate. Les usages sociaux des handicaps* (1953), Paris, Les Éditions de Minuit, 1975.
—, *La Mise en scène de la vie quotidienne* (1959), Paris, Éditions de Minuit, 1973.
Granovetter Mark, « The strength of weak ties », *American Journal of Sociology*, n° 78, 1973.
Halford Susan, « Changement organisationnel et stratégies identitaires », *Travail, Genre et Société*, n° 17, 2007.
Héritier Françoise, *La Construction de la différence*, Paris, Le Pommier, 2005.
Hoggart Richard, *La Culture du pauvre* (1957), Paris, Les Éditions de Minuit, 1970.

Hughes Everett, *Le Regard sociologique. Essais choisis* (1971), Paris, Éditions de l'EHESS, 1996.
Jamous Haroun, *Sociologie de la décision. La réforme des études médicales et des structures hospitalières*, Paris, Éditions du CNRS, 1969.
Lahire Bernard, *L'Homme pluriel. Les ressorts de l'action*, Paris, Nathan, 1998.
Laufer Jacqueline, « Femmes et carrières : la question du plafond de verre », *Revue française de gestion*, n° 151, 2004.
Madoui Mohamed, *Entrepreneurs issus de l'immigration maghrébine : de la stigmatisation à la quête de la reconnaissance sociale*, Paris, Aux lieux d'être, 2008.
Marcelli Daniel, *Les Yeux dans les yeux. L'énigme du regard*, Paris, Albin Michel, 2006.
Mauss Marcel, *Essai sur le don. Forme et raison de l'échange dans les sociétés archaïques* (1925), Paris, Presses Universitaires de France, 2007.
Misrahi Robert, *La Condition réflexive de l'homme juif*, Paris, René Julliard, 1963.
Missaoui Lamia, « Reconstruction d'une catégorie sociale historique : l'"étranger de l'intérieur" », *Revue européenne de migrations internationales*, n° 3, 1997.
Moscovici Serge, *Psychologie des minorités actives* (1976), Paris, Presses Universitaires de France, 1979.
Muxel Anne, *Individu et mémoire familiale*, Paris, Hachette Littératures, 2007.
Negroni Catherine, « La reconversion professionnelle volontaire : d'une bifurcation professionnelle à une bifurcation biographique », *Cahiers internationaux de sociologie*, n° 119, 2005.
Peretti-Watel Patrick, *Sociologie du risque*, Paris, Armand Colin, 2003.
Pierre Philippe, Mutabazi Ewald, *Les Discriminations*, Paris, Le Cavalier Bleu, 2010.
Pollak Michael, *Une identité blessée : études de sociologie et d'histoire*, Paris, Métailié, 1993.
Rhéaume Jacques, « Au cœur de la sociologie clinique : sujet charnel, lien social et acteurs sociaux », *in* Lucie Mercier et Jacques Rhéaume, *Récit de vie et sociologie clinique*, Québec, Presses de l'Université Laval, 2007.
Ricœur Paul, *Lectures 1*, Paris, Points Seuil, 1990.

Sainsaulieu Renaud, *L'Identité au travail. Les effets culturels de l'organisation*, Paris, Presses de la FNSP, 1977.

Santelli Emmanuelle, *La Mobilité sociale dans l'immigration. Itinéraires de réussite des enfants d'origine algérienne*, Toulouse, Presses Universitaires du Mirail, 2001.

Sayad Abdelmalek, *La Double Absence. Des illusions de l'émigré aux souffrances de l'immigré*, Paris, Seuil, 1999.

Schumpeter Joseph Aloïs, *Théorie de l'évolution économique* (1911), Paris, Dalloz, 1999.

Schutz Alfred, *L'Étranger* (1944), Paris, Allia, 2003.

Sékiné Anaïs, « Le politique du minoritaire. Études de postures critiques d'un apparaître particulier à travers les figures idéal-typiques du Juif et du Noir », dans *Sociologies et sociétés*, n° 42, 2010.

Simmel Georg, *Digressions sur l'étranger* (1907), *in* Yves Grafmeyer et Isaac Joseph, *L'École de Chicago. Naissance de l'écologie urbaine*, Paris, Flammarion, 2004.

Simmel Georg, *Sociologie. Études sur les formes de la socialisation* (1908), Paris, Presses Universitaires de France, 1999.

—, *Philosophie de l'aventure* (1911), Paris, Éditions de l'Arche, 2002.

—, *Sociologie et épistémologie* (1912), Paris, Presses Universitaires de France, 1991.

Stafford Mark C., Scott Richard R., « Stigma, deviance and social control, some conceptual issues », *in* Stephen Ainley *et al.*, *The Dilemma of Difference*, New York - London, Plenum Press, 1986.

Tassin Étienne, *Un monde commun : pour une cosmo-politique des conflits*, Paris, Seuil, 2003.

Terestchenko Michel, *Un si fragile vernis d'humanité. Banalité du mal, banalité du bien*, Paris, La Découverte, 2007.

Thomasset Alain, *Paul Ricœur. Une poétique de la morale aux fondements d'une éthique herméneutique et narrative dans une perspective chrétienne*, Bruxelles, Peeters, 1996.

Tisseron Serge, *La Résilience*, Paris, Presses Universitaires de France, 2007.

Tisseron Serge, *L'Empathie au cœur du jeu social*, Paris, Albin Michel, 2010.

Truc Gérôme, *Simmel. Sociologue du cosmopolitisme*, in *Tumultes*, n° 24, 2005.

Bibliographie

Weber Max, *L'Éthique protestante et l'esprit du capitalisme* (1904), Paris, Gallimard, 2003.

Thomas William, Znaniecki Florian, *Le Paysan polonais en Europe et en Amérique : récit de vie d'un migrant* (1919), Paris, Nathan, 1998.

Remerciements

L'extraordinaire qualité des propos des patrons atypiques m'a conduit à les associer au projet qui était le mien pour en faire un projet qui est devenu le nôtre. En accédant à la subjectivité de mes interlocuteurs, j'ai découvert une intelligence sociale que je ne pouvais taire, que je devais au contraire mettre en évidence, parce qu'elle me semblait être le joyau de ce travail. Mes interlocuteurs parlent donc ici autant que moi-même. Ce choix m'a valu un très long moment de réflexion, un effort dont je n'avais apprécié ni la teneur, ni l'intensité. J'ai aujourd'hui le sentiment de l'avoir produit pour rendre à mes interlocuteurs ce qu'ils m'avaient donné, au moins un peu. Les remercier pour le temps, l'engagement et les réflexions qu'ils ont consacrés à ce travail n'a ainsi rien d'une formule convenue : cela souligne ce que ce travail leur doit, et ce que je leur dois.

La thématique de recherche présentée ici ne faisait aucunement partie de mes priorités et elle en est progressivement devenue le cœur. Il y a presque quatre ans, les directeurs de la chaire « Diversité et management » de la Fondation Paris-Dauphine, Jean-François Chanlat, Stéphanie Dameron et Michel Kalika, m'ont proposé de réaliser une recherche sur la question de la diversité. J'ai accepté sans beaucoup réfléchir aux conséquences de cette action, principalement pour participer à ce dispositif d'un type nouveau, soutenu par le Club du XXIe siècle, GDF-Suez, La Poste, la MACIF et SFR. Pendant deux ou trois ans, j'ai regretté cet engagement, trop impliquant, trop émouvant, fatigant. J'ai aujourd'hui le sentiment que mes collègues ont bien fait de m'embarquer dans cette aventure, et que j'ai bien fait d'avoir joué le jeu. Je nous en remercie, donc.

Je trouve auprès des collègues de mon laboratoire, le CREPA, une attention toujours bienveillante et j'y découvre souvent le sentiment d'exister collectivement. Le travail, ici et ailleurs, peut même se transformer en plaisir, celui de la coopération, lorsque la complicité unit les collègues. Marie-Pascale Giovanangeli et Laurence Servel, avec lesquelles j'anime le master « Management, travail et développement social », m'offrent quotidiennement cette opportunité. Merci à elles de substituer le regard à l'argumentation.

Les apprentis sociologues remercient souvent, dans leurs premiers travaux, leurs parents. On peut penser qu'ils leur dédient leur œuvre pour les remercier de pouvoir être fiers et pour leur faire partager cette fierté. Mais on peut également penser qu'ils manifestent ainsi leur gratitude à ceux qui leur ont donné des questions pour penser leur destin social, les destins sociaux. Cette gratitude ne dure pas que le temps de l'apprentissage. Toute sociologie est ainsi partiellement une forme d'« autobiographie raisonnée ». Seulement, avec le temps, on adopte des conventions fondées sur le seul principe d'objectivation, même si tout le travail de terrain parle à la personne, autant qu'à l'expert en relations sociales.

Table des matières

Cet ouvrage a été composé
par IGS-CP à L'Isle-d'Espagnac (16)

Imprimé en France
par JOUVE
1, rue du Docteur Sauvé, 53100 Mayenne
octobre 2012 - N° 969613D

JOUVE est titulaire du label imprim'vert®

John H. Noble

Verbannt und verleugnet

Charles A. Noble und John H. Noble